나는 다만 재미있는 일을 했을 뿐이다

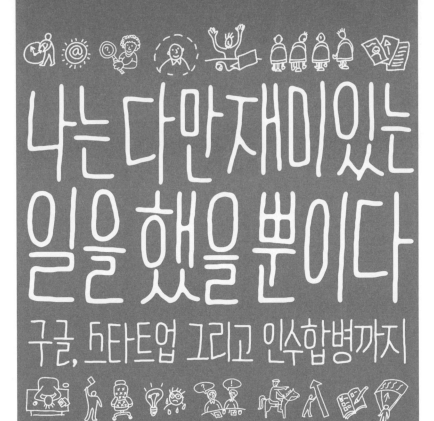

나는 다만 재미있는 일을 했을 뿐이다

구글, 스타트업 그리고 인수합병까지

서승환 지음

RHK
알에이치코리아

나는 왜
구글에 사표를
던졌나

"구글 그만둔 거 후회하죠?"

구글에서 나와 약 30개월간 스타트업(startup)을 꾸려나가는 동안 가장 많이 받은 질문이다. 그때까지만 해도 주변 사람들은 세상을 향한 내 꿈을 위험한 발상이라고 생각했다. 구글은 전 세계 젊은이들이 가장 들어가고 싶어 하는 꿈의 직장이다. 모두가 부러워하는 회사에 들어간 지 2년 만에 박차고 나왔으니 그럴 만도 했다.

구글이라는 안정된 직장을 버리고 사업가의 길을 선택한 게 결코 쉬운 결정은 아니었다. 사실 구글과 실리콘밸리는 오랜 시간 동안 내가 꾸준히 오르던 산의 정상이었다. 정상에 올랐을 때 내 눈앞에 펼쳐진 경치는 상상 이상으로 아름다웠다. 운 좋게도 나는 원하는 것을 비교적 빨리 얻을 수 있었다.

하지만 인생이라는 산은 우리가 정상에 올랐다고 생각할 때 더 높은 산봉우리들을 보여준다. 드디어 정상에 올라왔나 했을 때 내 눈앞에도 더 높은 산봉우리들이 펼쳐졌다. 나는 그 산봉우리에 오르고 싶었다. 그곳은 내게 더 높은 목표였고 더 큰 꿈이었다. 하지만 그 산봉우리로 오르려면 지금 내가 서 있는 자리에서 내려가 처음부터 다시 시작해야 했다. 새로운 목표를 위한 하산을 결정하기까지 결코 짧지 않은 고민과 계획의 시간이 필요했다.

결국 나는 하산을 결정했다. 나는 어떤 길이 옳은지 쉽게 판단이 서지 않을 때마다 미래에 덜 후회할 수 있는 방향으로 결정해왔다. 지금 이 자리를 떠나는 게 나중에 덜 후회할 선택이 될 거라는 믿음에는 한 치의 의심도 없었다.

그 순간 나는 뒤돌아보지 않기로 했다. 눈앞에 펼쳐진 아름다운 풍경을 좀 더 감상하고 싶은 아쉬움이 있었지만 빠른 걸음으로 그 산을 내려왔다. 그 후 구글을 그만둔 것에 대해서는 단 한 번도 후회한 적이 없다. 다만 구글이라는 거대한 조직의 일원으로서 누릴 수 있었던 안정감과 풍요로움 그리고 매달 받던 월급은 때로 그리웠다.

그때까지만 해도 나는 앞으로 어떤 상황이 펼쳐질지 가늠하지 못했다. 새로운 모험을 위해 첫발을 내딛는 길이 얼마나 험난한지, 더 높은 산봉우리로 오르기 위해 얼마나 더 아래로 내려가야 하는지 전혀 예상하지 못했다.

스타트업은 큰 성공으로 향하는 작은 실패의 연속이었다. 나는 수없이 넘어지고 길을 잃고 헤매었으며, 안개가 너무 자욱해 오르고자 했던 산봉우리가 잘 보이지 않는 날에는 주저앉아 절망한 적도 많았다. 내 인생에서 그렇게 험한 산은 처음이었다.

그동안 목표한 것을 비교적 순탄하게 이루어왔던 내게 실패라는 이름은 익숙지 않았다. 실전도 없이 이론으로만 무장되어 있던 나는 넘어지는 법부터 다시 배워야 했고, 어려움을 딛고 일어설 때마다 스스로에 대해 많은 걸 발견하고 깨우쳤다.

나는 이 여정을 통해 두려움의 맨 얼굴과 마주했고, 인내심과 끈기의 한계를 시험했으며, 인생에서 가장 큰 희열과 깊은 좌절감을 맛보았다. 하지만 이런 고난의 시간은 스타트업 경험을 통해 얻은 뜻 깊은 선물이 됐다. 처음으로 '나'라는 존재에 대해 묻고 고민할 수 있게 해준 시간이었기 때문이다.

실리콘밸리에는 'Acquihire(인재인수)'라는 단어가 널리 사용되고 있다. Acquisition(인수)과 Hire(고용)가 합쳐진 이 단어는 제품이나 서비스보다 인재를 영입하기 위한 인수합병을 의미한다. 스타트업을 인수하려는 게 아닌 참신한 아이디어와 기술력을 가진 인재를 데려가려는 목적 때문에 인수합병이 이루어지는 것이다. 이 경우 스타트업은 매각되거나 사이트가 폐쇄된다.

이처럼 인재 영입을 위한 인수합병은 스타트업 입장에서 보면 큰 성공이라고 볼 수도 없고, 그렇다고 실패라고 할 수도 없는 애매한 형태의 모델이다. 실리콘밸리 창업자들은 이 모델이 자신들의 자존심을 지켜주는 훌륭한 방법이라고 말한다. 실패의 딱지를 면하고 유종의 미를 거둘 기회가 주어지기 때문이다. 그들이 세상을 바꿔보겠다는 큰 포부를 갖고 시작한 도전의 결과물이라고 하기에는 조금 미약하지만, 이런 기회도 쉽게 오는 건 아니다. 확률적으로 따지면 하늘의 별 따기만큼 어렵다.

나의 스타트업도 결국 이와 같은 인수합병으로 주변 사람들의 축하를 받으며 끝을 맺을 수 있었다. 하지만 아쉬움이 많이 남았다. 내가 구글이라는 정상에서 내려오면서 새로운 목표로 삼았던 높은 산봉우리에는 결국 오르지 못했다. 동분서주하다 보니 높은 산봉우리 옆 낮은 산봉우리쯤에 올라 있었다.

나는 성공한 사람으로서 스타트업 성공 비결을 전수하려고 이 책을 쓴 게 아니다. 내게는 그럴 자격이 없다. 나는 목표로 삼은 정상에 아직 오르지 못했다. 다만 내가 지금 서 있는 산봉우리까지 오른 경험을 스타트업을 꿈꾸고 준비하는 사람들과 함께 나누고 싶었다. 내가 좌충우돌하면서 얻은 교훈을 꿈을 향해 첫발을 내디딘 사람들에게 들려주고 싶었다.

스타트업의 운영과 제품 개발 비결에 대해서는 많은 책과 기사에 소개되어 있지만 스타트업을 운영하면서 겪은 개인적인 갈등과 고뇌에 대해 다룬 글은 찾아보기 어렵다. 실제로 내가 스타트업을 시작하면서 어려움을 겪을 때 현실적인 도움을 주고 위로가 됐던 글은 그리 많지 않았다.

새로운 도전은 가슴 설레는 일이지만 고독한 일이기도 하다. 큰 꿈을 품은 도전자들이 얼마나 외롭고 고달픈 길을 가는지 나는 알고 있

나는 다만 재미있는 일을 했을 뿐이다

다. 내 경험담이 스타트업을 꿈꾸고 준비하는 사람들이 가야 할 고독한 길에서 조금이라도 도움이 됐으면 좋겠다. 지금 스타트업을 준비하고 있는 사람에게는 회사 운영과 제품 개발 비결보다는 내 경험담이 더 유용할 거라고 감히 자부한다.

같은 산을 오르더라도 오르는 사람에 따라 그 산은 다르게 다가온다. 똑같은 산은 있을 수 없다. 새로운 도전자들이 스타트업이라는 산을 오를 때도 마찬가지다. 누구는 A 코스로 출발하고 누구는 B 코스를 출발지로 선택한다. 이때 어떤 길을 피해야 하고, 안개가 심할 땐 어떻게 해야 하며, 막다른 길에서의 대처법은 무엇인지 미리 알아두는 게 유용하다. 직접 경험을 해본다면 더할 나위 없이 좋겠지만 먼저 산을 올라가본 사람들의 교훈을 참고하는 것도 큰 도움이 된다.

모쪼록 이 책에 소개한 내 소중한 경험이 독자들이 스타트업이라는 산을 오를 때 마주칠 수 있는 장애물 앞에서 유용하게 쓰였으면 한다. 주변의 많은 사람들이 부러워한 구글에 입사하는 과정, 2년 만에 퇴사를 결심한 이유 그리고 이후 새로운 목표를 향해 나아가면서 30개월간 고군분투한 내 이야기가 세상을 바꾸는 창의적인 기업가가 탄생하는 데 조금이라도 보탬이 됐으면 한다.

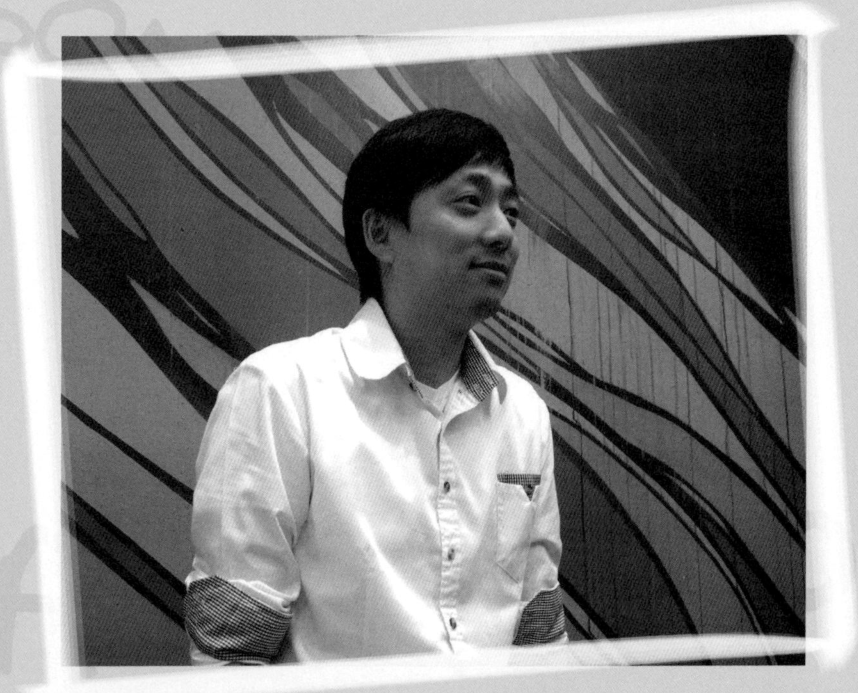

1장

안녕
구글

"구글에서 검색되지 않는 것은 존재하지 않는 것이다."
—지미 웨일스

"합격하셨습니다. 구글에 입사하게 된 걸 축하합니다."

나는 아직도 합격 전화를 받던 날을 생생히 기억한다. 열 번의 인터뷰와 추가로 에세이까지 쓰고 나서야 겨우 받은 합격 통보였다. 면접 과정의 최종 관문은 지금의 야후 CEO이자 구글 최초 여성 엔지니어인 머리사 메이어(Marissa Mayer)와의 인터뷰였다. 그렇게 피 말리는 3개월을 보내고 난 뒤 나는 전 세계의 대학생들이 한 번쯤 상상해보는 꿈의 직장에서 억대 연봉을 받으며 일을 시작했다. 그때 내 나이 스물다섯이었다. 하지만 2년 후 내가 그토록 꿈꾸고 원했던 회사를 스스로 그만두게 될 줄은 전혀 예상하지 못했다.

뜻밖의
결심

나는 어렸을 때 부모님을 따라 뉴질랜드로 이민을 갔다. 그곳에서 고등학교를 졸업하고 오클랜드대학*에서 소프트웨어 엔지니어링과 경영학을 복수 전공했다. 절대 올 것 같지 않던 졸업이 서서히 가까워지자 취업에 대한 고민이 밀려오기 시작했다. 나는 지원해보고 싶은 회사의 이름을 하나하나 적어봤다. 곧이어 이름만 대면 누구나 알 만한 대기업과 내가 특별히 관심을 갖고 있던 중소기업이 포함된 리스트가 작성됐다. 그 리스트에 구글은 없었다. 구글은 IT 관련 전공자라면 누구나 한 번쯤 꿈꿔보는 회사였지만 뉴질랜드에는 제대로 된 구글 지사

---

* 뉴질랜드에 있는 대학이다. 미국 캘리포니아 주의 오클랜드(Oakland)와 뉴질랜드 최대 도시인 오클랜드(Auckland)는 한글 철자가 같아서 종종 오해를 불러일으킨다.

가 없었다.

나 역시 구글에 관심은 있었지만 뉴질랜드에서 취업하기로 마음먹은 터라 지원 회사 리스트에 구글의 이름은 올리지 않았다. 이후 나는 몇몇 대기업들과 인터뷰할 기회를 얻었고, 운 좋게도 글로벌기업 컨설턴트로 취직할 수 있었다. 이때까지만 해도 모든 것이 내 계획대로 착착 진행되는 듯했다. 대학도 무사히 졸업했고, 내가 원하던 뉴질랜드에서의 사회생활도 순조로웠다.

직장생활의 첫인상은 매우 화려했다. 회사는 뉴질랜드와 호주 지사의 모든 신입사원들을 멜버른에 집합시켜 5주간의 교육을 받게 했다. 지금 생각하면 별것 아니었지만, 당시 막 직장생활을 시작한 내게는 문화와 패션의 도시 멜버른의 고급 호텔에서 독방을 쓰며 매일 정장을 차려입고 신입사원 교육을 받는 상황이 매우 낭만적으로 느껴졌다. 솔직히 그때 무엇을 배웠는지는 잘 기억나지 않는다. 다만 하루하루가 재밌었고 미래를 꿈꾸며 계획하는 기회를 얻을 수 있었다. 그만큼 회사에 대한 첫인상은 긍정적이었다. 하지만 기대가 크면 실망도 크다고 했던가. 첫 직장을 향한 불타는 로망과 충성심은 그리 오래가지 못했다.

멜버른에서 신입사원 교육을 받고 오클랜드로 돌아온 나는 들뜬 마음으로 일을 시작했다. 첫 업무에 대한 기대도 컸다. '멜버른에서 기대한 것처럼 곧 재미난 일들을 하게 되겠지?', '내 첫 클라이언트는 얼마나 큰 기업일까?', '프로젝트 예산도 엄청나겠지?' 하지만 이런 즐겁고 행복한 상상은 그리 오래가지 못했다.

내가 직장생활을 시작한 때는 2009년 초였다. 당시는 미국 금융시장 붕괴로 인해 IT 분야 기업들은 물론 모든 회사들이 지출을 줄이던 시기였다. 우리 회사도 예외는 아니었다. 클라이언트 수도 크게 줄었고, 이미 진행되고 있던 프로젝트들도 규모를 축소시키거나 아예 취소되기 일쑤였다. 얼마 지나지 않아 일에 대한 내 열정은 냉혹한 현실 앞에서 무릎을 꿇어야 했고, 내가 상상했던 업무들과는 전혀 다른 일을 하게 됐다.

첫 업무는 엑셀 매크로* 작업이었다. 당시 우리 부서에는 손으로 일일이 계산하고 정리해야 하는 보고서가 있었는데, 간단한 프로그래밍을 통해 그 과정을 자동화하는 게 내 임무였다. 열심히 작업한 결과 두 시간씩 걸리던 일을 5분으로 단축할 수 있었다. 손으로 직접 보고서를 작성해온 동료들은 신이 나서 고마움을 전해왔지만 난 크게 보람을 느끼지 못했다. 내가 해야 할 일이 아니었기 때문이다. 그 일은 할 일이 없어서 지루해하는 내게 상사가 억지로 만들어준 일이었다.

'내 기대치가 너무 높거나 비현실적인 건 아닐까?' 어느 날 문득 업무에 대한 열정이 도무지 생기지 않는 내 태도에 문제가 있을지도 모른다는 생각이 들었다. '나는 이제 막 입사한 신입사원이 아닌가. 그래, 기대치를 낮추고 무슨 일이 주어지든 최선을 다해보자! 처음엔 다 이렇겠지. 열심히 하다 보면 언젠간 내게도 큰 기회가 올 거야.'

---

* Macro. 마이크로소프트 엑셀 프로그램의 자동화 기능이다. 반복적으로 수행해야 할 복잡한 작업을 VBA라는 프로그래밍 언어를 사용해 자동화할 수 있다.

하지만 나보다 2년 먼저 입사한 선배와 대화를 나누면서, 이런 식의 정당화와 무조건적인 긍정은 오히려 독이 될 수 있다는 사실을 깨달았다. 하루는 우연히 마주친 선배와 이런저런 얘기를 나누다가 선배의 연봉과 업무 그리고 회사에서의 입지가 나와 별반 다를 게 없다는 사실을 알게 됐다. 선배는 어느 것 하나 부족한 게 없는 사람이었다. 나와 같은 학교를 우수한 성적으로 졸업하고 출중한 실력까지 갖춘 수재였다. 선배와의 대화 내용은 내게 너무나 큰 충격으로 다가왔고, 마치 2년 뒤의 내 모습을 보는 것 같아 참담한 심정이었다. 그날의 대화가 없었다면 난 여전히 그 회사에 다니고 있을지도 모른다. 어쩌면 지금과는 전혀 다른 길을 걷고 있을 수도 있다.

나는 2년 후의 내 모습을 상상해보고 곧바로 퇴사를 결심했다. 그동안 안전한 직장을 가장 중요하게 생각해왔던 내가 나답지 않게 과감한 결정을 내린 것이다. 퇴사를 결심한 뒤 주변을 살펴보니 뉴질랜드 기업들은 모두 고만고만했다. 시장이 작다는* 이유도 있었지만 당시는 기업들의 경제적 상황 또한 좋지 않았다. 그제야 나는 다른 나라로 눈을 돌리기 시작했다.

내가 뉴질랜드에 남고 싶었던 건 순전히 주인의식과 책임감 때문이었다. 뉴질랜드는 시장의 크기가 작아 졸업생을 위한 일자리 수나 평균 연봉이 상대적으로 낮았기 때문에, 유능한 인재는 대부분 호주나 영

---

* 2015년 기준으로 뉴질랜드 인구는 460만 명이고 국내총생산(GDP)은 1980억 달러다. 한국은 인구가 5100만 명이고 GDP가 1만 4170억 달러이므로, 한국에 비해 뉴질랜드는 11분의 1의 인구와 7분의 1의 국내총생산을 지닌 나라다.

국 등으로 빠져나갔다. 이런 두뇌 유출(brain drain) 현상이 사회적으로 큰 이슈가 됐기 때문에 나는 뉴질랜드에서도 크게 성공할 수 있다는 걸 증명하고 싶었다. 하지만 현실은 이런 다짐을 재빠르게 깨뜨려주었고, 나는 결국 평소 동경하던 미국 구글 본사로 눈길을 돌렸다. 퇴사를 결심한 그날 나는 구글의 APM(Associate Product Manager) 프로그램에 온라인으로 이력서를 보냈다. 첫 번째 회사에 입사한 지 3개월도 채 안된 때였다.

지옥의
인터뷰

구글 입사 인터뷰 과정에 대해서는 소문을 들어 익히 알고 있던 터라 쉽지 않을 거라고 예상은 했다. 하지만 3개월간 열 번의 인터뷰를 하게 될 줄은 전혀 상상하지 못했다. 이력서를 보내고 첫 연락을 받은 건 그로부터 일주일이 지난 뒤였다. 서류 전형을 통과했으니 전화 인터뷰를 하고 싶다는 연락이었다. 예상보다 빠른 서류 전형 통과 소식에 살짝 당황스러웠지만, 당시 나는 인터뷰 날짜를 연기할 처지가 아니었기 때문에 그다음 주로 인터뷰 일정을 잡았다. 그러고는 일주일 동안 밤잠을 설쳐가며 인터뷰 준비에 돌입했다.

전화 인터뷰는 구글 본사에서 일하는 프로덕트 매니저가 진행했다. 구글은 인터뷰 질문이 특이하기로 소문이 자자했기 때문에 어느 정도 마음의 준비는 하고 있었다. 예상대로 지금까지 접해왔던 인터뷰에

나는 다만 재미있는 일을 했을 뿐이다

서 공통으로 적용되는 식상하고 무의미한 질문은 단 하나도 없었다.[*]
간략한 자기소개가 끝나자 곧바로 구체적인 질문이 시작됐는데 그 질문들은 모두 무엇을 검증하고 시험하려 하는지 정확히 파악될 만큼 간결하고 신선한 것이었다. 하지만 질문의 의도를 파악했다고 쉽게 답할 수 있는 건 아니었다.

직책마다 주어지는 인터뷰 질문은 당연히 다르겠지만, 내가 지원했던 프로덕트 매니저 직책을 위한 질문은 크게 네 가지 유형으로 나뉘었다. 당시 내가 받았던 질문을 공개할 수는 없으므로 비슷한 사례를 들어보겠다.

첫째,
제품 개발 관련 질문

"TV 리모컨을 디자인하라."
"빌 게이츠의 집 주방을 디자인하라."
"지난 6개월간 가장 인상 깊게 사용했던 제품은 무엇인가?"

• "자신의 장단점은 무엇입니까?", "앞으로의 계획은 무엇입니까?", "왜 이 회사에서 일하고 싶습니까?", "우리 회사에서 일한다면 어떤 인재가 되겠습니까?" 이런 질문이 식상하고 빤한 이유는 답이 어느 정도 정해져 있기 때문이다. 실력 있고 창의력 있는 인재를 뽑기 원한다면서 이와 같은 빤한 질문을 던지는 건 앞뒤가 맞지 않는 일이다.

이런 유형의 질문은 제품 개발 지식 수준을 시험한다. 현재 사용되는 TV 리모컨의 가장 큰 문제가 복잡함이라는 걸 인식하고 있는지, 돈 걱정할 필요는 없는 빌 게이츠의 집 주방 디자인에 얼마나 신선하고 재밌는 아이디어를 낼 수 있는지, 평소 제품을 사용하면서 어떤 생각들을 하는지 살피기 위한 질문이다. 이런 질문에는 정답이 없다. 얼마나 다방면으로 제품을 파악하고, 각 가정하에서 어떤 아이디어와 결정을 내리는지에 따라 점수가 매겨진다.

TV 리모컨 디자인 문제를 예로 들어보자. 버튼이 너무 많아 복잡하므로 필요 없는 버튼은 없애야 한다는 주장을 했다고 가정해보자. 그렇다면 어떤 버튼을 없애야 할까? 전원 버튼, 볼륨 버튼, 음소거 버튼, 채널 버튼은 꼭 필요하니 그대로 두고 나머지 버튼을 없애기로 한다면 남겨둔 버튼들을 개선할 수는 없을까? 볼륨과 채널 버튼 대신, 게임 컨트롤러에 붙어 있는 동서남북 방향 버튼으로 조정 가능한 조이스틱을 사용하면 어떨까? 터치스크린이 더 깨끗하고 예쁠 것 같다. 터치스크린에서 좌우 방향은 채널, 위아래는 볼륨이라고 정하자. 아니 좌우가 볼륨이고, 위아래를 채널로 하는 게 더 나을까? 터치스크린은 다 좋은데 제작비가 부담스럽다. 그 비용은 고스란히 소비자가 부담해야 할 텐데 과연 이 방법이 현실적일까? 그렇다면 아주 단순하게 만들면 어떨까? 애플 TV 리모컨*처럼 말이다. 이 방법이 더 현실적이지 않을까?

---

* 애플 TV 리모컨은 시장에 출시된 리모컨 중에 가장 간단하고 쓰기 편리한 리모컨일 것이다. 동서남북 원형 제어 버튼, 메뉴 버튼, 재생·일시중지 버튼 등 딱 세 개의 버튼만을 탑재하고 있다.

없앤 버튼 중에 콘텐츠 포털사이트를 여는 버튼도 포함돼 있다. 하지만 이 버튼이 판매 수익에 미칠 영향이 커 보인다. 그렇다면 이 버튼은 다시 넣는 게 낫겠다. 직접적인 수익을 가져다주는 중요한 버튼이므로 빨간색으로 크게 만들자. 이럴 경우 사용자 입장에서 불만이 있을 수도 있다. 리모컨에 대한 사용자 불만은 어떤 영향을 미칠까? 이를 파악하려면 사용자 테스팅과 설문조사가 필요하다.

이렇듯 작은 TV 리모컨 하나를 디자인하는 데도 끝없는 선택과 조사와 가정이 필요하다. 나는 리모컨을 직접 디자인해본 경험이 없어 이 정도밖에 고민하지 못한다. 하지만 리모컨 디자인 경험자들에겐 더 중요한 사항들이 많을 것이다.* 대개 면접 인터뷰에서는 엄청난 아이디어나 완벽한 추론 과정을 답으로 기대하지 않는다. 질문을 던진 사람 또한 리모컨 디자인 경험이 없을 가능성이 크기 때문이다. 다방면에서 제품을 생각하고, 제안하는 아이디어가 신선하고 현실적이며, 논리적인 가정하에 답을 내린다면 좋은 점수를 받을 수 있다.

둘째,
수수께끼(Brainteasers)

"맨홀 뚜껑은 왜 동그란가?"**

***

* 예를 들면 리모컨의 크기와 두께, 재질, 전력 소비량, 제조법, 내구성, 색상, 디자인 등이 있다.

"러시안룰렛을 하자. 총알이 총 여섯 개 들어가는 리볼버에 총알을 두 개 나란히 넣고 실린더를 돌린다. 내 차례가 먼저인데 다행히 살아남았다. 다음은 네 차례이고 선택을 할 수 있다. 실린더를 무작위로 돌린 후에 쏠 것인가, 아니면 그대로 쏠 것인가?"•••

이 두 가지 질문은 이미 많이 알려져 있어 어느 회사도 더 이상 사용하지 않을 것이다. 구글 면접 과정에서 내가 받은 질문은 질문자가 설명하는 데만 1분 이상 걸릴 정도의 길고 복잡한 질문이었다. 이런 질문은 아이큐 테스트라고 보면 된다. 서글픈 결론이지만, 아이큐가 높으면 비교적 수월하게 대답할 것이고 아이큐가 낮다면 힘든 질문이 될 것이다. 나는 수수께끼 질문 중 몇 가지는 정답을 맞히지 못했다. 그런데도 최종 합격을 할 수 있었던 건, 구글이 이런 질문 형태를 그리 중요하게 여기지 않는다는 뜻일 수 있다.

•• "맨홀 뚜껑 질문은 마이크로소프트에서 처음 인터뷰 질문에 사용했다고 알려졌고, 그 후 많은 회사가 모방 질문을 했다. 이 질문에 대한 답은 논리적이기만 하면 모두 정답으로 받아들여진다. 다른 모양과 비교했을 때 동그란 뚜껑은 구멍으로 빠질 수 없어 안전하고, 굴릴 수 있어 운반하기 편리하며, 끼워 맞출 필요가 없어 닫기 편하고, 동그란 모양의 구멍을 파는 것과 동그란 모양의 뚜껑을 제조하는 것 또한 더 쉽다. 이 중 어느 것이든 정답이 된다.

••• 이 질문은 정답이 하나이기 때문에 맨홀 뚜껑 질문보다 대답하기가 어렵다. 총알이 두 개 들어 있는 상태에서 실린더를 돌리고 방아쇠를 당겼을 때 총알이 발사될 확률은 당연히 3분의 1이다. 이 상황에서 실린더를 다시 돌려 게임을 진행할지, 아니면 살아남을 확률이 더 높은 상황이 있는지 따져봐야 한다. 이것이 이 문제의 핵심이다. 실린더를 다시 돌린다면 상대와 같은 3분의 2의 확률로 살아남을 수 있다. 하지만 상대는 이미 한 번 방아쇠를 당긴 상태이고 그는 살아 있다. 이것은 상대가 비어 있는 네 개의 실린더 구멍 중 하나를 쏘았다는 얘기다. 총알 두 개는 분명 나란히 넣었다고 했으니 네 개의 구멍 중에 그다음 구멍에 총알이 있으면 내가 위험하고, 나머지 경우에는 살아남을 수 있다. 다시 말해 내가 안전할 확률은 4분의 3이라는 뜻이다. 4분의 3의 확률은 3분의 2보다 높으니 나는 실린더를 다시 돌리지 않고 그대로 방아쇠를 당겨야 살 확률이 높아진다.

그 이유는 간단하다. 대부분 수수께끼와 관련된 질문은 답변자가 답을 알고 있거나 그렇지 않거나 둘 중 하나일 수밖에 없다. 중간이 없다는 말이다. 그래서 이런 질문들은 상대의 지능을 측정하는 데는 불완전한 도구가 될 수 있다. 머리가 나빠도 이미 아는 문제라서 대답을 쉽게 내놓을 수도 있고, 머리가 좋아도 이런 유형의 질문에 익숙하지 않은 사람은 전혀 대답을 못 할 수도 있기 때문이다. 이와 같은 이유에서 면접 인터뷰 과정에서 수수께끼와 관련된 질문은 줄어드는 추세이고, 이런 질문을 한다 해도 답변자의 오답이 합격 점수에 치명적인 타격을 입힐 가능성은 적다.

셋째,
페르미 문제(Fermi Problem)

"미국에는 총 몇 명의 피아노 조율사가 있는가?"*
"서울에 있는 모든 건물의 유리창을 닦는 비용은 얼마인가?
"63빌딩을 축구공으로 가득 채운다면 몇 개가 들어갈 수 있나?

이탈리아 물리학자 엔리코 페르미(Enrico Fermi)의 이름을 딴 이 질문 형식은 단계별 가정을 통해 정답을 추론해야 한다. 서울에 있는 모든 건물의 유리창 닦는 비용을 아는 사람은 없다. 이 질문에서는 정답이 중요한 게 아니라 답변자가 어떤 가정들을 하고 그 가정들이 얼마나 논리적이며 최종적으로 도출된 답이 상식적으로 이해되는지가 더 중요하다.

넷째,
프로그래밍 문제

대부분의 실리콘밸리 회사들은 프로덕트 매니저를 뽑을 때 프로그래밍 전공자를 선호한다. 그래서 면접할 때 엔지니어와 비슷한 수준으로 프로그래밍 관련 질문을 던진다. 구글에서 내가 받은 프로그래밍 관련 질문들은 그리 어렵지 않았다. 하지만 인터뷰라는 긴장되는 상황에서 누군가가 나를 지켜보는 가운데 벽에 걸려 있는 화이트보드에 컴파일이 가능한 코드를 주어진 시간 안에 쓰는 건 쉽지 않은 일이었다. 물론 다른 질문들과 마찬가지로 프로그래밍 관련 질문도 완벽한 정답이 존재하는 경우는 드물다. 중요한 건 내가 왜

• 가장 대표적이고 널리 알려진 질문이다. 미국 인구는 약 3억 명이다. 한 가정에 평균 두 명이 산다고 가정해보면 1억 5000가구가 있다는 얘기다. 한편 피아노를 소유하고 규칙적으로 조율하는 가구는 20가구 중 한 가구이며 평균 1년에 한 번씩 조율한다고 가정해보자. 이는 750만 가구가 피아노를 1년에 한 번씩 조율한다는 얘기다. 다음은 조율사가 오가는 시간과 조율하는 시간을 모두 포함해 피아노를 조율하는 시간을 두 시간이라 가정하고, 하루에 총 여덟 시간씩 일주일에 5일, 1년에 총 50주를 근무한다고 가정해보자. 이를 계산해보면 8×5×50 = 2000시간이다. 피아노 한 대에 두 시간이 걸리므로 2000 ÷2 = 1000이라는 숫자가 나온다. 즉 피아노 조율사가 1년에 조율하는 피아노가 약 1000대라는 얘기가 된다. 그렇다면 매년 조율이 필요한 피아노의 수를 피아노 조율사가 1년에 조율하는 수로 나누면 답이 나온다. 750만÷1000 = 7500이므로 미국에는 약 7500명의 피아노 조율사가 있다. 앞에서 말했듯이 이 답이 실제 답이랑 얼마나 근접한지는 큰 상관이 없다. 터무니없는 답만 나오지 않으면 된다. 정확한 답보다는 각 단계와 단계별 가정이 얼마나 논리적인지가 더 중요하다. 이 논리로 질문자를 어느 정도 이해시킬 수 있다면 훌륭한 답이다.

이런 방식으로 코드를 짰고 코드의 효율성은 어느 정도이며 어떻게 하면 그 효율성을 높일 수 있는지에 대해 논하는 일이다. 나는 전공 분야인 프로그래밍 관련 질문이 가장 어려웠으며 어떤 질문보다 더 긴장했다.

첫 전화 인터뷰를 마친 뒤 느낌이 좋았다. 무리 없이 답변을 했고 이 정도면 어느 정도 가능성이 있을 것으로 생각됐다. 그렇더라도 긴장을 늦출 수는 없었다. 곧이어 두 번째 전화 인터뷰 일정이 잡혔고 나는 이번에도 열심히 준비했다. 하지만 회사 일과 퇴근 후 인터뷰 준비를 병행하면서 무리한 나머지 심한 감기에 걸리고 말았다. 결국 무슨 말을 했는지도 기억하지 못할 만큼 컨디션이 나쁜 상태에서 두 번째 전화 인터뷰를 마쳤고, 그것으로 구글이라는 꿈은 물 건너갔다고 거의 확신했다. 내가 생각해도 너무 형편없는 인터뷰였기 때문이다.

그런데 며칠 뒤 기적 같은 일이 일어났다. 모든 걸 포기하고 상심해 있는데 전화 인터뷰를 한 번 더 보자고 연락이 온 것이다. 믿기지 않은 소식이었다. 나는 머릿속이 하얘질 정도로 기뻤다. 상황에 따라 다르겠지만 구글은 보통 두 번의 전화 인터뷰를 마친 뒤 그다음 단계의 진행을 결정했다. 내게 전화 인터뷰 기회를 한 번 더 준 건 다음 단계로 진행시키기에는 애매하고 그렇다고 떨어뜨리기에는 아쉬움이 남아 있었기 때문이다. 그때는 감기도 거의 나았고 혹시 모를 상황에 대비해 공부도 계속해왔기 때문에 세 번째 인터뷰는 흡족하게 볼 수 있었다. 이제 낙관적인 결과를 기대할 수 있을 것 같았다. 그리고 예상대로 면접 일정이 잡혔다는 연락이 왔다.

며칠 후 나는 면접을 보기 위해 시드니행 비행기에 올랐다. 뉴질랜드에서 가장 가까운 구글 지사는 시드니에 있었다. 호텔에 도착하자마자 나는 그동안 인터뷰를 위해 준비해왔던 자료들을 모두 꺼내놓고 마지막 복습을 했다. 그날 밤은 편안한 마음으로 일찍 잠자리에 누웠다. 그리고 다음 날 아침 일찍 구글 시드니 지사로 향했다. 긴장도 됐지만 설레는 마음이 더 컸다.

나는 시드니까지 자주 왔다 갔다 하기 어려운 상황이어서 하루 종일 여러 번 인터뷰를 보는 힘든 일정을 소화해야 했다. 구글 면접은 그동안 내가 경험했던 어떤 시험보다 더 긴장됐지만 여기서 밀리면 끝이라는 심정으로 최선을 다해 인터뷰에 임했다. 그렇게 긴장의 연속인 인터뷰를 여러 차례 거치고 마지막 인터뷰가 끝나자 나는 거의 기진맥진해서 녹초가 됐다. 시드니 지사를 빠져나와 공항으로 가는 택시에 올라탄 뒤에야 겨우 정신을 차릴 수 있었다. 모든 과정을 통과하고 나니 뿌듯했다. 몸은 물먹은 솜처럼 무거웠으나 마음은 더 없이 가벼웠다. 이제 최종 결과만 기다리면 됐다.

인간의 지혜는 기다림과 희망으로 집약된다고 했던가.* 나는 희망을 품고 구글에서 연락이 오기를 기다리고 또 기다렸다. 애써 태연한 척했지만 속은 까맣게 타들어갔다. 하지만 몇 주가 지나도 구글의 연락은 없었다. 좋아하는 이성에게 사랑 고백을 했는데 "생각할 시간을 줘"

---

* 알렉산더 뒤마의 《몽테크리스토 백작》에 나오는 문장이다.

라는 대답을 듣고 마냥 기다리는 심정이었다. 나중에는 너무 지쳐 탈락을 해도 좋으니 제발 이 기다림의 지옥에서 구원해주기를 간절히 바랐다. 그러던 중 구글로부터 연락이 왔다. 나는 뛸 듯이 기뻤다. 전화를 받는 손은 가볍게 떨고 있었다. 설령 합격하지 못하더라도 숨 막힐 것 같았던 기다림을 끝낼 수 있다고 생각하니 한편으론 홀가분했다.

하지만 그날 내가 받은 답변은 전혀 상상하지 못한 최악의 것이었다. "축하합니다. 다음 단계로 진행하겠습니다." 인터뷰가 더 남았다는 소식이었다. 나중에 알게 된 사실이지만 구글에 입사하기 위해 열 번 이상 인터뷰를 보는 건 매우 흔한 일이었다. 무려 서른 번 이상 인터뷰를 본 사람도 있었다고 하니 그에 비하면 나는 아무것도 아니었다.[*] 하지만 나는 인터뷰할 사람의 이름을 듣고 나서 이번이 마지막 인터뷰가 될 거라는 확신이 들었다. 그녀는 바로 현재 야후 CEO인 머리사 메이어였다.

여성의 수가 상대적으로 적은 실리콘밸리에서 실력 있는 엔지니어이자 금발의 미인으로 알려진 메이어의 명성은 익히 들어 알고 있었다. 내가 지원한 APM 프로그램의 창시자였으므로 이 프로그램의 모든 지원자들은 마지막으로 그녀와의 인터뷰를 통과해야 입사할 수 있었다.

---

* 《구글의 아침은 자유가 시작된다Work Rules!》와 《구글은 어떻게 일하는가How Google Works》에 나오는 내용이다. 구글 초창기에는 서른 번 이상 인터뷰를 하고도 결정을 내리지 못한 경우가 잦았다. 그러나 구글은 경험을 통해 네 번 이상의 인터뷰는 효율성이 떨어진다는 사실을 발견했다. 최근에는 열 번 이상 인터뷰를 보는 경우는 거의 없다고 한다.

처음 잡힌 인터뷰는 그녀의 일정 때문에 취소됐고, 재차 잡힌 인터뷰가 있던 날에 약속시간이 조금 지나 전화가 걸려왔다. 메이어였다. 그녀는 일정이 늦춰져 미안하다고 사과한 뒤 곧바로 질문을 했다. 지금까지 경험한 인터뷰와는 전혀 다른 분위기였다. 분명 지능이나 능력을 테스트하는 질문이었지만, 그뿐 아니라 내가 어떤 사람인지 파악하려 한다는 느낌을 받았다. 그리 길지 않은 인터뷰를 마친 뒤 그녀는 곧 연락을 주겠다는 말과 함께 전화를 끊었다. 나는 또다시 언제 끝날지 모를 기다림의 시간을 견뎌야 했다.

최종 결과를 기다리는 동안 나는 문득 고등학교 밴드 시절이 떠올랐다. 당시 재즈 밴드 단원으로 활동하던 나는 우리 밴드가 제법 잘하는 줄 알았다. 그런 나의 착각을 완벽히 깨뜨려준 계기가 있었는데, 바로 전국 고등학교 재즈 밴드 대회였다. 대회에 참석해보니 고등학생인데도 이미 프로 밴드에서 활동하는 친구들을 포함해 대단한 실력자들이 너무 많았다. 우리 밴드 실력과는 비교도 안 되는 그들의 실력에 우리는 그만 기가 죽고 말았지만 그때의 경험은 아주 좋은 자극제가 됐다.

구글 인터뷰 과정도 내게 매우 소중한 경험이었다. 뉴질랜드라는 작은 나라에서만 생활해왔던 내게 더 큰 세상을 볼 수 있게 해준 시간들이었다. 무엇보다 나보다 똑똑하고 앞서가는 사람들과 만날 수 있었고, 무엇이 가능한 도전인지 내 눈으로 직접 확인할 수 있었다. 최종 결과도 중요했지만, 기다리는 시간이 길어질수록 인터뷰 과정의 경험들이 소중하게 느껴졌다. 설령 최종 결과가 좋지 않더라도 최선을 다했기에 후회하지 않을 자신이 있었다.

그리고 기다림이 더 이상 힘들게 느껴지지 않을 무렵의 어느 날, 드디어 구글로부터 전화가 걸려왔다. 합격이었다! 나는 지금도 그날을 생생히 기억한다. 세상을 향한 내 꿈이 막 첫발을 떼는 순간이었다. 그토록 꿈꿔온 구글! 나는 큰 기대를 품고 미국행 비행기에 몸을 실었다.

꿈의
직장

구글의 근무 환경은 세계 최고 수준이었다. 입사 지원을 하기 훨씬 전부터 소문을 들어 알고 있었던 나는 설레는 마음으로 마운틴뷰 캠퍼스*로 첫 출근을 했다. 모든 회사는 특유의 색깔과 분위기가 있다. 조용하고 차분한 분위기의 회사가 있는가 하면, 좀 시끄럽지만 활기가 넘치는 회사도 있다. 차갑고 딱딱한 이미지의 회사도 있고, 따뜻하고 포근하며 자유로운 이미지의 회사도 있다. 이는 단순히 인테리어나 각종 실내 장식들에서 풍겨 나오는 게 아니다. 그보다는 그 회사만의 독특한 문화가 더 많은 영향을 미친다. 특히 일을 대하는 직원들의 태도를 보면 그 회사가 어떤 회사인지 어느 정도 가늠할 수 있다.

• 구글은 회사를 캠퍼스라고 부른다.

구글 캠퍼스에 첫발을 내딛는 순간 다시 대학생이 된 것 같았다. 나는 캘리포니아의 따스한 햇살 아래 태양열 집열판으로 뒤덮인 주차장을 지나 모래사장으로 된 배구코트가 있는 본관 쪽으로 향했다. 어딘가를 향해 바삐 걸어가는 직원들이 보이기 시작했다. 카페 분위기가 물씬 풍기는 식당에서 아침 식사를 하는 사람들이 보였고, 밤새도록 일과 씨름한 듯 피곤해 보이는 사람들도 보였다. 건물 안에 들어섰을 때 눈에 들어온 회의실과 사무 공간은 공통된 주제를 찾을 수 없을 만큼 개개인의 취향에 따라 자유롭게 꾸며져 있었다. 여기저기 보이는 빈백 의자, 슬립팟*, 당구대 그리고 실시간으로 구글에서 검색되는 키워드를 보여주는 모니터……. 이 모든 것이 구글을 회사라기보다 대학 캠퍼스에 가깝다는 느낌이 들게 했다.

첫날 출근해서 본 것들 중 가장 마음에 들었던 건 미니 주방이었다. 아침, 점심, 저녁 매 끼니를 최고의 요리사가 십여 군데 식당에서 준비해주는데도 사무실 곳곳에 마련되어 있는 미니 주방에는 각종 커피와 음료 그리고 다양한 군것질거리가 가득했다. 그 후에도 구글 캠퍼스는 계속해서 나를 놀라게 했다. 옆 건물에 미끄럼틀이 생기고, 뒤쪽 캠퍼스에는 볼링장이 들어왔다. 어느 날은 앨 고어** 미국 부통령이 방문했다는 소식을 듣고 급히 뛰어가 연설을 들은 적도 있다. 존 키(John Key) 뉴질랜드 총리가 방문했을 때는 뉴질랜드 출신 구글러들과

---

* sleep pod. 구형의 덮개가 있어 외부의 소리를 차단하고 낮잠을 잘 수 있는 의자를 말한다.
** 당시 구글 본사에 방문해 지구온난화에 대해 연설했다.

함께 모임에 참석하기도 했다. 이 밖에도 본관 중앙에 있는 잔디정원에서는 늘 이벤트와 파티가 열려 사람들의 눈길을 끌었다. 내가 속해 있던 팀 사람들과 함께 떠난 여행과 단합대회는 휴식과 놀이 차원에서 즐기는 시간이었고 아직도 좋은 추억으로 남아 있다.

주변 지인들이 "구글은 이렇다면서?" 혹은 "구글엔 이런 게 있다면서?"라는 질문을 하면 "아 그래? 구글에 그런 게 있어?"라고 되물을 정도로 구글에는 다른 회사에서는 경험할 수 없는 신기하고 새로운 것들이 많았다. 각 지사들도 지역에 걸맞은 개성을 뚜렷하게 보여주고 있으며 퇴직자들은 비록 작은 것들이지만 여전히 이런저런 혜택을 받을 수 있다. 회사를 떠난 사람에게도 배려할 정도이면 직원들에게는 얼마나 지극정성일지 더 설명하지 않아도 짐작할 수 있을 것이다.

직원들에 대한 회사의 지극한 배려는 지금도 고맙고 인상 깊다. 그 중에서 특별히 기억에 남는 게 있는데 바로 자전거다. 구글 캠퍼스는 굉장히 넓고 대학처럼 십수 개의 건물이 들어서 있다. 회의가 열리는 건물이 멀리 떨어져 있을 경우 회사 택시나 자전거를 타고 가기도 한다. 걸어서 갈 수도 있지만 대다수 구글 직원들은 회사에서 제공하는 자전거를 타고 이동한다. 구글 색°으로 칠해진 알록달록한 자전거 앞에 매달린 하얀 바구니에 랩톱을 싣고 회의가 있는 장소로 페달을 밟으며 달리면 마치 소풍이라도 온 것 같은 기분이다. 구글에서 일하던 시절을 떠올릴 때면 그 자전거가 몹시 그립다.

• 구글 로고에 사용되는 파랑, 빨강, 노랑, 초록의 네 가지 색깔을 뜻한다.

구글은 창의적 공간 활용과 크고 작은 복지 혜택으로 직원들에게 최고의 근무 환경을 제공하는 회사다. 나는 구글 캠퍼스에 들어가서야 왜 전 세계 젊은이들이 구글을 가장 일하고 싶은 기업으로 꼽고 꿈의 직장이라 부르는지 이해하고 공감할 수 있었다.

APM
프로그램

내가 지원한 곳은 APM이라는 2년짜리 프로덕트 매니저 프로그램이었다. 프로덕트 매니저라는 직책은 한 제품의 CEO라고 불릴 만큼 제품에 대한 모든 것을 총괄적으로 책임지고 이끌어나가는 자리다. 막중한 책임이 따르는 자리인 만큼 대부분은 실무 경험이 몇 년 되거나 일류 대학에서 MBA 과정을 마친 베테랑들을 영입하는 경우가 많다. 그런데 구글은 대학을 갓 졸업한 새내기들에게 그 자리를 맡겼다. 과연 무슨 생각으로 그랬을까?

구글은 초창기에 빠른 성장을 거치면서 유능한 프로덕트 매니저가 회사의 발전에 꼭 필요한 존재라는 것을 깨닫게 된다. 많은 인재들을 영입하기 시작했지만, 회사는 그보다 더 빠른 속도로 비약적인 성공을 이루고 있었다. 당시 구글은 아무리 다급해도 회사가 정해놓은 일정 수준에 미치지 못하는 사람은 고용하지 않겠다는 입장을 고수했지만, 현실적으로 그런 기준 아래 구글이 원하는 수준의 인재를 찾아내는 일은 거의 불가능했다.

그때 구글이 생각해낸 아이디어가 APM 프로그램이었다. 똑똑한 대학생들을 데려와 일을 시켜보자는 것이었다. 더구나 구글은 경력보다는 지적 능력을 우선시하는 경향이 있었다. 경력 많은 프로덕트 매니저를 찾기 힘들다면 잠재력 있는 대학 졸업생들을 데려와 프로덕트 매니저로 키워보자는 게 APM 프로그램의 취지였다. 메이어는 이 프로그램을 직접 개발하고 관리하면서, 매년 전 세계에서 약 30명*의 대학 졸업생들을 선발해 APM 프로그램에 입사시켰다.

이후 APM 프로그램은 구글 내에서도 신입사원들이 들어갈 수 있는 최고 엘리트 코스로 자리잡게 됐고, 당시 구글 CEO인 에릭 슈미트는 미래의 구글 CEO를 키우는 프로그램**이라고까지 언급했다. 실제로 APM 프로그램을 졸업한 선배, 동기, 후배들 중에는 구글 내에서 이미 이사급 직책을 맡아 큰 활약을 하는 사람이 있는가 하면, 스타트업을 창업해 큰 성공을 거둔 사람도 많다.

---

* 물론 인원을 정해놓고 뽑지는 않는다. 평균적으로 볼 때 이 정도의 인원이 매년 프로그램을 통해 입사한다는 말이다.

** 스티븐 레비(Steven Levy)는 그의 책 《0과 1로 세상을 바꾸는 구글 그 모든 이야기In the Plex》에서 슈미트의 말을 다음과 같이 인용했다. "구글은 그 어떤 회사가 젊은 사원에게 투자하는 것보다 APM 프로그램에 더 많이 투자합니다. 우리는 구글의 이사회, 실리콘밸리의 최고 CEO 그리고 가장 존경받는 세계적인 비영리단체의 리더가 모두 구글 APM 프로그램 졸업자 중에서 배출될 거라고 기대합니다. 그 중 한 명은 아마 미래의 구글 CEO가 될 것입니다. 그 사람이 누군지 아직 모를 뿐이죠."

구글에 지원하기로 마음먹기 전에 나는 사실 APM 프로그램에 대해 들어본 적이 없었다. 그저 구글의 탁월한 연봉 수준과 다양한 복지 제도가 흥미로웠고 내게 신세벽을 열어줄 것 같은 기대감에 무작정 이끌렸다. 하지만 우연히 이 프로그램에 대해 알게 됐고, 운 좋게도 입사 기회까지 얻게 됐다.

APM 프로그램은 프로덕트 매니저가 되기 위한 준비 단계에 해당 됐지만 우리에게 주어진 책임이나 권한은 프로덕트 매니저와 같았다. 구글은 우리에게 제품 하나*를 통째로 운영하게 했다. 신입사원에게 이런 막중한 책임과 임무를 부여하고, 실수를 통해 그들이 빨리 성장할 기회를 제공하는 회사는 내가 아는 회사 중 구글이 유일했다. 나는 첫 해는 애드센스(AdSense) 팀에서 그리고 다음 해는 블로거(Blogger) 팀에서 프로덕트 매니저로 일할 기회를 얻었고 신입사원은 하기 힘든 다양한 경험들을 했다.

이렇게 막중한 책임과 임무가 따르는 직책을 아직 준비가 덜 된 신입사원들에게 맡긴다는 사실 외에도, APM 프로그램이 많은 사람들의 관심을 받게 된 이유는 APM 트립(APM Trip) 때문이다. APM 트립은 첫해 프로젝트를 마치고 2주 동안 동기들과 떠나는 세계 여행을 말하는데, 나는 프로그램을 함께 시작한 동기들과 2주에 걸쳐 네 개의 도시를 방문하면서 그 나라의 문화를 접하고 그 지역 IT 업계의 리더

---

* 큰 제품엔 프로덕트 매니저가 여러 명 있다. 내가 입사했을 때의 구글은 이미 대기업이었고 거의 모든 제품 팀에는 프로덕트 매니저가 여러 명씩 배정되어 있었다. 그들은 각자 제품의 한 부분씩을 맡는다.

나는 다만 재미있는 일을 했을 뿐이다

들*과 만나면서 그들의 사고방식과 문제점들에 대해 배울 기회를 얻었다. 프로그램 개발자인 메이어도 2주 동안 우리와 함께했고, 우리는 많은 것들을 보고 경험하면서 견문을 넓힐 수 있었다.

이처럼 구글은 내가 상상한 것보다 훨씬 훌륭한 회사였고, 운 좋게 들어간 APM 프로그램은 내가 아는 대학 졸업생을 위한 프로그램 중 단연 최고였다.

• 대학을 갓 졸업한 새내기 그룹을 위해 각 나라 IT 업계의 리더가 직접 시간을 냈다는 것은 매우 놀라운 일이다. 구글에서 왔고 또 메이어가 직접 우리를 이끌고 함께 견학을 다녔기에 가능한 일이었다. 우리는 어디를 가나 귀빈 대우를 받았고 우리 나이에는 하기 힘든 경험들을 할 수 있었다.

뱀의 머리
용의 꼬리

구글에 첫발을 내딛었을 때는 모든 것이 신세계 같았다. 과연 명성대로 구글만의 독특한 문화가 있었고 한동안은 그 매력에 빠져 지냈다. 그러나 어느 정도 시간이 지나자 구글의 가장 큰 매력은 무료로 제공되는 음식도 아니고 자유로운 근무 환경도 아니라는 걸 깨달을 수 있었다. 구글의 가장 큰 매력은 나보다 똑똑한 사람들과 함께 일하면서 배울 수 있다는 점이었다.

조직생활을 하다 보면 그 조직의 최종 결과물에 기여하는 정도가 사람마다 다르다는 걸 알 수 있다. 유능해서 기여도가 높은 사람이 있는가 하면 그렇지 못한 사람도 있다. 대부분은 그렇지 못한 사람의 수가 더 많다. 내가 이전까지 속해 있던 모든 조직과 기업들은 파레토 법칙*을 따랐다. 회사가 됐든 대학 과제 그룹이 됐든 간에 최종 결과물의 80퍼센트는 그 조직에 속한 20퍼센트가 만들어낸다는 소리다.

학창 시절 그룹 과제를 해본 경험이 있는 사람들은 이 말이 무슨 뜻인지 이해할 수 있을 것이다. 그룹 구성원들 모두가 과제를 열심히 했을 리 절대 없다. 학창 시절 나름 열심히 공부했다고 자부하는 나도 돌이켜보면 그룹을 이끄는 20퍼센트에 속하지 않았을 때가 분명히 있었다. 그룹 구성원들과 코드가 잘 맞지 않거나, 그룹 과제의 점수가 학점에서 차지하는 비중이 낮을 때 그 과제를 포기하고 다른 공부에 집중했던 적도 있다.

분명한 건 그룹을 이끄는 20퍼센트의 학생들은 다른 학생들보다 더 힘들고 외롭다는 점이다. 보통 그룹 과제의 기한은 짧으면 며칠, 길어봤자 1년이다. 이때 그룹 리더는 자신의 이익을 위해 참고 견디는 경우가 많다. 하지만 끝이 보이지 않을 경우에는 어떻게 될까? 조직생활을 할 때 함께 일하는 사람들을 이끌어가는 위치에 있는 사람은 정말 힘들고 외롭다.

나는 2년 동안 구글에서 많은 사람들과 일할 기회가 있었다. 물론 엘리트 그룹에서도 두각을 나타내는 초엘리트 그룹은 존재하게 마련이고, 구글이라는 조직에서도 정말 신기할 정도로 남다른 재능을 보이는 사람들이 있었다. 이런 얘기를 하면 어떻게 받아들일지 모르겠지만, 구글에서 내가 만나본 사람 중에 나보다 유능하지 못하다고 생각한 사

• 전체 결과의 80퍼센트가 전체 원인의 20퍼센트에서 일어나는 현상을 가리키는 법칙이다. 이탈리아 경제학자 빌프레도 파레토(Vilfredo Pareto)의 이름에서 따왔다.

람은 단 한 명도 없었다. 구글은 내가 접해본 조직 중 처음으로 파레토 법칙에 들어맞지 않는 조직이었다.

나는 똑똑한 사람들과 일하는 게 좋다. 무엇보다 배울 점이 많아 신이 난다. 유능한 사람들은 각자 맡은 일을 신속하고 정확하게 처리한다. 그렇다고 모든 일들이 내가 말하는 것처럼 일사천리로 진행되는 건 아니다. 서로 의견이 다를 때는 언성을 높이기도 하고 감정적인 논쟁을 벌일 때도 있다. 회사가 강요하는 비즈니스 프로세스에 짜증을 내는 경우도 빈번하다. 그러나 최소한 내가 맡은 업무를 처리하는 데 있어서 다른 사람의 무능력함이나 게으름이 걸림돌이 된 적은 단 한 번도 없었다. 그 사실이 놀라웠고, 이것이 바로 똑똑한 사람들의 능력이라는 걸 깨닫고 감탄했다. 그때마다 나는 내가 뒤처지고 있는 건 아닌지 초조하기도 했고 더 많은 노력을 해야겠다는 다짐도 했다. 마치 뱀의 머리에서 용의 꼬리가 되어버린 기분이었다.

나는 뉴질랜드로 이민 와서 공부를 게을리하지 않았다. 학교에서 계속 선두를 유지하기 위해 노력했고 뛰어난 인재들과 경쟁하는 걸 좋아했다. 고등학생 시절에는 아이큐가 너무 높아서 수치로 측정 불가하다는 판정을 받은 친구도 있었고, 무려 4년을 월반하며 중학생 나이로 고등학생이 참가하는 국제수학올림피아드에서 동메달을 따온 친구도 있었다. 이렇게 앞서가는 친구들과 함께 공부하면 큰 자극이 된다. 승부욕도 생기고 자기주도 학습 습관 등 배울 점이 많다. 나는 이런 친구들과의 경쟁을 통해 살아남았다고 생각했다.

하지만 전 세계 IT 산업의 메카인 실리콘밸리에 와보니 뛰어난 인재들이 넘쳐났다. 다섯 명과 경쟁하며 자극을 받는 것과 350명*과 경쟁하며 자극을 받는 건 큰 차이가 있다. 미국에 와서야 '우물 안 개구리'라는 속담의 뜻과 사람들이 왜 큰물에서 놀아야 한다고 말하는지를 제대로 이해할 수 있었다. 내가 뉴질랜드에서 다섯 명의 친구들과 경쟁할 때, 미국 친구들은 350명과 경쟁했으니 나는 '우물 안 개구리'였던 것이다. 특히 중국과 인도에서 대학을 나온 친구들은 경쟁 상대의 수가 나와는 비교가 안 될 정도로 많았을 것이다.

구글은 내가 '우물 안 개구리'라는 걸 확실하게 깨닫게 해주었다. 뉴질랜드에서 자만하며 살았던 나는 구글의 수많은 인재들을 보고 저절로 겸손해질 수밖에 없었다. 그들이 부럽기도 했고, 한편으로는 넓은 세상에 나왔으니 모든 걸 배움과 발전의 기회로 삼자고 스스로를 다잡았다.

구글과 함께한 2년은 내가 더 큰 세상을 바라볼 수 있게 해준 소중한 시간이었다. 나는 유능한 사람들과 함께 일하면서 다른 사람들은 쉽게 누릴 수 없는 큰 특혜를 입었다. 구글의 수많은 인재들을 보면서 내 인생의 중요한 기준을 세웠다. 훗날 경영자가 되어 직원을 고용하거나 또 다른 회사에 입사하게 될 경우 나보다는 똑똑한 사람들과 일하는 걸 즐겨야겠다고 생각했다. 이들과의 협업은 새로운 시너지를 창출하는 등 대부분 바람직한 선순환 구조를 이끌어내기 때문이다.

• 미국 인구는 뉴질랜드 인구의 약 70배다. 내가 뉴질랜드에서 다섯 명과 경쟁할 때 미국 친구들은 5×70=350명과 경쟁했다고 볼 수 있다.

꿈에서
깨어나다

무언가를 갈망하는 건 그것을 얻게 되는 것보다 더 행복하다는 말이 있다.* 나는 구글이라는 회사를 오랜 시간 갈망했고 꿈꿔왔다. 하지만 막상 들어와보니 조금씩 불편한 느낌이 들기 시작했다. 구글의 환경과 문화는 기대 이상이었고 실력 있는 사람들과 일하며 많은 걸 배울수 있었다. 그런데 뭐가 문제란 말인가? 내가 그토록 원하던 걸 손에 넣었는데 대체 뭐가 불편했던 걸까?

미국 아이비리그 대학에 입학한 한국 학생들 중 44퍼센트는 중도 하차한다는 통계가 있다.** 여기에는 여러 가지 이유가 있겠지만, 이들

---

* 〈스타 트랙〉 시리즈 시즌 2에서 스팍이 한 말이다. "무언가를 얻는 건 결국 그것을 갈망하는 것보다 즐겁지 않다는 사실을 깨닫게 될 것이다. 논리적이지는 않지만 명백한 사실이다."

나는 다만 재미있는 일을 했을 뿐이다

이 대학 입학만 목표로 삼고 그 이상은 바라보지 않았기 때문이라 생각한다. 꿈이 합격이었다면 합격한 후에는 꿈이 사라지는 셈이다. 이들은 오직 명문대 입학이라는 목표를 향해 정신없이 달리면서 정작 중요한 질문을 하지 않는다. 왜 그 대학에 가야 하는지, 그곳에서 어떻게 자신을 발전시킬 것인지 그리고 졸업 후에는 어디서 무슨 일을 하고 싶은지 숙고하지 않는 것이다. 오직 대학 입학만이 목표였기 때문에 그 길고 험난한 여정을 이겨내고 합격의 기쁨을 맛보고서도 끝내 그곳에서 살아남지 못하고 중도하차하게 되는 게 아닌가 싶다.

지금 생각해보니 나 역시 구글 입사에 대해 지나치게 추상적으로 꿈꿔왔던 것 같다. 모두가 선망하는 회사에 입사하는 건 얼마나 멋지고 근사한 일인가. 더구나 세계 최고 기업에서 내 능력을 검증받은 셈이니 우쭐한 마음도 있었다. 그러나 그것도 잠시일 뿐, 이상하게 시간이 갈수록 공허함이 커져만 갔다. 한때 그토록 갈망했던 목표를 이루었는데 더 이상 행복하지가 않았다. 좋은 회사에 입사한 걸 감사하며 주변 사람들에게 많은 걸 배우고 있기는 했지만, 업무에 대한 의지는 좀처럼 살아나지 않고 풍랑 속 배를 탄 듯 이리저리 휩쓸리기 시작했다. 어느 순간 적당한 시간에 출근해 내가 해야 할 최소한의 일만 하는 나를 발견한 것이다. 구글에서 나는 그저 그런 평균의 인간이었다.

고등학교와 대학 시절 내게는 힘이 되어준 목표가 있었다. 그것은

•• Samuel Kim, "First and Second Generation Conflict in Education of the Asian American Community", 2008.

바로 학교를 수석으로 졸업하는 것이었다. 공부가 힘들고 하기 싫을 때도 늘 그 목표를 떠올리며 마음을 다잡았다. 목표를 달성하는 상상만으로도 충분히 동기부여가 됐다.

목표는 누구에게나 필요하다. 아무리 절망적인 상황이라도 자신의 목표를 떠올리면 심장이 뛰는 그런 희망 말이다. 아주 작은 것이라도 목표, 곧 희망이 없으면 인생은 무미건조해진다. 그런데 어느 날 보니 내게 목표가 사라졌다. 공허함은 거기서 비롯된 것이었다. 나는 또다시 내가 가야 할 길을 선택해야 할 시기가 왔다는 걸 직감했다.

이번 선택은 복잡하지 않았다. 회사를 계속 다니면서 새로운 목표를 향해 조금씩 전진할 것인가, 아니면 회사를 그만두고 앞으로 가야 할 길에 집중할 것인가, 둘 중에 하나를 선택해야 했다. 아무리 다른 사람들이 부러워하는 직장이라 해도 내 열정을 일으키지 못한다면 좋은 직장이 아니라는 생각이 들었다. 아침에 일어나 습관처럼 출근하고 적당히 일하다가 시간 맞춰 퇴근하는 내 모습이 싫었다. 그런 생활을 계속하는 건 나 자신에게 솔직하지 못한 일이라 생각했다.

무식하면 용감하다고 했던가. 나는 결국 회사를 그만두었다. 그때 편한 길을 두고 다른 사람들이 가지 않은 길을 개척한다는 게 얼마나 힘든 일인지 알았더라면 그런 무모한 판단을 하지 않았을지도 모른다. 당시의 판단이 세상에 대한 나의 순진함과 무지에서 비롯됐다는 걸 전적으로 인정한다. 하지만 세상을 바꾸는 건 늘 무모한 자들의 몫이었다. 나는 내 무모함의 힘을 믿고 구글이라는 꿈에서 깨어나기 시작했다.

변화의
계기

내가 꿈에서 깨어난 건 내 길을 스스로 개척해나가고 싶다는 강한 욕구 때문이었다. 물론 이런 욕구가 어느 날 갑자기 생긴 건 아니다. 내 결정에 두 가지 요인이 영향을 미쳤다. 그것은 내가 살아온 환경과 파트너와의 만남이었다.

실리콘밸리
사람들

실리콘밸리는 스타트업의 메카다. 전 세계적으로 스타트업을 위한 인프라*가 가장 잘 구축돼 있는 지역이고, 남다른 아이디어가 풍부하고 도전정신이 강한 인재들이 이곳으로 모여

든다. 이런 사람들과 한 공간에서 일하다 보면 그들의 사고방식과 열정 등에 영향을 받을 수밖에 없다.

구글 창업자를 소개한 책을 읽는 것과 그들과 얼굴을 맞대고 직접 그들의 생각을 듣는 건 전혀 다르다. 마크 저커버그와 스티브 잡스라는 훌륭한 경영자에 대한 소식을 뉴스를 통해 듣는 것과 그들의 옆 동네에 살면서 혹은 그들의 회사에서 일하는 친구에게 직접 소식을 전해 듣는 건 하늘과 땅 차이다.

대학 시절만 해도 나는 내가 사업을 하리라고는 전혀 생각하지 못했다. 내성적이었던 나는 차분하고 정돈된 환경을 선호했고 안정적인 직장을 원했다. 주변 사람들도 내게 가장 잘 어울리는 직업은 선생님이라고 자주 말하곤 했다. 사업을 해서 성공할 수 있다면 멋지고 굉장하겠다는 막연한 상상을 해본 적은 있지만, 내가 도전정신이 강하고 큰 위험을 감수할 만한 인물은 아니라고 확신했다.

근주자적 근묵자흑(近朱者赤 近墨者黑)**이라는 고사성어가 있다. 사람은 주위 환경에 이런저런 영향을 받는다는 의미다. 사람들이 좋은 친구를 사귀고 명문대에 가려는 이유는 좀 더 좋은 환경이 자신을 발전시키는 데 도움이 된다는 걸 알기 때문이다. IT 벤처의 산실인 실리콘밸리는 그 어떤 곳보다 젊은 패기의 인재들이 많이 모여 있는 곳이

• 실리콘밸리에 스타트업 인프라가 잘 구축되어 있다는 건 컴퓨터 네트워크와 인터넷 속도 같은 물질적 기반이 잘 갖추어져 있다는 의미가 아니라, 인터넷 스타트업을 시작하고 성공으로 이끄는 데 필요한 자본, 인력, 기술, 전문지식, 전통, 문화, 사고방식 등이 최적화되어 있는 환경이라는 뜻이다.
•• 붉은 인주를 가까이하면 붉게 되고 먹을 가까이하게 되면 검게 물든다.

나는 다만 재미있는 일을 했을 뿐이다

다. 나는 이곳에서 자신의 꿈을 위해 끊임없이 도전하는 사람들을 봐왔다. 그러다 보니 나도 그들의 사고방식에 서서히 동화되어갔다. 2년이라는 짧은 기간에 안정성을 추구하던 조심스러운 성격은 모험을 즐기는 도전적인 성격으로 바뀌어갔다. 내가 생각해도 놀라울 정도의 변화였다. 내가 만약 실리콘밸리에서 생활하지 않았다면 스타트업 창업 시도는 언감생심 꿈도 꾸지 못했을 것이다.

이렇듯 사람은 변한다. 그럼에도 나는 아직도 내성적이고 소심하다. 선천적인 성격이야 쉽게 바뀔 리 없지만 주변 환경이나 상황에 따라 사람은 수시로 변한다. 이것이 바로 주어진 환경에 적응할 수 있는 인간의 능력이기도 하다. 도저히 해결할 수 없을 것 같은 문제도 꾸준한 노력을 통해 극복할 수 있다. 이 세상에 완벽한 사람은 없다. 자신감과 동기부여 부족 등 저마다 말 못할 아킬레스건을 한두 개씩 갖고 있다. 진심으로 변화를 원한다면 자신이 닮고 싶은 사고방식이나 성격을 지닌 사람들과 어울리는 게 좋다. 처음에는 불편하고 어렵겠지만 변화에 대한 의지가 있다면 자신도 모르게 조금씩 바뀌어간다.

파트너와의
만남

스타트업 창업 결정에 큰 역할을 한 또 다른 요인은 파트너와의 만남이었다. 당시 나는 스타트업 창업을 긍정적으로 검토하고 있었지만 구글을 그만두고 혼자서 그 모든 일을 시작한다는 건 힘든 일이었다. 내게는 용기 있는 일이라 해도 다른 사람들이 보기에는 무모하게 보일 수 있었기 때문이다. 하지만 혼자 하면 미치광이 취급을 받을 수도 있는 일이 누군가와 함께한다면 그 사업은 분명한 목적을 지닌 행위가 된다.

나는 운 좋게 좋은 파트너를 만났다. 꿈을 향해 함께 나아간다는 건 서로에 대한 신뢰가 없으면 불가능한 일이다. 그는 구글 같은 안정적인 회사를 그만두는 일이 쉽지 않았을 텐데 선뜻 퇴사를 결심하고 창업에 동참해주었다. 우리는 그렇게 의기투합했지만 스타트업이 미친 짓이라는 사람들의 말을 의식하지 않을 수 없었다. 과히 틀린 말도 아니었기 때문이다. 누가 봐도 성공 확률이 낮고 원대한 목표를 위해 많은 것을 희생해야 한다는 점에서 온전한 정신으로 선택할 길은 아니었다. 이런 고난의 여정을 함께할 수 있는 파트너를 만난 건 내게 큰 축복이었다.

공동 창업자인 파트너는 구글 APM 프로그램에서 만났다. 그는 나보다 1년 뒤에 첫 번째 프로젝트 후임으로 들어온 친구였다. 우리는 인수인계를 하는 과정에서 친해졌고, 이후 자주 만나 식사도 하고 산책을 하며 많은 대화를 나눴다. 당시 우리가 나눴던 대화의 주제는 몇 가지로 정해져 있었다. 주로 각자 맡고 있는 프로젝트의 어려움과 스타트업 창업에 대한 막연한 희망 같은 것들이었다. 처음에는 농담 반 진담 반으로 시작한 얘기는 시간이 갈수록 모양이 갖춰지고 구성이 잡히기 시작했다. 급기야 우리는 일을 저지르고야 말았다. 퇴사를 결심한 것이다.

나는 구글에서 일했다는 데 여전히 자부심을 갖고 있다. 구글은 내게 많은 기회를 가져다주었다. 구글에 들어가서 나는 '우물 안 개구리' 식의 생각에서 벗어나 넓은 세상을 내다보기 시작했다. 내게 이런 변화를 경험하게 해준 구글이 고맙고 한편으로는 오래 함께하지 못해 미안한 마음도 있다. 스타트업 창업을 준비하면서도 구글을 떠난다고 생각하니 몹시 아쉬웠다. 퇴사에 대한 결정은 쉽게 내릴 수 없었지만 시기를 놓치면 후회할 것 같았다. 혼자였다면 구글을 떠나지 못했을 것이다. 다행히 나를 믿어주고 뜻을 함께한 파트너가 있었기 때문에 꿈을 펼칠 세상의 문을 과감히 열어젖힐 수 있었다.

구글을 그만둘 때 나는 꽤 심각하게 고민했다. 편히 살 수 있는 기회를 차버리는 건 아닌지 걱정도 됐다. 하지만 스타트업에 대한 갈증도 만만치 않았다. 나는 스스로에게 묻고 또 물었다. 나중에 후회하지 않을 결정이 무엇이냐고. 열정은 이미 스타트업을 향해 타오르고 있었다. 질문에 대한 답을 얻자 나는 주저 없이 퇴사를 결심했다. 그리고 꿈을 향한 도전에 나섰다.

2장

또 하나의
시작

"남보다 앞서 나가는 비밀은 지금 당장 시작하는 것이다."
— 마크 트웨인

새로운 시작이었다. 두려움 반 설렘 반으로 우리는 꿈을 향해 첫발을 내디뎠다. 생각해보면 우리의 꿈은 구글에서 시간 날 때마다 함께한 산책 속의 대화에서 비롯됐다. 처음에는 업무에 관한 어려움을 털어놓다가 자연스럽게 이상과 현실에 관한 이야기들로 옮겨갔고 이상과 현실의 거리를 좁히는 방법에 대해 고민했다. 급기야 구글에는 그 해법이 존재하지 않는다는 결론에 이르게 됐다. 구글은 훌륭한 회사이며 직원들에게 많은 발전의 기회를 주지만 그것만으로 만족할 수 없었다. 고심 끝에 우리는 새로운 길을 개척하기로 했다.

백만 불짜리
아이디어

스타트업 창업에는 새로운 상상력이 필요했다. 그것은 바로 우리를 성공으로 이끌어줄 사업 아이템이었다. 우리는 밤낮으로 토론을 거듭하며 백만 불짜리 아이디어를 짜냈다. 생각해보지 않은 아이디어가 없을 정도로 많은 아이디어들을 쏟아냈고 각종 자료를 뒤져가며 여러 사업 모델에 대해 열띤 토론을 벌이기도 했다. 그 와중에 B2B, C2C, O2O, B2C* 등에 대해 고민하면서 도대체 이렇게 재미없는 이름들을 붙인 사람이 누구인지 궁금해하기도 했다.

우리는 사업 아이템으로 헬스케어, 소셜네트워크, 소셜커머스, 데

---

* 비즈니스 모델의 약자다. B2B(Business-to-Business), C2C(Consumer-to-Consumer), O2O(Online-to-Offline), B2C(Business-to-Consumer).

이팅, 교육, 하드웨어 등 생각할 수 있는 모든 카테고리를 고려 대상에 포함시켰다. 이런 방식으로 토론을 계속하다 보면 분명 백만 불짜리 아이디어가 나올 거라고 굳게 믿었으며, 제대로 된 아이디어를 찾는다면 절반은 성공한 것이나 다름없다고 생각했다.

나는 대학 시절에도 친구들과 종종 사업 아이템에 대해 얘기를 나누곤 했다.

"내가 아는 사람이 이런 아이템으로 대박을 쳤다더라."

"신문에서 읽었는데 요즘 이런 아이템이 인기라더라."

"나한테 정말 기막힌 아이디어가 있는데, 이건 시작하기만 하면 무조건 대박이야!"

마치 모든 성공의 시작은 하나의 엄청난 사업 아이템인 것처럼 친구들은 백만 불짜리 아이디어에 관해 얘기하고 꿈꿨다. 간혹 대단하다고 생각되는 아이디어를 공유할 때는, 그것이 한 나라를 먹여 살릴 수 있는 일급기밀이라도 되는 양 비밀스럽게 얘기하는 친구도 있었고, 어떤 친구는 일급기밀을 절대 누설할 수 없다면서 자신의 비밀을 지켜내곤 했다. 하지만 그때의 친구들 중 누구도 당시 생각해냈던 아이디어를 실행에 옮기지 못했다. 친구들과의 사업 아이템 토론은 풋풋한 시절 큰 꿈을 꾸던 우리들의 추억거리로만 남았다.

공동 창업자인 파트너도 나와 토론하는 과정에서 불쑥 좋은 아이디어를 생각해내곤 했다.

"왜 이런 아이디어를 진작 생각해내지 못했을까?"

"정말 초대박 아이디어다!"

"이건 바로 실행에 옮기기만 하면 성공할 것 같다!"

우리는 그럴듯한 아이디어를 생각해낼 때마다 스스로 천재라도 된 양 제어할 수 없는 흥분 상태에 빠지곤 했다. 모든 논리를 창밖으로 내던져버리고 방금 떠오른 기발한 아이디어가 왜 하늘이 내린 운명적인 영감인지에 대해 정당화하기 시작했다. 하지만 흥분을 가라앉히고 이성을 찾은 뒤에 논리적으로 아이디어를 분석하면 여지없이 단점들이 튀어나왔다.

"어떻게 이럴 수 있지? 분명 하늘이 내려준 백만 불짜리 아이디어였는데 말이야!"

우리는 이런 과정을 수없이 거쳐야 했다. 그렇게 아이디어 발상과 분석을 반복하다 보니 어느 순간 이것이 우리의 습관적인 패턴임을 인식할 수 있었다.

첫째, 백만 불짜리 아이디어를 생각해낸다.

둘째, 스스로의 천재성에 감탄하며 아이디어를 정당화한다.

셋째, 이성을 찾고 아이디어를 분석해본다.

넷째, 백만 불짜리 아이디어가 형편없다는 사실을 깨닫는다.

다섯째, 좌절하고 새로운 아이디어를 짜내기 시작한다.

이와 같은 패턴을 몇 차례 반복하고 나서야 우리가 아이디어에 집착하고 있다는 걸 깨달았다. 그것은 의미 없는 행위였다. 그러던 어느 날 나는 한 친구와 다음과 같은 대화를 나눴다.

"요즘 아이디어 구상하느라 힘들어."

"좋은 아이디어 많이 생각해냈어?"

"괜찮은 아이디어들이 있기는 한데 계속 고민하다 보면 또 아닌 것 같기도 해."

"가장 최근에 생각해낸 아이디어 있어? 있으면 말해줘."

"백만 불짜리 아이디어를 그렇게 쉽게 말해줄 수는 없지. 말해줄 테니 백만 불 줄래?"

"너 드디어 정신 나갔구나."

"그럼 천 달러는 어때?"

"그냥 안 들을래."

"이 아이디어가 정말 일생일대의 아이디어이고 무조건 돈을 내야 들을 수 있다고 가정한다면 너는 얼마까지 지불할 수 있어?"

"아무리 많이 줘도 10달러 이상은 절대로 안 준다."

"그럼 결국 백만 불짜리 내 아이디어의 실제 가치는 10달러인 거네."

"그렇다고 볼 수 있지. 똑똑하네."

농담에서 시작된 대화였지만 나는 중요한 사실을 깨달았다. 그것은 백만 불짜리 아이디어는 어디에도 존재하지 않는다는 사실이었다. 백만 불짜리 아이디어는 실제 가치도 백만 불이어야 한다. 하지만 친구와의 흥정에서 내가 백만 불로 매긴 아이디어 가격은 10달러로 떨어졌다. 물론 누구의 아이디어인가에 따라 이 가격은 변동될 수 있다. 워런 버핏의 다음 투자 상품 아이디어를 들으려면 훨씬 큰돈을 지불해야 할 것이고, 래리 페이지가 생각하는 구글의 다음 비밀 프로젝트에 관한 아이디어라면 그 가치가 더 높을 수 있다. 하지만 버핏과 페이지가 제

아무리 유명인사라 해도 이들의 아이디어를 듣는 데 백만 불을 기꺼이 낼 사람이 과연 얼마나 될까?

결국 아이디어 자체만으로는 가치가 쉽게 형성되지 않는다. 아이디어가 누구의 손에 들려 있고 그 사람이 얼마나 효과적으로 그 아이디어를 실행하느냐에 따라 아이디어의 잠재적 가치가 백만 불짜리가 될 수도 있고 안 될 수도 있다. 아무리 좋은 아이디어라 해도 제대로 실행되지 않는다면 아무짝에도 쓸모가 없다는 의미다.

다소 우스꽝스럽고도 극단적인 가정을 해보자. 빌 게이츠가 갑자기 한국에 와서 치킨 사업을 한다고 상상해보자. 그리고 당신의 백수 친구인 철수는 신재생에너지 기술개발 사업을 준비하고 있다고 해보자. 투자자인 당신은 두 가지 사업 아이템 중 하나를 선택해 투자할 수 있다. 자, 당신은 누구에게 투자할 것인가? 당신은 게이츠가 한국 요식업과 치킨 사업에 대해 알 리 없다고 생각한다. 치킨 사업 아이디어는 특별하지도 않다. 게다가 소프트웨어를 다루던 사람이 치킨 사업이 웬 말인가.

하지만 그는 뛰어난 사업가이고 누구도 넘볼 수 없는 개인 브랜드를 구축하고 있으며, 거의 무한하다고 할 수 있는 자본 또한 있다. 시장이 아무리 작다고 해도 한국에서 성공하면 게이츠의 명성으로 외국 진출은 쉽게 진행될 수 있을 것이다. 즉 아이디어 자체는 특별하지 않지만 그것을 누가 실행하느냐에 따라 이야기가 달라지는 것이다.

이제 철수의 아이디어인 신재생에너지 기술개발 사업을 생각해보자. 이 아이디어는 실현되기만 한다면 인류의 운명을 바꿀 만큼 큰 영향력을 행사할 수 있다. 하지만 철수는 신재생에너지 기술개발에 대한 사업 경험이 부족한 데다 에너지 업계에 대해 문외한이다. 이런 철수에게 과연 누가 투자를 할까? 철수의 사업 아이디어가 게이츠의 치킨 사업보다 훨씬 훌륭하고 잠재력이 뛰어나지만 그에게 투자할 사람은 그의 부모님밖에 없을 것이다.

사업을 시작할 때 가장 중요한 게 아이디어라고 생각했던 우리는 다행히 빠른 시간 안에 그것이 큰 오산임을 깨달았다. 사업에서 아이디어는 상대적으로 그리 중요하지 않았다. 페이스북은 이미 소셜네트워크가 여럿 존재하는 가운데 출시됐고, 구글은 선두를 달리던 검색엔진들이 포털사이트로 탈바꿈하던 시기에 홀로 검색의 중요성을 외치던 박사 논문 프로젝트에 지나지 않았다.

미국에서 성공한 사업 모델을 그대로 유럽으로 가져가 큰 성공을 거둔 알렉산더, 마크, 올리버 샘워 삼형제의 이야기는 유명하다. 그들은 미국에서 성공 사업 모델로 증명된 이베이, 그루폰, 우버, 자포스와 같은 회사를 그대로 모방해 큰 성공을 거두었다. 한국의 소셜커머스 사이트들도 그루폰의 사업 모델을 그대로 도입해 공전의 히트를 쳤다. 이들 사업 모델은 그리 특별하지 않은 아이디어를 뛰어난 감각과 실력을 발휘해 실행한 결과 큰 성공을 거둔 사례들이다.

이처럼 평범한 아이디어라 해도 창업자가 체계적으로 실행하면 성공을 거둘 수 있다. 반대로 제아무리 새롭고 가능성 있는 아이디어라 해도 창업자의 능력이 부족하면 실패하고 만다. 우리는 이후 대박 아이디어 하나만 있으면 성공할 거라고 믿었던 어리석은 생각을 버렸고 당연히 아이디어에만 초점을 맞췄던 토론도 중단했다. 백만 불짜리 아이디어는 존재하지 않았기 때문이다.

배움 #1

백만 불짜리
아이디어는
없다.

사업을 위한
사업

나는 고등학교 시절 프리펙트*가 되고 싶었다. 프리펙트는 한국으로 치면 학생위원회라고 할 수 있다. 영연방 국가인 뉴질랜드는 영국의 영향을 받아 졸업반에서 우수한 학생들을 뽑은 뒤 프리펙트라는 직위를 수여한다. 내가 다니던 학교는 학생회장과 부회장을 포함해 문화, 예술, 체육 등 다양한 분야에서 학교를 이끌고 책임질 16명의 프리펙트를 매년 선출했다. 이들은 빛나는 금배지를 교복에 달고 다니며 막강한 권력을 행사했다. 금배지에는 굉장한 특혜가 따랐다. 금배지를 단 학생은 모든 학생들의 부러움 혹은 두려움을 샀으며, 선생님들조차 이들을 특별히 존중해주었다. 프리펙트의 직위는 성적만 좋다고 얻어지는

---

* prefect. 라틴어 praefectus에서 유래한 단어로 '앞에 서게 하다'라는 뜻을 담고 있다.

나는 다만 재미있는 일을 했을 뿐이다

게 아니었다. 학교에 이바지한 바가 크고 다른 학우들에게 모범이 돼야 했다.

지금 와서 생각해보면 별것 아닐 수 있지만, 당시 나는 프리펙트 선배들이 달고 다니던 금배지가 이 세상 그 어떤 보석보다 더 찬란해 보였다. 나는 졸업반 때 운 좋게도 프리펙트가 되는 영광을 안게 됐고 자랑스럽게 금배지를 달고 학교생활을 했다. 하지만 누군가가 당시 프리펙트로서 무엇을 했는지 묻는다면 할 말이 별로 없다. 단지 반짝거리는 금배지와 다른 학우들이 부러워하는 자리라서 탐했던 것 같다.

나는 특권을 누리면서도 학교의 발전을 위해 마땅히 해야 했던 고민과 걱정을 단 한 번도 하지 않았다. 정확히 말하면 나는 권력을 위한 권력을 탐했을 뿐이다. 그때 프리펙트 자리에서 무엇을 할 수 있는지, 왜 그 자리에 오르길 원했는지 깊이 고민했다면 나는 좀 더 의미 있는 경험을 할 수 있었을 것이다.

권력을 위한 권력을 탐하는 행위가 무의미한 것처럼, 사업을 위한 사업을 시작하는 것 또한 바람직하지 않다. 사업을 위한 사업은 왜 나쁠까? 돈도 벌고 성공도 하고 싶은 게 잘못된 일일까? 그렇다면 사업은 어떤 동기로 시작해야 하는 걸까?

돈과 성공이 싫은 사람은 없을 것이다. 하지만 돈이 목적이 되어 돈을 좇으면 위험한 길로 들어서게 된다. 나 또한 스타트업을 시작할 때 돈과 성공을 생각했다. 갈피를 잡지 못한 채 긴 방황의 시간이 지나고 나서야 무엇이 잘못됐는지 깨달을 수 있었다.

자신이 사업을 위한 사업을 꿈꾸고 있다고 깨닫기란 쉽지 않다. 그러나 다음과 비슷한 유형으로 스타트업을 계획하고 있다면 한번쯤 자신의 사업 목적을 의심해볼 필요가 있다.

"무슨 사업을 할까?"

"이거 하면 무조건 대박이다!"

"요즘 이쪽 전망이 좋다던데."

"난 공부를 하거나 회사에 다닐 체질이 아니야."

"내 직함은 뭐로 할까?"

자신에 대한
고민 부족

고등학교 시절 기타를 막 배우기 시작한 친구가 있었다. 친구 이름을 피터라고 하자. 피터는 기타를 배우기로 결심한 첫날부터 밴드를 만들 생각을 했다. 기타 이론을 공부하고 주법을 연습하며 다양한 장르의 음악을 경험해보기도 전에 밴드 생각에만 빠져 있었으니 기타 공부가 될 리 없었다. 결국 기타는 제대로 배우지도 못하고 피터의 열정은 금세 식어버렸다. 성공한 밴드의 화려함만 생각했기 때문이다.

스타트업도 마찬가지다. "무슨 사업을 할까?"라는 질문은 자신이 남보다 잘하는 게 무엇이고 어떤 것을 좋아하는지 깊이 고민해보지 않고 급하게 아무 사업이나 벌일 생각만 하는 사람들이 주로 던지는 질문이다. 이들이 생각하는 사업에는 성공만 있고 실패는 없다.

결혼을 결심한 뒤에는 "누구랑 결혼하지?"라고 묻지 않는다. 사랑하는 사람이 있어야 결혼을 결심할 수 있기 때문이다. 사업도 마찬가지다. 질문의 순서를 뒤바꾸는 건 사업을 잘못 생각하고 있다는 증거다. 사업을 하려면 가장 먼저 내가 정말 하고 싶거나 혹은 잘할 수 있는 일에 대한 확신이 있어야 한다. 창업을 꿈꾸고 계획하면서 "무슨 사업을 할까?"라는 질문부터 던지는 건 매우 위험한 일이다.

무조건적인
긍정

스타트업에서 '무조건'이라는 건 없다. 이런 식의 달콤한 말로 동업을 제안하는 사람이 있다면 피해야 한다. 하지만 이런 식으로 유혹하는 존재가 자기 자신일 때는 그 사실을 감지하고 정신 차리기가 쉽지 않다. 사람은 자신이 원하는 걸 얻기 위해서라면 어떤 것이라도 정당화할 수 있기 때문이다.

피터가 기타 레슨을 시작했을 때 나는 먼저 이론부터 익히고 기초를 다질 걸 권했다. 단단하게 다져진 기반 위에는 어떤 것도 올려놓을 수 있지만, 기반이 되는 주춧돌이 부실하면 아무리 크고 멋진 건물이라도 결국 무너져 내린다. 어떤 분야든 기초를 다지는 과정은 지루하고 견디기 힘들다. 피터는 이론 공부는 쉽게 싫증을 냈고 자신이 좋아하는 록 음악 코드를 익히는 것에만 관심을 가졌다. 기초부터 닦으라고 충고라도 하면 자신의 행동을 정당화하는 변명들을 늘어놓곤 했다.

"난 클래식 음악을 하지 않을 거니까 이론 따위는 익힐 필요 없어. 내가 하고 싶은 음악에 필요한 코드는 이미 모두 알고 있다고."

피터는 자신의 말이 기초를 닦는 데 필요한 어렵고 고된 과정을 피하기 위해 늘어놓는 변명에 불과하다는 걸 인식하지 못했다.

자기 사업은 무조건 성공할 거라는 무조건적인 긍정의 함정에 빠진 사람들은 사업을 시작할 때 마땅히 고려하고 분석해야 할 사항들을 무시하는 경향이 있다. 또한 실패보다는 성공에 대한 근거 없는 확신들로 가득 차 있다. 사업은 누구나 할 수 있지만 모두가 성공하는 건 아니다. 이런 사실을 알아차릴 때 모든 것을 원점으로 돌리기에는 너무 늦은 상황이 될 수도 있다.

전망 좋은 사업에 대한
환상

전망이 좋은 사업은 항상 존재한다. 전망 좋은 사업 아이템을 잡으려면 노력과 경험에서 얻은 지식을 토대로 트렌드를 읽고 기회를 포착해야 한다. 하지만 모두가 트렌드의 파도를 타고 성공할 수 있는 건 아니다. 전망이 좋다고 해서 전문지식이 없는 분야에 무턱대고 뛰어드는 건 어리석은 일이다.

뉴질랜드에 살 때 친구들과 자주 바다로 놀러 다녔다. 뉴질랜드는 섬나라인 만큼 어디든 조금만 나가도 해변이 있었고, 그 덕분에 해상

스포츠를 자주 즐기곤 했다. 특히 남성들에게는 서핑이 가장 인기 있는 스포츠였는데, 깊은 바다에 들어가는 걸 좋아하지 않은 나도 한두 번 시도해본 적이 있다.

서핑을 하려면 두 가지를 잘해야 한다. 첫째 파도의 흐름을 읽고 타이밍에 맞춰 보드에 올라타야 하며, 둘째 파도를 타기 시작했을 때 보드 위에서 중심을 잡고 계속 서 있어야 한다. 바람이 불어 큰 파도가 일고 서핑 조건이 완벽하다 해도 연습이 부족해 중심을 유지하지 못하면 서핑을 즐길 수 없다. 반대로 파도를 타는 기술이 뛰어나도 바람이 없어 파도가 일지 않거나 파도의 흐름을 읽지 못한다면 서핑을 할 수 없다. 나는 서핑에는 전혀 소질이 없지만, 이 두 가지가 충족되어야만 즐길 수 있는 스포츠라는 건 알고 있다.

전망이 좋은 사업이라고 해서 무턱대고 창업하는 건 아무 연습 없이 서핑하러 큰 파도가 치는 바다에 뛰어드는 행위와 같다. 운 좋게도 타이밍을 잘 맞춰 파도를 탄다 해도 연습이 부족하면 언젠가는 넘어지게 마련이다. 무모한 도전일수록 성공보다는 실패를 먼저 생각해봐야 한다. 그래야 철저한 준비를 할 수 있다.

현실로부터의 도피

피터가 기타를 배우기로 마음먹은 데는 이유가 있었다. 공부가 너무 싫은 나머지 도피하는 심정으로 가수나 하겠다며 기타를 집어든 것이다. 오르기 쉬운 산은 없다. 열정을 갖고 시작한 것도 아니고 공부가 싫어 시작한 기타 연주가 오래갈 리 만무했다.

회피는 또 다른 회피로 이어질 뿐이다. 공부에 대한 끈기가 부족해 다른 걸 선택했다면 그 선택도 지속하지 못할 가능성이 크다. 주위에 다재다능한 친구가 있다면 한번 살펴보라. 그가 천부적인 재능을 발휘해 처음부터 모든 것을 다 잘했을 리 없다. 다재다능한 사람은 그렇지 못한 사람들에 비해 자기 앞에 놓인 일에 최선을 다하고 포기하지 않는 습관이 있다는 점이 다를 뿐이다. 이런 습관이 모든 일에서 남보다 앞서갈 수 있는 원동력이 된 것이다.

공부와 회사 일을 좋아하는 사람은 많지 않다. 자주 변명을 늘어놓는 사람은 하기 싫은 일을 피해 다니는 도망자일 가능성이 많다. 변명은 자신을 똑바로 보지 못하게 한다. 스타트업을 시작하려면 뚜렷한 목표부터 세워야 한다. 공부가 싫어서, 회사가 싫어서 그것을 피할 목적으로 스타트업을 시작한다면 얼마 지나지 않아 또다시 도망가야 할 궁리를 하게 될 것이다.

하버드대학을 다니던 빌 게이츠와 마크 저커버그는 공부가 싫어서 중퇴한 게 아니다. 두 사람 모두 교육의 중요성을 누구보다 잘 아는 똑똑한 학생들이었다. 이들에게는 미래에 마이크로소프트, 페이스북이 되어버린 그들의 프로젝트가 대학 졸업장보다 더 중요했을 뿐이다. 회사나 학교를 그만둘 만한 뚜렷한 이유가 없는데도 단지 싫다는 이유로 찾는 도피처가 스타트업이 아니길 바란다. 패기만만해도 부지기수로 넘어지는 사람들이 스타트업 창업자들이다.

사장놀이를 위한
도구

　　　　　　　　　　인터넷과 스마트폰이 빠르게 보급되고 개발자를 위한 다양한 서비스와 도구들이 출시되면서 소프트웨어 서비스를 제공하는 스타트업의 초기 창업 비용은 계속 하락하고 있다. 창업자가 개발 능력을 지녔다면, 창업 비용은 개발에 필요한 컴퓨터와 스마트폰 그리고 법인 설립 비용만 있으면 된다. 제공하고자 하는 제품과 서비스에 따라 다르겠지만, 여타 업계에서는 상상도 못 할 정도의 적은 자본으로 창업을 시도해볼 수 있다는 게 인터넷 스타트업의 큰 장점이다.

　　창업 비용이 낮다는 건 좋은 아이디어를 실행할 수 있는 실력을 갖춘 인재들이 비교적 쉽게 창업에 도전할 수 있다는 걸 의미한다. 그러나 한편으로는 많은 사람들이 너무 쉽게 생각하고 환상에 이끌려 창업을 시작하는 부작용도 생겨났다. 이렇게 시작하는 사업은 뚜렷한 수익 창출 모델도 없고 열정에서 비롯된 프로젝트도 아니기 때문에 창업자의 에고 충족을 위한 도구에 불과할 뿐이다. 다시 말해 창업자의 사장놀이에 그칠 수 있다.

　　피터는 기타 연습은 게을리하면서 밴드 생각에만 빠져 있더니 어느 날부터는 밴드 이름까지 고민하기 시작했다. 아직 기타도 제대로 다루지 못하면서 이런저런 밴드 이름을 종이에 끄적여 와서는 친구들에게 의견을 묻곤 했다. 제품과 서비스에 대한 뚜렷한 비전도 없는 상태에서 '내 직함은 뭘로 할까?', '이 정도면 사람들이 인정해주겠지?', '회사 이름은 뭐가 좋을까?', '회사 로고와 명함은 어떤 걸로 할까?' 등을 생각하는 데 집중한다면, 그 사람은 스타트업이 아니라 사장놀이가 하고 싶은 것이다. 자신에게 이런 허세가 있는 건 아닌지 솔직하게 자문해볼 필요가 있다.

내가 사업을 위한 사업을 시작했다는 사실을 깨닫기까지는 꽤 오랜 시간이 걸렸다. 몇 번의 피벗*을 거치고 1년이라는 시간이 지난 후에야 나는 우리가 스타트업을 시작할 때 가졌던 태도와 취지에 문제가 있었음을 알았다. 돌이켜보면 앞에서 말한 다섯 가지 위험한 유형에 해당되는 내용들이 우리에게도 있었다. 결국 우리는 경험을 통해 그것을 알게 됐고 큰 값을 치러야 했다.

스타트업은 사업 분야에 대한 전문지식은 기본이고 남다른 열정도 함께 갖춰야 한다. 하지만 당시 갓 대학을 졸업한 우리는 월등한 전문지식도, 대단한 열정도 없었다. 오직 스타트업을 통해 무언가를 이루고 싶은 조급한 마음뿐이었다.

---

* pivot. 원뿔 모양으로 된 회전축을 말한다. 스타트업이 진행하던 제품이나 서비스를 접고 다른 새로운 제품이나 서비스를 준비한다는 의미로 사용된다. 성공한 스타트업들은 회사를 설립했을 때 출시했던 제품이나 서비스가 아닌, 경험을 통한 피벗을 거쳐 출시한 제품이나 서비스로 성공을 거둔 경우가 많다. 불확실하고 실패 확률이 큰 만큼 스타트업이 성공하기까지 여러 번의 피벗을 시도하는 일은 흔히 있는 일이다.

나는 다만 재미있는 일을 했을 뿐이다

창업자의
세 가지 자격

값진 깨달음을 얻은 뒤 나는 스타트업 창업을 합당한 이유에서 바라고 있는지 체크할 수 있는 간단한 자가진단법을 고안해냈다. 그리고 그것을 '창업자의 세 가지 자격'이라 이름 붙였다. 세 가지 질문에 대해 모두 "그렇다"라고 답할 수 있다면 스타트업을 시작할 자격을 갖췄다고 해도 무방하다. 스타트업을 준비한다면 다음 세 질문에 답해보라.

"이 사업에 향후 10년간 매진힐 수 있는 열성이 있는가?"
"내 아이디어가 진정 사람들이 필요로 하는 아이디어인가?"
"아이디어를 현실화할 수 있는 지식과 실력이 있는가?"

10년의
열정

처음 스타트업 창업을 결심했을 때는 2년 안에 회사를 팔아 큰돈을 벌겠다는 생각이었다. 지금 생각하면 정말 어처구니없는 목표였다. 소셜네트워크나 소셜커머스 회사 중에는 간혹 빠른 시일 안에 제품이나 서비스가 큰 인기를 얻어 어마어마한 돈을 받고 회사를 팔아넘기는 경우가 있기는 하다. 인스타그램이 대표적인 사례다. 그들이 제품을 출시하고 1년 남짓 지난 뒤 회사를 페이스북에 10억 달러를 받고 팔아넘긴 일은 아직도 실리콘밸리의 유명한 성공 신화로 남아 있다.

우리도 2년 6개월 무렵에 회사를 인수합병하는 데 성공했으니 초기 목표에서 크게 빗나가지 않았다고 볼 수도 있다. 하지만 결과는 인스타그램과는 너무도 달랐다. 우리의 경우 훌륭한 회사를 후한 값에 팔아넘긴 게 아니라 어쩌다 소 뒷걸음질 치다가 쥐 잡은 식으로 운 좋게 얻어걸린 결과였다. 돌이켜보니 2년 안에 스타트업을 끝마치겠다는 목표는 잘못돼도 크게 잘못된 것이었다. 나는 성공이라는 결과에만 현혹됐으며 사업 과정에 대한 열정은 아예 없었다.

스타트업을 단기간에 성공으로 이끄는 건 예상치 못한 의외의 상황에서 일어난다. 따라서 단기간의 성공이라는 목표는 애초에 불가능하다. 스타트업은 10년이란 긴 여정이 필요하다. 지금 시작하려는 일을 앞으로 10년 동안 계속할 엄두가 나지 않는다면 재고해봐야 한다.

모바일게임 앵그리버드는 20억 번이 넘는 다운로드 수*를 자랑한

나는 다만 재미있는 일을 했을 뿐이다

다. 이 게임을 만든 핀란드의 로비오(Rovio)는 스타트업을 시작하려면 어느 정도의 열정이 필요한지 잘 보여주고 있다. 그들의 성공은 하루아침에 이루어진 게 아니다.

2003년에 회사를 처음 설립한 후 그들은 최고 명작인 앵그리버드를 2009년에 출시하기 전까지 51개의 게임을 만들었다. 게임 개발을 향한 창업자들의 열정이 없었다면 그들은 6년간 51개의 인기 없는 게임을 만든 후 자포자기하며 회사를 접었을지도 모른다. 하지만 로비오는 52번째 게임으로 대박을 터뜨렸다. 10년 가까운 여정 끝에 이룬 성공이었다.

내 열정은 과연 몇 년짜리일까? 50번의 실패에도 흔들리지 않을 자신이 있는가? 목표를 위해 어디까지 희생할 각오가 돼 있는가? 물론 이런 구체적인 질문에 대한 정답은 없다. 목표를 향한 다짐과 열정이 넘쳐도 돌발 변수들은 늘 존재하기 때문이다. 그래서 스타트업을 시작하기 전에 그 일을 다른 어떤 일보다 열정을 갖고 매달릴 수 있는지 자문해볼 필요가 있다.

무언가에 쫓겨 허둥지둥 결론을 낸 거라면 시작하기 전에 마음을 접는 편이 낫다. 스타트업의 험난한 여정을 이겨내지 못할 것이기 때문이다. 눈앞에 보이는 당장의 이익들에 마음이 흔들려서는 안 된다. 멀리 내다봐야 한다. 스타트업의 여정은 길다. 적어도 10년의 열정을 바쳐야 한다.

• 2014년 1월 통계다. 지금은 그 수가 훨씬 더 높을 것이다.

제품의
필요성

        회의를 통해 아이디어를 구상할 때의 단점은, 현존하지 않는 가상의 문제점을 해결하려는 답안을 내놓기 십상이라는 것이다. 스타트업의 제품과 서비스가 사람들이 느끼는 욕구, 즉 문제점을 제대로 해결하고 있느냐에 따라 스타트업의 성공이 판가름 난다고 해도 과언이 아니다.

    나는 스타트업을 시작하기 전에 연습 삼아 개인적인 프로젝트를 여러 개 시도해본 적이 있다. 그때 생각해냈던 아이디어들 중에는 현존하지 않는 문제점을 해결하려 했던 게 참 많았다. 대표적인 예가 케이팝(K-POP) 아이돌의 사진을 올리고 공유하며 스크랩할 수 있는 스타캐처(StarKatcher)라는 사이트였다.

    이 사이트에 접속하면 다른 회원들이 스크랩해놓은 케이팝 아이돌의 사진을 볼 수 있었고 회원 가입 후에는 내가 원하는 사진이나 동영상을 스크랩할 수 있었다. 우리는 이런 서비스를 만들면 케이팝을 좋아하는 팬들이 재밌어할 것이고 당연히 그들이 적극적으로 사용할 거라고 믿었다. 초기 반응은 괜찮았다. 1000명이 넘는 사용자가 방문했고 사이트는 잘 운영되는 듯했다. 하지만 얼마 지나지 않아 사이트를 지속적으로 방문하는 사용자의 수는 한 자릿수로 감소했고 우리는 이 프로젝트를 접어야 했다.

    이와 같은 프로젝트의 실패에는 여러 가지 이유가 있게 마련이지만 스타캐처의 가장 큰 문제는 우리가 사용자에게 그다지 필요 없는 제품을 만들었기 때문이라 생각한다. 우리는 '사용자가 케이팝 아이돌 사진을 스크랩할 수 있는 사이트가 필요하다'라는 근거 없는 가정을 했고, 그 가정을 전혀 시험해보지 않은 채 사이트를 만드는 데 전념했다. 그 결과는 당연히 실패였다. 스타캐처는 예쁘게 잘 만들어진 제품이었지만 케이팝 아이돌 사진 스크랩은 당시 사용자가 갖고 있던 문제점에 대한 해결책이 못 됐던 것이다.

물론 사용자의 실질적인 문제점을 해결하지 않는다고 해서 무조건 실패하라는 법은 없다. 다만 그런 경우 사용자에게 제품이 해결하려 하는 가상의 문제점을 이해시키는 일까지 해내야 한다. 그것은 몇 배나 더 어려운 여정이 될 것이다.

따라서 스타트업 아이디어가 실제적인 문제를 해결하고 있는지 꼼꼼하게 따져봐야 한다. 명확한 결론이 보이지 않는다면 테스트를 통해 제품의 필요성에 대한 가정을 단계별로 확인할 필요가 있다. 이런 과정을 거치지 않으면 아무리 잘 만들어진 제품이라 해도 사용자에게 어필할 수 없다. 이에 대해서는 뒤에서 더 자세히 다루겠다.

뛰어난
전문성

열정이 있고 아이디어가 있다면, 자신이 그것을 현실화할 수 있는 지식과 실력을 갖추고 있는지 자문해봐야 한다. 물론 자신이 뛰어드는 분야에 대해 다 알아야 하는 건 아니다. 하지만 지금까지 전혀 관심을 두지 않았던 분야에서 선두주자가 되기란 쉽지 않다. 뛰어난 아이디어가 있다 해도 성공까지의 길은 멀고 험하다.

내가 스타트업을 시작하고 나서 가장 먼저 실행한 아이디어는 레슨스미스*라는 제품이었는데, 교사들을 위한 교재 공유 플랫폼이었다. 미국에는 공통 교과서가 없어 교사가 직접 교재를 만들기 위해 연구할 수밖에 없다. 교재 연구는 시간을 많이 투자해야 하는 작업이기 때문에 교재 공유가 이루어진다면 교사들이 교실 밖에서 소비하는 시간을 크게 줄일 수 있을 거라 생각했다. 레슨스미스의 개발은 이런 교재 공유 플랫폼을 만들어 교사들의 애로사항을 덜어주자는 취지에서 시작됐다.

하지만 그 과정은 만만치 않았다. 가장 큰 문제는 나와 파트너가 교육 분야에 대해 아무런 지식과 경험이 없었다는 것이다. 스타트업을 시작한 뒤 오랜 기간 아이디어를 구상하느라 점점 지쳐가던 우리는 어느 날, 미국 고등학교 교사로 일하고 있던 한 친구의 고민을 들어주다가 이 플랫폼에 대한 영감을 얻었다. 우리는 이 아이디어를 선택했고, 교사로 일하고 있던 친구를 영입해 우리의 부족한 전문성을 채워나갔다. 하지만 최전방에서 회사를 이끌어가야 할 창업자들이 사업 아이템에 관한 직접적인 지식과 경험이 없으면 전문가를 고용해 지식을 보충한다 해도 별 도움이 안 된다는 사실을 곧 깨달았다. 레슨스미스는 결

---

* Lessonsmith. Lesson과 Smith를 결합해 만든 말이다. Smith는 복합어로 '금속 세공인'이라는 뜻을 지닌다. 예를 들어 Blacksmith는 대장장이, Locksmith는 자물쇠 수리인이다. 우리는 '교재를 만드는 장인'이라는 뜻으로 Lessonsmith라는 단어를 첫 제품명으로 사용했다.

국 창업자들의 전문성 부족으로 실패하고 말았다.

스타트업은 열정과 아이디어만으로는 부족하다. 앞서 얘기한 것처럼 아이디어가 훌륭하고 열정이 넘쳐도 그것을 실행할 수 있는 실력과 지식이 없으면 말짱 도루묵이 된다. 아이디어를 선택할 때는 그 분야에 대한 지식과 경험이 충분한지에 대한 고민이 선행되어야 실패를 줄일 수 있다.

스타트업을 꿈꾸는 사람들은 창업을 언제 어떻게 시작하는 게 좋은지 자주 묻곤 한다. 나도 이와 같은 질문을 많이 받았다.

"대학생인데 좀 더 경험을 쌓고 시작하는 게 좋을까요, 아니면 지금 당장 시작할까요?"

"직장인인데 회사 다니면서 시작할까요, 아니면 먼저 회사를 그만둬야 할까요?"

"스타트업을 시작할 때 우선 고려해야 할 것들은 무엇인가요?"

"혼자 하는 게 좋을까요, 친구와 함께하는 게 좋을까요?"

이런 질문을 받을 때마다 나는 이렇게 되묻곤 한다.

"스타트업이 왜 하고 싶으세요?"

이제까지 이 질문에 곧바로 대답한 사람은 그리 많지 않다. 그들이 사업을 위한 사업을 꿈꾸고 있기 때문이 아닐까 조심스레 추측해본다. 스타트업을 꿈꾸는 단계에서 가장 먼저 던져야 할 질문은 '언제', '누구와', '어디서', '어떻게'가 아니다. 자신이 '왜' 스타트업을 꿈꾸는지에 대해 명확하게 답변할 수 있어야 한다. 스타트업을 꼭 시작해야 하는 이유가 있는가? 자신에게 어떤 열정과 지식이 있는가? 스타트업을 통해 이루고자 하는 궁극적인 목표는 무엇인가?

'왜'라는 질문에 제대로 된 답변을 내놓지 못한다면 사업을 위한 사업을 생각하고 있을 가능성이 높다. 이렇게 스타트업을 시작한다면 험난한 여정을 거치게 될 것이다. 잘될 수도, 오래갈 수도 없다. 스타트업을 시작하고 싶다면 반드시 자문해봐야 한다. 나는 '왜' 스타트업을 하고 싶은가?

배움 #2

사업을 위한
사업은
오래갈 수 없다.

자유의
대가

부푼 마음으로 무한한 가능성을 바라보며 우리는 스타트업의 첫 걸음을 내디뎠다. 돌이켜보면 아쉬움이 많은 시작이었지만 당시에는 실패를 꿈에도 생각하지 못했고 모든 게 술술 잘 풀릴 거라는 믿음밖에 없었다. 심지어 스타트업을 왜 진작 시도하지 않았을까 하는 후회마저 들었다. 내 손으로 무언가를 창조한다는 사실은 큰 설렘을 가져다주었고 그 누구의 간섭도 받지 않는다는 자유로움은 나를 흥분시켰다.

생각해보면 이때의 자유는 고등학교를 졸업하고 대학에 막 들어갔을 때 느꼈던 자유와 비슷했다. 대학에 들어가자 더 이상 등하교 시간을 신경 쓸 필요가 없었고, 교복도 안 입어도 됐고, 수업에 들어가지 않아도 혼내는 사람이 없었다. 모든 걸 내 뜻대로 할 수 있었다. 다만 내 결정에 대한 책임만 지면 됐다. 하지만 자유와 방종을 구별 못 하는 학생들은 늘 있다. 나 또한 내게 주어진 자유에 대해 책임을 지고 스스로를 다스리는 법을 배우기까지 짧지 않은 시간이 필요했다. 어른이 되어가는 과정에서 자유와 방종을 혼돈한 친구들은 그 대가를 톡톡히 치러야 했다.

내가 스타트업의 자유를 처음 느낀 것은 학기가 모두 끝나고 졸업식만을 남겨둔 마지막 학기 방학 때였다. 당시 나는 같은 과 친구와 함께 티마타°라는 스타트업을 세운 뒤 몇 가지 프로젝트를 진행했다. 3개월 동안 우리는 창문도 없는 작은 사무실을 빌려 두 가지 제품을 완성했다. 취직을 하기 전에 몇 달 동안만이라도 우리가 원하는 대로 무엇이든 해보자는 취지로 시작한 사업이었다. 우리는 즐겁게 그리고 아주 열심히 일했다. 그러나 안타깝게도 프로젝트는 큰 관심을 얻지 못했고 나와 친구는 이후 취직을 했다. 우리의 모험은 큰 결실 없이 끝이 났지만 3개월 동안의 경험은 아주 귀한 선물이 됐다. 우리는 직접 겪어보지 못한 사람들은 절대로 알 수 없는 희열과 자유를 만끽했다. 그것이 바로 스타트업의 매력이었다.

스타트업의 자유는 시험을 막 끝마친 학생이나 오랫동안 심혈을 기울여왔던 프로젝트를 성공적으로 마무리한 직장인이 느끼는 해방감과는 차이가 있다. 스타트업 프로젝트는 누가 시켜서 하는 게 아니다. 스스로 좋아서 하는 일이다. 자발적으로 무언가를 기획하고 만들어낼 때 우리는 단기적인 열정이나 해방감과는 전혀 다른 희열을 느낀다. 성

• Timata. 뉴질랜드 마오리어로 '시작하다'라는 뜻이다.

나는 다만 재미있는 일을 했을 뿐이다

공도 실패도 모두 내 책임이고, 내 시간의 주인 역시 나 자신이다.

스타트업을 경험한 사람들이 계속해서 창업에 도전하는 건 이러한 매력 때문이 아닌가 한다. 내 시간의 주인이 된다는 건 얼마나 가슴 뛰고 멋진 일인가! 하지만 자유에는 책임이 따라야 한다. 스타트업의 자유로움 또한 마찬가지다.

끝이 없는
하루

스타트업 창업자의 하루는 끝이 없다. 해도 해도 끝이 보이지 않는 일에 파묻혀 사는 건 직장인도 마찬가지일 것이다. 하지만 여기서 내가 말하는 '끝'은 업무의 마감이 아닌 정신적 마감을 뜻한다. 직장인은 사람에게 치이고 산더미 같은 업무에 스트레스가 이만저만이 아니라 해도 일단 퇴근을 하면 다음 날 출근할 때까지는 다른 일을 할 수가 있다. 가족 혹은 연인과 함께 시간을 보낼 수도 있고 취미 활동 등을 하면서 정신적 휴식을 취하는 것도 가능하다. 회사에 대한 충성심이 넘쳐 목숨을 바쳐 일한다 해도 결국 내 회사가 아니라는 사실 때문에 창업자만큼 회사를 생각하는 직원은 많지 않다.

하지만 창업자는 다르다. 마치 이제 막 사랑을 시작한 연인처럼 자나 깨나, 앉으나 서나 회사 생각밖에 없다. 퇴근 후 다른 일을 보더라도 머릿속 한 구석은 회사에 대한 걱정으로 가득하다. 회사 일에 대한 이런 강박관념은 큰 스트레스로 다가올 수 있기 때문에 감정을 잘 다스

려 스트레스를 줄여야 한다. 그 해법은 물론 오랜 시간과 경험 속에서
나온다.

창업자가 해야 하는
일들

스타트업을 운영하면 내가 하지 않으면 진
행이 안 되는 일들이 많다. 큰 회사들은 직원이 휴가를 내고 며칠 쉬어도
일은 계속 진행된다. 그 직원이 요직에 있다고 해도 업무를 대신해줄 사
람이 항상 있기 때문이다. 그러나 스타트업은 다르다. 회사에서 개인이
차지하는 비중이 훨씬 크기 때문에 누군가 게으름을 피우거나 일을 소
홀히 하면 진행이 안 되는 일들이 대부분이다. 이런 현실이 창업자를 쉬
지 않고 일만 하는 일벌레로 만들고 시간이 흐를수록 서서히 지쳐가게
만든다. 이럴 때일수록 멀리 내다보는 안목과 지혜를 갖추라고 말하지
만 그 원칙과 기본을 지키는 게 말처럼 쉽지 않다.

자유의
감옥

직장생활을 해본 사람은 한 조직에 속함으
로써 얻는 혜택을 잘 알고 있을 것이다. 출퇴근 시간과 수많은 규칙 혹
은 제약 속에서 생활해야 하는 게 답답할 수 있지만, 매달 나오는 월급

을 비롯해 조직의 일원으로서 누릴 수 있는 안정감을 맛본 사람들은 그 혜택을 쉽게 포기할 수 없다. 나는 스타트업을 창업하면서 내 선택에 대해 후회한 적은 없지만 구글이라는 조직의 일원으로서 누렸던 안정감과 풍요로움 그리고 매달 받던 월급은 가끔 그리웠다. 스타트업은 무한한 자유를 허용하지만 스스로 자유를 다스리는 방법을 터득하기 전까진 오히려 큰 불안감에 시달릴 수 있다. 다시 말해 자유의 감옥에 갇힐 수도 있다.

창업을 결심한 뒤 나는 뉴질랜드로 돌아와야 했다. 취업 비자로 미국에 머물고 있었는데 구글을 그만두면서 비자가 만료됐기 때문이다. 함께 사업을 시작한 파트너는 고향인 보스턴으로 돌아갔다. 우리는 어쩔 수 없이 미국과 뉴질랜드에 떨어져 지내면서 다국적 회사를 세우게 됐다. 나는 대학 때 함께 회사를 운영했던 친구와 함께 뉴질랜드에서 개발팀을 만들었고 업무의 효율성을 높이기 위해 월셋집을 구해 사무실 겸 거주지로 사용했다.

뉴질랜드 팀과 보스턴 팀은 매일 화상회의를 통해 제품 기능을 논의했고 최종 결정이 나면 디자인 작업에 들어갔다. 우리는 밤낮없이 일했지만 휴식이 필요할 때는 조깅이나 축구를 하며 쉬기도 했다. 일하고 싶으면 일하고 쉬고 싶으면 쉬는 나날들이 계속됐다. 지금 생각하면 이때가 스타트업을 운영하면서 가장 평온했던 시기가 아니었나 싶다. 회사를 그만둔 뒤 긴장이 풀려 있기도 했고, 그렇게 하고 싶었던 스타트업을 드디어 하게 됐다는 사실에 마냥 신이 났던 것 같다.

이유야 어찌 됐든 간에 나는 대학 때 티마타에서 맛봤던 자유를 다시 경험했다. 세상을 향해 나아가고 있다는 감동과 내가 진짜 하고 싶은 일을 한다는 행복감 그리고 비로소 내 시간의 주인이 됐다는 자부심 등이 나를 한없이 자유롭게 했고 잠깐이나마 그동안 꿈꿔왔던 스타트업 생활을 마음껏 즐길 수 있었다.

하지만 안타깝게도 이런 허니문 기간은 생각보다 빨리 끝났고 현실을 직시하면서 자유의 대가를 하나둘 치르기 시작했다. 어떻게 보면 사소할 수도 있는 자유의 대가들에 대해 나는 그동안 누구에게도 조언을 들은 적이 없다. 혼자 경험하고 깨달으면서 대처해나갔다. 만약 시간을 되돌려 그때로 돌아간다면 규칙적인 생활을 하라고 조언해주고 싶다.

규칙적인
생활

어릴 때 친구들과 연을 날리던 기억이 있다. 문방구에서 팔던 방패연에 줄을 매달아 들고 학교 운동장에서 힘껏 달리면서 연을 하늘 높이 띄우곤 했다. 바람이 많이 부는 날에는 연이 제법 하늘 높이 날아올랐고, 그것을 지켜보는 게 좋아 시간 가는 줄 모르고 즐겼다. 하루는 연을 더 높이 띄우기 위해 줄을 천천히 풀다가 실수로 그만 줄이 끊어졌다. 그러자 조금 전까지만 해도 바람을 타고 하늘 높이 날아오르던 연은 순식간에 중심을 잃고 땅으로 곤두박질쳤다.

나는 예상치 못한 상황에 당황했다. 어린 마음에 줄이 없어도 연이 하늘을 날을 수 있을 거라고 생각했던 것 같다. 아니 어쩌면 줄 때문에 연이 더 멀리 우주까지 올라갈 수 없다고 생각했을지도 모른다. 하지만 제약이라고 느꼈던 줄이 연을 잡아주지 않자 연은 곧바로 땅으로 떨어져버리고 말았다. 그때 나는 비로소 줄은 연에게 제약이 아니라 오히려 연의 중심을 잡아주고 더 높은 곳에 오를 수 있도록 해주는 중요한 역할을 한다는 걸 알게 됐다.

줄이 없으면 땅으로 떨어지는 연처럼 스타트업이 주는 무제한적 자유는 위험 요소가 될 수 있다. 그래서 '자유의 감옥'이라 표현했다. 자유 못지않은 부담과 불안을 안고 가야 하는 것이다. 일종의 아이러니다. 자유의 감옥에서 탈출하는 방법은 한 가지밖에 없다. 규칙적인 생활이다. 일하는 시간과 쉬는 시간 따로 정해놓기, 매주 목표를 세우고 그것을 달성했을 때 스스로에게 상 주기, 아무리 바빠도 정신 건강을 위해 취미 활동 거르지 않기 등 규칙을 세워두면 성공에 눈이 멀어 자신을 정신적 혹은 육체적으로 파멸시키는 일은 없을 것이다. 창업자라면 당연히 모든 것을 걸고 노력해야 하고 그 노력이 남보다 더 커야 성공할 수 있다. 하지만 스타트업은 10년의 긴 여정이다. 멀리 내다봐야 한다. 일벌레처럼 일만 하는 건 효율적이지 않다. 잘못 하다가는 줄 끊어진 연의 신세가 될 수도 있다.

규칙적인 생활만이 자유의 감옥에 갇히지 않는 방법이다. 그러나 사람마다 타고난 성격이 다른 만큼 주어진 상황을 이해하고 받아들이는 방법 또한 각양각색이다. 자유의 대가를 치러야 할 때 큰 값을 치르지 않고 무난하게 잘 넘기는 창업자도 분명 있을 것이고 내 경우처럼 쉽지 않을 수도 있다. 물론 전자의 경우보다는 큰 대가를 치르는 사람들이 더 많을 것이다. 그래서 창업을 하기 전에 자유와 그 대가에 대해 진지하게 생각해봐야 한다. 스타트업이 이런 대가를 치를 만한 가치가 있고, 또 자신이 그것을 감당할 수 있는지 꼼꼼히 검토한 뒤 창업을 결정해도 늦지 않다. 이런 과정을 거치지 않으면 스타트업은 자유의 감옥이 되고 말 것이다.

나는 내가 창업자가 될 자격이 있는지에 대한 확신이 없었다. 하지만 창업은 도전할 만한 가치가 있다고 판단을 내렸고 그에 따르는 대가를 치르면서 나 자신을 끊임없이 변화시켰다. 세상에 쉬운 일은 없다. 그리고 태어날 때부터 완벽히 준비된 사람도 없다. 스타트업이 진정 원하는 일이라면 도전해보라. 용기를 갖고 뛰어들어 스타트업의 자유를 느껴보라. 아울러 자신의 선택에 대한 대가를 기꺼이 치를 각오도 하라.

배움 #3

자유에는
그에 합당한 대가가
따른다.

스펙의
중요성

우리 팀원들의 배경은 정말 화려했다. 첫 프로젝트였던 레슨스미스를 위해 모인 팀은 하버드대학, 매사추세츠공과대학(MIT), 구글, 마이크로소프트 등 이력만으로는 어디 내놔도 빠지지 않는 집합이었다. 우리는 확신에 차 있었고 서로에 대한 믿음이 있었다. 물론 스펙만 믿고 자만하거나 방심해서는 안 된다. 하지만 남다른 이력과 경험에서 비롯되는 자신감은 스타트업을 시작할 때 큰 도움이 된다. 새로운 길을 개척해나가야 하는 상황에서 동료들에 대한 믿음은 회사의 생사를 결정짓는 중요한 요소 중 하나다.

서로에 대한 믿음과 자신감 이외에 팀원들의 스펙이 회사에 미치는 영향 역시 생각보다 컸다. 우리는 그 사실을 비교적 일찍 깨달았다. 첫 프로젝트를 시작한 지 약 2개월이 지났을 무렵이었다. 우리는 열심히 레슨스미스의 첫 출시 버전을 만들고 있었다. 하루하루 정신없이 바쁘게 보내던 어느 날, 우연히 유명 액셀러레이터* 모집 마감에 관한 소식을 접하게 됐다.

"우리도 액셀러레이터 모집에 한번 신청해볼까?"

"어떤 액셀러레이터를 말하는 거야?"

"이번에 테크스타스(TechStars)에서 보스턴 클래스 신청을 마감하는데 우리도 신청해보면 어떨까 싶어."

"그거 신청하면 우리 회사에 어떤 도움이 되는데?"

"그거야 지원받는 것도 많고 무엇보다 인맥을 넓히는 데 유용하겠지."

"그래? 그럼 한번 해보자."

우리는 액셀러레이터의 장단점에 대해 깊이 생각해보지 않고 테크스타스라는 이름에 현혹되어 곧바로 지원을 했다. 테크스타스는 미국의 유명한 액셀러레이터다. 액셀러레이터는 말 그대로 스타트업의 성장 속도를 가속시켜주는 창업 지원 프로그램이다. 2000년대 초 닷컴 버블이 터지기 직전에는 많은 창업 인큐베이터가 훌륭한 아이디어를 갖고 있는 창업자들을 돕겠다는 취지로 운영했지만, 안타깝게도 버블이 터지면서 함께 자취를 감춰버렸다. 2005년이 되어서야 드롭박스, 에어비앤비, 디스커스, 스트라이프, 레딧 등 성공적인 회사들을 키워낸 와이컴비네이터**라는 액셀러레이터가 생겨났고, 테크스타스와 엔젤

* Accelerator. 창업 투자 보육기관을 말한다.

나는 다만 재미있는 일을 했을 뿐이다

패드(AngelPad) 등 비슷한 프로그램이 그 뒤를 따랐다.

우리가 테크스타스에 지원을 고려하던 시기에는 와이컴비네이터와 테크스타스가 미국에서 가장 잘 알려진 창업 지원 프로그램이었다. 이 중 한곳에 들어간다면 스타트업 창업자로서는 대단한 영광이자 기회라는 게 업계 전반의 인식이었다.

작은 회사가 빠른 시일 안에 성장할 수 있도록 돕는다는 목적에서는 서로 비슷했지만 인큐베이터와 액셀러레이터는 몇 가지 차이점이 있다. 액셀러레이터마다 조금씩 다를 수 있지만, 대개 돈을 내고 들어가 무기한 머무르면서 도움을 받는 인큐베이터에 비해 액셀러레이터는 다음과 같은 점이 다르다.

- **기간 제한:** 액셀러레이터는 보통 3개월 과정을 제공한다. 이 기간 동안 멘토링과 강의를 통해 회사의 발전을 돕는 게 목적이다. 3년의 성장 과정을 3개월 동안 가능하게 만들기 위해 프로그램은 선발된 회사들이 가급적 많은 멘토와 만나고 다양한 경험을 할 수 있도록 돕는다.
- **데모데이(Demo Day):** 졸업식이라고 할 수 있는 데모데이는 3개월 과정이 모두 끝난 뒤 업계의 주요 투자사들을 모아놓고 진행된다. 프로그램을 수료한 회사가 제품을 소개하고 데모를 진행함으로써 투자 유치를 돕는 아주 중요한 행사다. 액셀러레이터의 단기 목표

•• Y Combinator. 보통 줄여서 YC라고 칭한다.

는 프로그램을 수료한 모든 회사가 이날 투자 유치에 성공하는 것
이다.

- **시드펀딩(seed funding)과 지분 배분:** 액셀러레이터에 합격한 회사
는 소액의 현금과 추가적인 시드펀딩을 받을 기회가 제공된다. 시
드펀딩을 받을 때는 회사의 지분을 액셀러레이터와 나눠야 한다.

우리는 테크스타스에 지원하기는 했지만 큰 기대는 하지 않았다.
지금까지 합격한 회사들을 살펴보니 평균 1~2년 정도 운영해온 회사
들이 많았고, 어느 정도의 가능성이 이미 증명됐고 액셀러레이터가 도
움을 줄 수 있는 부분이 명확했다. 이들 회사와 비교했을 때 우리는 시
작한 지 3개월도 안 된 회사였고, 보여줄 만한 제품도 아직 없었을 뿐
더러 우리의 아이디어가 가능성이 있는지도 전혀 증명이 안 된 상태였
다. 다행히 우리는 이런 사실을 스스로 잘 파악하고 있었고 그 상황에
서 우리가 내세울 수 있는 건 두 가지밖에 없다는 결론을 내렸다. 바로
우리 팀원들의 스펙과 실력이었다.

스펙은 그 팀의 성공 여부를 결정짓는 핵심 요소는 아니지만 겉으
로 드러나는 회사의 잠재력이 될 수 있다. 우리 팀원들은 테크스타스의
관심을 끌기에 충분한 스펙을 갖고 있었다. 스펙이 좋다고 해서 성공한
다는 보장은 없지만, 학교든 회사든 서류 면접은 쉽게 통과할 수 있다.
우리는 당시 회사 상황과는 무관하게 스펙만으로 곧바로 인터뷰 과정
으로 넘어갈 수 있었다.

스펙이 잠재력이라면 실력은 잠재력을 증명하는 수단이다. 하지

만 테크스타스 프로그램에 합격하지 못한다면 우리의 실력을 증명할 방법이 없었다. 고민 끝에 우리는 한 가지 방법을 강구해냈다. 제품 출시일을 조금 앞당겨 매주 진행 과정을 테크스타스에 보고하기로 했던 것이다. 최종 합격 결정이 나기 전까지 몇 주 동안 우리는 제품 개발 속도를 위험 수준까지 끌어올렸고 그 결과 매주 가까스로 개발 상황을 보고할 수 있었다. 우리는 스펙뿐 아니라 실력도 갖추고 있다는 사실을 증명해 보이고 싶었다. 그리고 이런 노력은 마침내 결실을 맺게 됐다.

큰 기대는 하지 않았는데 막상 합격 소식이 날아들자 믿어지지 않았다. 합격 소식을 전해준 프로그램 책임자는 매우 힘든 결정이었다고 고백했다. 창업한 지 얼마 되지 않았고 아직 검증된 제품이 없는 회사를 받아들이는 경우는 이번이 처음이라고 말했다. 결정적으로 그들을 설득시킨 건 우리가 증명해 보인 개발 실력이었고, 처음에 그들의 관심을 끈 건 팀원들의 스펙이었다. 즉 스펙이 우리에게 둘도 없는 기회를 선물한 것이다.

그렇다면 스펙이 좋지 않은 팀은 희망이 없는 걸까? 스펙이 그처럼 중요한 요소라면 상대적으로 스펙이 좋지 않은 팀은 스타트업의 꿈을 접어야 할까? 나는 그동안 스펙에 관련된 질문을 수없이 받았다.

"일류 대학을 못 나왔는데 이건 스타트업 창업과는 무관하시죠?"

"지금 다니는 곳이 대기업이 아닌데 스타트업을 할 때 크게 불리한 건 없겠죠?"

"스펙이 좋지 않은데 지금 지원받고 있는 프로그램에서 이런 것에 신경 쓸까요?

이런 질문을 던지는 사람들이 듣고 싶어 하는 대답은 이미 정해져 있다.

"스타트업은 시쳇말로 계급장 떼고 하는 싸움이고, 스펙과는 무관합니다!"

하지만 이는 포장된 답변일 가능성이 높다. 우리의 테크스타스 합격 성공담이 증명하듯이 실제 현실은 그렇지가 않다. 이는 스펙이 부족하다고 느끼는 사람들을 위로하기 위해 만들어진 비현실적인 조언이라 해도 과언이 아니다. 스펙이 미치는 영향에 대해 좀 더 현실적으로 생각해볼 필요가 있는 것이다.

나는 스펙에 관한 질문을 받을 때마다 항상 다음과 같이 대답한다.

"스펙과 스타트업 창업은 무관하다. 하지만 나보다 스펙이 좋은 사람과 같은 출발선에서 시작해 같은 속도로 달릴 수 있을 거라는 어리석은 기대는 버려야 한다."

스펙이 나보다 좋다는 건 결국 지금까지 나보다 더 열심히 살아왔다는 뜻이다. 그 사람이 노력을 통해 쌓은 스펙으로 나보다 더 좋은 조건에서 시작하는 건 어찌 보면 당연한 일이다. 이 사실이 못마땅하겠지만 인정하고 받아들여야 한다. 스펙이 좋으면 더 쉽게 기회를 얻고, 더 많은 관심을 받으며, 일도 더 순조롭게 진행될 가능성이 크다. 스타트업이라는 마라톤에서 스펙은 남보다 좀 더 앞에서 달릴 수 있게 해준다. 바꿔 말하면 스펙은 출발점의 위치를 결정하는 잣대다.

고등학교 시절 같은 반에 아이큐가 굉장히 높은 친구가 있었다. 그 친구의 지적 능력은 대단했다. 이해력과 암기력은 물론 도저히 따라갈 수 없는 속도로 소리 내어 책을 읽는 신기한 재주까지 갖고 있었다. 하지만 인생은 가끔 공평할 때도 있다. 천재는 게으르다고 했던가. 그 친구는 따로 예습이나 복습을 하는 경우가 없었고 고학년이 될수록 공부 안 하는 티가 나기 시작했다. 천만다행히도 그 친구가 점수에 큰 관심을 보이지 않는 바람에 나는 일정한 등수를 유지할 수 있었다.

그래도 그 친구는 평균 85점을 받았다. 당시 그 친구를 보면서 운이 좋아 뛰어난 두뇌를 갖고 태어나면 85점에서 시작할 수 있다는 사실을 알게 됐다. 나머지 15점은 자신의 노력으로 채워야 한다. 그 친구가 조금만 노력했다면 나머지 15점은 너끈히 받아냈을 것이다. 85점 아래에서 출발했던 나는 노력만이 살길이라는 사실을 일찌감치 깨달았고, 나보다 앞서 출발한 친구들을 따라잡기 위해 그들보다 더 열심히 공부하고 노력했다.

스타트업의 성공과 스펙의 관계도 이와 비슷하다. 좋은 머리를 갖고 태어나 남보다 앞서가는 학생들처럼, 뛰어난 스펙으로 유리한 위치에서 시작하는 창업자들이 분명 있다. 중요한 건 내가 어디서 시작하느냐가 아니다. 그것은 이미 정해져 있고 바꿀 수 없다. 내 출발점을 파악한 뒤 뒤처진 거리만큼 따라잡기 위해 노력하는 게 필요하다. 스펙이 좋은 사람들이 한 걸음을 옮길 때 니는 두 걸음을 옮기셨다는 각오가 있어야 한다. 두세 배의 노력만이 격차를 좁힐 수 있다.

그렇다고 스펙이 스타트업 성공을 좌우하는 절대적인 요소인 건 아니다. 제아무리 훌륭한 스펙을 지닌 창업자라 해도 실패할 수 있으므로 스펙이 떨어진다고 자신감을 잃을 필요는 없다. 처음에는 상대적으로 뒤처진 듯해도 굳은 의지와 각오로 꾸준히 노력한다면 상황은 뒤바뀔 수 있다. 스펙이니 뭐니 따져가며 불합리한 현실을 탓할 시간에, 앞서가는 이들보다 몇 배 더 노력할 의지만 불태우면 된다. 길고 짧은 건 마지막에 재봐야 안다. 스펙의 영향력을 쿨하게 인정하고 부족한 부분은 열정과 의지로 따라잡으면 된다. 불가능이란 없다.

배움 #4

스펙은
출발점 위치를
결정하는
잣대다.

자신감과 자만심
사이

    우리의 시작은 비교적 순조로웠다. 구글을 그만두고 실력 있는 팀원을 모아 회사를 설립한 뒤, 첫 제품 개발과 함께 테크스타스에 합격할 때까지 모든 것은 우리가 원하는 대로 신속하게 진행됐다. 우리가 딱히 무언가를 잘했다기보다는 일이 잘 풀렸던 것인데, 자신감이 넘쳤던 우리는 뜻하던 대로 일이 잘 풀리자 점점 더 큰 착각 속으로 빠져들었다. 우리가 선택받은 팀이라 생각하기 시작한 것이다.

    자신감과 자만심의 경계는 뚜렷하지 않다. 자신감은 팀을 성공으로 이끄는 핵심 요소이지만 자칫 선을 넘으면 자만심이 되어 팀을 파멸시키기도 한다. 우리는 아직 자신감과 자만심을 구분하는 지혜도 부족했고 운이 따랐다는 사실을 인정하는 겸손함도 없었다. 오히려 자만심에 빠진 나머지 우리의 실력이 출중해 별 어려움 없이 성공하게 될 거라고 착각하기 시작했다. 결국 우리는 큰 값을 치르고 나서야 자만심과 자신감의 차이를 깨닫게 됐다.

우리가 첫 프로젝트로 레슨스미스를 선택한 것도 어떻게 보면 자만심에 눈이 멀어 결단력을 잃었기 때문인지도 모른다. 스타트업을 시작할 때는 자신의 사업 분야에 대한 전문지식이 어느 정도 있는지, 누구와 비교해도 뒤지지 않는 열정이 있는지 따져봐야 한다고 앞서 말했다.

첫 아이디어를 구상하면서 우리가 교사들을 위한 교재 공유 플랫폼을 구현할 수 있는 충분한 전문지식을 갖고 있다고 착각한 건, 고등학교에서 아이들을 가르치고 있던 두 친구들 때문이었다. 이 프로젝트를 위해 우리 팀에 영입된 두 사람은 각각 하버드대학과 MIT를 졸업한 뒤에 티치포아메리카*라는 프로그램에서 2년 동안 아이들을 가르치고 있었다. 그들은 교재를 만드는 데 많은 시간이 소비되는 것에 불편함을 느꼈지만 마땅한 해결책이 없다고 생각했다. 우리는 사업 아이디어를 구상하던 중 우연히 이런 고민을 접하게 됐고, 결국 그들과 함께 첫 프로젝트인 레슨스미스를 진행하기로 결정한 것이다.

실수는 돌아봤을 때 명확하게 드러난다. 그 당시에는 전혀 감지하지 못했지만 우리는 두 가지 중대한 실수를 저질렀다. 첫 번째는 공동 창업자였던 나와 파트너가 교육에 대해 아무런 지식도 없었다는 것

---

* Teach for America. 1990년에 세워진 미국의 교육 봉사단체를 말한다. 교육 격차를 줄이겠다는 목적 하에 일류대학 졸업생들에게 저소득층 밀집 지역에서 교사로 일할 기회를 제공한다.

나는 다만 재미있는 일을 했을 뿐이다

이고, 두 번째는 새로 영입한 두 친구의 전문성을 과대평가했다는 것이다.

도메인 전문가(domain expert)는 특정 분야의 전문가를 뜻하는 말이다. 이들은 전문 분야의 특성을 잘 이해하고 있어 다른 사람들이 알지 못하는 기회를 찾아내곤 한다. 우리는 레슨스미스 아이디어에 영감을 주었던 친구들을 도메인 전문가라 생각했다. 똑똑한 친구들이었으며 1년 넘게 직접 아이들을 가르친 경험이 있었기 때문이다.

그러나 그것은 우리의 착각이었다. 1년 정도 아이들을 가르쳤다고 해서 그들이 교육을 전반적으로 이해하고 교재 공유에 관한 해결책을 고안해낼 만큼 전문성을 가진 건 아니었다. 물론 오랜 경력이 언제나 중요한 건 아니며 전문가라 해서 매번 성공적인 아이디어를 생각해낼 수 있는 것도 아니다. 단지 우리는 친구들의 1년 경력을 너무 과대평가했을 뿐이다. 그들을 너무 맹목적으로 믿고 의지했던 것이다.

우리가 이런 실수를 범한 건 자만심에 빠져 있었기 때문이다. "난 구글러야", "내 결정은 무조건 옳아", "우리가 하면 뭐든 다 돼". 이런 경솔한 생각들이 당연하게 묻고 따졌어야 했던 부분들을 간과하게 만들었다. 레슨스미스는 이런 실책들로 인해 오래가지 못했고, 첫 번째 프로젝트를 접고 난 뒤에야 우리는 우리의 어리석음을 돌아볼 수 있었다. 우리가 경험했던 것처럼 자만심은 치명적인 결과를 불러올 수 있다.

스타트업을 파멸로 이끌 수 있는 자만심에는 어떤 것이 있는지 살펴보자.

배경에서 오는
자만심

　　　　　　자신의 남다른 스펙과 배경이 성공의 자격을 자동으로 수여한다고 생각하는 자만심이다. 좋은 대학이나 회사에 다녔다고 해서 스타트업을 성공으로 이끈다는 보장은 어디에도 없다. 이는 누구나 다 알고 있는 사실이다. 하지만 자만심이 현실을 왜곡하고 눈을 멀게 해서 자신만큼은 예외에 속한다고 생각하게 한다. 혹독한 실패를 경험하거나 혹은 정신을 바짝 차려야 할 일이 생기지 않는 이상 이런 자만심에서 빠져나오기란 쉽지 않다.

　　우리는 이미 스펙으로부터 가질 수 있는 자만심에 빠져 있었고, 테크스타스의 합격은 우리의 자만심을 더욱 증폭시켰다. 창업자로서 아직 아무것도 이룬 게 없음에도 불구하고 우리는 이미 대단한 성공이라도 한 사람들처럼 생각하고 행동했다. 이런 태도는 우리가 직면한 문제를 과소평가하게 만들었고 우리가 어떤 결정을 내리더라도 무조건 옳은 결정이라고 착각하게 했다. 결국 실패의 쓴맛을 보고 난 뒤에야 우리는 자신들을 돌아보며 잘못을 뉘우칠 수 있었다.

성공에서 오는
자만심

　　　　　　스펙과 배경에서 비롯되는 자만심과 유사하며 어느 정도의 성공을 맛본 사람들이 갖게 되는 자만심이다. 이런 자만심은 스타트업을 운영하면서 만났던 투자자들 중 비교적 어린 나이에 큰 성공을 거둔 사람에게서 많이 볼 수 있었다.

하루는 30대 초반의 나이에 1000억 원이 넘는 돈을 받고 인수합병에 성공한 투자자를 만났다. 그는 30분 남짓한 미팅시간 동안 우리가 원하지도 않는 조언을 쉬지 않고 해댔고, 자신의 빛나는 업적에 대해 끊임없이 자랑을 늘어놓았다. 듣는 입장에서 기분은 그리 좋지 않았지만 그렇다고 딱히 반박할 수도 없었다. 그는 이미 대단한 성공을 거둠으로써 실력을 증명한 사람이었기 때문이다.

하지만 실패의 쓴맛을 모르고 크게 성공한 사람들이 빠지기 쉬운 착각이 있다. 자신의 성공이 오롯이 노력과 실력으로 이룬 결과물이라고 생각하는 착각이다. 크게 성공한 사람들을 깎아내리려는 의도는 없다. 그들의 열정과 도전정신은 배워야 한다. 다만 성공에는 많은 요인들이 있게 마련이고 그중 대다수는 개인의 힘으로 바꿀 수 없는 것들이다. 큰 성공에는 어느 정도 운도 따라줘야 한다는 뜻이다. 성공에서 오는 자만심은 자신의 노력으로도 바꿀 수 없는 변수가 존재한다는 사실을 잊게 하고, 모든 공을 자신에게 돌린다. 이처럼 자신의 실력을 과대평가하는 사람들도 종종 위험에 빠지곤 한다.

지적 능력에서 오는
자만심

남보다 뛰어난 두뇌를 갖고 태어난 사람들

중에는 자신이 얼마나 똑똑한지를 아는 사람이 있다. 그들은 자신보다 똑똑하지 않다고 생각되는 사람의 말에는 귀를 기울이지 않는다. 그렇다고 똑똑한 사람들만이 자만심을 갖는 건 아니다. 자신의 지적 능력을 과대평가하는 사람들도 착각 속에 자만심에 빠지기도 한다. 남보다 뛰어난 지적 능력을 소유하고 있든 그렇지 않든 간에 이런 자만심에 빠진 사람들과 함께 프로젝트를 진행하는 건 매우 어려운 일이다.

내 주변에도 이런 자만심에 빠진 친구가 있었다. 그는 실제로 지적 능력이 뛰어났는데 대화를 할 때나 토론을 할 때면 자신의 주장이 관철되어야만 직성이 풀리는 성격이었다. 똑똑한 친구였기 때문에 그의 주장이 논리적이고 옳은 경우가 많았지만 가끔은 누가 들어도 말이 안 되는 주장을 고집할 때도 있었다. 자신도 그 사실을 알고 있었지만 절대로 물러서는 법이 없었다. 그 친구와 상대해봤자 피곤하다는 사실을 알고 있는 다른 친구들은 그때마다 알아서 져주곤 했다.

당시 우리는 대단한 토론을 벌인 게 아니었기 때문에 선별해서 친구의 주장을 받아들일 수 있었다. 하지만 이런 성향의 사람들과 스타트업을 하게 된다면 그것은 정말 큰 문제다. 공동 창업자가 지적 능력이 뛰어나다면 당연히 스타트업에 이로운 일이겠지만, 자신의 능력에 대한 자만심에 빠져 있다면 논의를 하면서 서로 이견을 조율해가는 과정에서 큰 어려움을 겪게 된다.

도움을 받지 않으려는
자만심

어릴 때부터 나는 다른 사람의 도움을 받는 걸 매우 싫어했다. 그래서인지 누가 내게 도움을 청하는 것도 이해하지 못했다. '어떻게 저런 부탁을 서슴없이 하지?', '남의 도움을 받는 게 창피하지도 않은가?' 나는 남의 도움을 받는다는 건 자신의 부족함을 인정하는 것이고 이는 부끄러운 일이라 생각했다. 하지만 다른 사람의 도움을 받지 않고 혼자 성공하는 사람은 없다. 다른 사람에게 의지하지 않는 독립적인 태도는 바람직하지만 쓸데없는 자존심 때문에 남의 도움을 거절하는 건 어리석은 일이다.

사업을 할 때는 도움을 청하고 도움을 받는 것도 실력이다. 도움을 받지 않아도 혼자 해낼 수 있다는 자만심에 사로잡혀 독불장군처럼 모든 걸 혼자 하는 사람은 성장이 더디다. 스타트업이라는 환경에서는 서로 도움을 주고받아야 할 일들이 많다. 아이디어는 어느 날 문득 하늘에서 떨어지지 않는다. 지식과 정보를 서로 주고받는 과정에서 섬광처럼 떠오른다. 스타트업의 시작도 성공의 결과도 혼자서는 이룰 수 없다.

완벽주의에서 오는
자만심

'완벽주의'를 자랑처럼 생각하던 시절이 있었다. 학창 시절 나는 모든 걸 내 관점에서 완벽하게 처리해야 직성이 풀리는 아주 피곤한 학생이었다. 그때까지만 해도 '완벽'이 가능한 시절이었다. 과제나 시험에서 100점을 받으면 그것으로 완벽을 인정해주었기 때문이다. 인턴십과 첫 번째 직장 입사 면접 때도 "당신의 단점은 무엇입니까?"라는 질문에 "제 단점은 제가 완벽주의자라는 겁니다"라고 대답했던 기억이 떠오른다. 그때를 생각하면 아직도 손발이 오그라든다.

완벽주의는 병이다. 절대 자랑할 미덕이 아니다. 인간은 완벽할 수 없는 존재이며, 완벽을 추구하는 것 자체가 어리석은 일이라는 걸 사회생활을 시작한 후에야 깨달았다. 완벽주의자들은 지나치게 성과에 집착하고 오직 목적을 위해 앞으로 달려 나간다. 완벽을 추구하는 태도 때문에 결과에 승복하지 못하고 자신과 주변 사람들을 피곤하게 한다. 이 정도면 심각한 병이다.

완고함에서 오는 자만심

창업자는 자기주장이 뚜렷해야 하며 더러는 완고한 태도도 필요하다. 물론 이때의 완고함은 이성에 기반을 둔 완고함이어야 하며, 자신이 틀렸다는 사실을 인식했을 때는 무너질 수도 있는 완고함이어야 한다. 감정과 비이성적인 믿음에서 비롯되는 절대적 완고함은 매우 위험하다.

스타트업을 하면서 만났던 사람 중에 건강과 관련된 스마트폰 앱 개발자가 있었다. 그 친구를 존이라고 부르자. 존은 당시 아이폰 앱과 안드로이드 앱을 출시하기 위해 준비 중에 있었다. 앱은 플랫폼*마다 사용되는 언어가 달라 다양한 플랫폼을 위한 네이티브 앱**을 만들기 위해서는 여러 가지 프로그래밍 언어를 사용해야 한다. 매우 번거로운 과정이 아닐 수 없다. 서로 전혀 다른 언어를 사용하기 때문에 같은 앱을 두 번 만드는 셈이다. 이런 이유에서 웹 기반 언어를 사용해 모든 플랫폼에서 상대적으로 빠른 출시를 가능하게 하는 HTML5*** 앱이 가능성을 보인 시기가 있었다.

HTML5 앱이란 웹사이트를 구성하는 데 사용되는 기술로 만든 앱이다. 번거롭게 다양한 언어를 쓸 필요 없이 아이폰과 안드로이드 등 다수의 플랫폼에서 비교적 쉽게 앱을 출시하는 게 가능하다. 하지만 HTML5 앱은 치명적인 단점을 갖고 있었는데 그것은 속도였다. HTML5 앱은 네이티브 앱과 비교했을 때 확연히 느렸다. 이런 성능 저하는 사용자에게 큰 불편함을 안겨주었다. 결국 HTML5 앱은 속도 문제를 해결하지 못한 채 개발자들 사이에서 버림받기 시작했다.

기능이 다양하지 않고 비교적 간단한 프로젝트는 HTML5를 사용

---

* 앱 플랫폼이란 앱을 만들고 출시하는 독립적인 생태계를 뜻한다. 대표적으로 애플의 아이폰과 구글의 안드로이드가 있다. 이외에 마이크로소프트의 윈도폰과 블랙베리 등의 플랫폼도 존재한다.

** Native App. 플랫폼의 고유 언어로 만들어진 앱을 뜻한다. 아이폰은 Objective-C 또는 Swift라는 언어를 사용하고, 안드로이드는 Java를 사용하며, 윈도폰은 C#이라는 언어를 사용한다. 서로 사용하는 언어가 달라 하나의 앱을 이 세 가지 플랫폼에 출시하려면, 각 플랫폼에서 지원하는 언어를 사용해 세 개의 앱을 만들어야 한다. 한글로 책을 쓰는데 한국, 미국, 중국에서 동시 출판을 원한다면, 영어와 중국어 번역 과정을 거쳐야 하는 것과 비슷하다고 생각하면 이해가 쉽다.

*** HTML은 Hyper Text Markup Language의 줄임말이다. HTML5는 HTML의 다섯 번째 버전이다.

해도 된다. 하지만 스마트폰 앱이 주된 제품인 스타트업은 최적의 사용자 경험을 위해 네이티브 앱을 선택해야 했다. 존은 처음부터 HTML5 앱을 지지하던 프로그래머였고, 모든 프로젝트에 HTML5를 사용했다. 시장의 전반적인 분위기가 반대쪽으로 흘러가고 있는데도 그 사실을 받아들이기 싫어했다. 진정으로 HTML5 앱에 대한 믿음이 있었던 건지도 모르지만 그는 요지부동이었다.

"존, 요즘도 계속 HTML5 앱을 개발하는 거야?"

"물론이지."

"내가 볼 때 시장이 그쪽으로 흘러가는 거 같지 않은데 사용자들이 느리다고 싫어하지는 않아?"

"그런 이야기가 종종 들리는데 별로 신경 안 써."

"그러지 말고 다시 생각해보는 게 어때?"

"우리는 이걸로 계속 밀고 나갈 계획이야."

존은 무슨 말을 해도 듣지 않았다. 문제는 존의 완고함이 더 이상 이성적이고 논리적이지 않았다는 것이다. 이미 HTML5와 네이티브 앱의 싸움은 의견 차이의 차원을 넘어 승패가 판결 난 상태나 다름없었다. 그런데도 존은 자신의 완고함을 지켰다. 나로서는 도저히 이해할 수 없는 행동이었다. 존과 같은 성향의 사람을 말로 설득할 방법은 없다. 존은 감정적인 이유로 고집을 부렸고 어떤 논리도 그의 마음을 돌릴 수 없었다. 사용자들은 자신들의 불만을 무시한 존을 떠났고 안타깝게도 그의 앱은 실패하고 말았다. 완고함에서 비롯된 자만심 때문에 이런 결과를 초래한 것이다.

자만심에는 다양한 유형이 있다. 좋은 스펙이나 뛰어난 지능을 가진 사람들만 자만심의 함정에 빠지는 건 아니다. 그런 배경이 있는 사람은 있는 대로 없는 사람은 없는 대로 자만할 수 있다. 자만심은 독이다. 여기에 노출되면 스스로 인식할 수 없을 뿐더러 빠져나오는 일은 더더욱 어렵다. 따라서 수시로 자기 자신을 돌아보고 자신의 모습과 솔직하게 마주할 수 있어야 한다. 때로 스스로를 꾸짖을 수 있는 용기도 필요하다. 과도한 자만심은 눈을 멀게 해 바로 앞에 있는 장애물도 보지 못하게 한다는 것을 잊어서는 안 된다.

출발선은 다르지만 언제 순서가 뒤바뀔지 모르는 게 스타트업의 특징이다. 스타트업은 마라톤과 같다. 순발력과 순간 스피드를 필요로 하는 단거리 경주와는 다르다. 새로운 분야로 진출해 성공하려면 더러는 고독하게 홀로 달려야 할 때도 있고 더러는 서로 발맞춰가면서 호흡을 가다듬어야 할 때도 있다. 제품 개발은 이런 인내와 화합 속에서 세상 밖으로 나오는 것이다. 먼저 겸손의 지혜를 배워야 자만심의 독에 빠지지 않을 수 있다.

 배움 #5

자만심은
우리를
눈멀게 한다.

믿음의
도약

〈인디아나 존스와 최후의 성전Indiana Jones and the Last Crusade〉*
은 내가 가장 좋아하는 영화 중 하나다. 영화의 클라이맥스는 주인공이
세 가지 관문을 통과하고 성배를 찾아내는 부분이라 할 수 있는데, 세
가지 관문 중 마지막이 'Leap of Faith', 즉 믿음의 도약이었다.

주인공은 나락으로 떨어지는 벼랑 끝에 서서 건너편으로 갈 방법
을 모색해 보지만 뾰족한 수가 나지 않는다. 머리 위에는 사자 모양의
석상이 무서운 표정으로 내려다보고 있고 아무런 방법이 없어 보이는
그 절박한 상황에서 주인공은 아버지에게서 받은 힌트를 생각해낸다.

• 1989년에 출시된 '인디아나 존스' 시리즈 세 번째 영화로 스티븐 스필버그가 감독을 맡았고 해리슨 포
드와 숀 코네리가 등장했으며 작곡가 존 윌리엄스가 음악을 담당했다.

"사자 머리에서부터의 도약만이 그의 가치를 증명하리라." 주인공은 어쩔 수 없이 눈을 감고 숨을 가다듬은 후 발을 뻗어 믿음의 도약을 한다. 끝이 보이지 않는 암흑 속으로.

링크드인의 창업자 리드 호프먼(Reid Hoffman)은 "창업은 절벽에서 뛰어내린 뒤 떨어지는 동안 비행기를 조립하는 일이다"*라고 말했다. 나는 방법을 배우기 위해서는 여유 있게 땅 위에서 비행기를 먼저 조립한 뒤에 날아오르는 게 아니라, 먼저 믿음의 도약을 해야 한다는 뜻이다.

하지만 언제나 말은 쉽다. 언제, 어떤 방식으로 도약해야 하는지 결정하는 일은 쉽지 않다. 아직 학생이어서, 직장을 다니고 있어서, 아는 게 부족해서, 경험이 부족해서 등등 우리를 주저하게 만드는 이유는 다양하다. 그리고 이런 이유들은 항상 존재한다. 우리를 주저하게 만드는 이유가 심각하게 고려해봐야 할 사항인지, 아니면 뛰어내려야 하는 현실이 두려워 변명을 하고 있는 것인지 구분하기란 무척 어려운 일이다.

완벽한 창업 시기는 없다. 창업에 적당한 나이도 경력도 없다. 그렇다면 무조건 뛰어내리고 봐야 하는가? 적당한 시기가 없다는 말은 언제든 뛰어내려도 무방하다는 뜻인가? 도약 전에 반드시 준비해야 할 게 있다면 그것은 무엇인가? 스타트업을 준비하는 사람이라면 많은 고민들이 있을 것이다. 나도 많은 생각을 했던 기억이 있다.

• 미국의 과학소설가인 레이 브래드버리(Ray Bradbury)가 가장 먼저 사용했던 비유로 알려져 있다. 그는 도전정신과 함께 꿈을 좇을 걸 권유하는 의미에서 "절벽에서 뛰어내려 낙하하는 동안 날개를 만드는 법을 배우십시오"라고 말했다.

혹시 도움이 될까 싶어 당시의 경험을 바탕으로 믿음의 도약을 하기 전에 고려해야 할 내용들을 정리해봤다.

- **창업의 이유:** 이미 설명했듯이 창업은 '언제'가 아니라 '왜'가 중요하다. 단순히 돈을 벌고 싶은 욕구가 아닌, 반드시 창업을 해야 하는 이유가 필요하다. 도약한 뒤 떨어지는 동안에는 많은 일을 겪게 될 것이다. 어떤 일이 있어도 비행기가 조립될 때까지 힘이 될 수 있는 동기가 필요하다. 그것은 떠올리는 것만으로도 가슴을 뛰게 할 수 있는 이유이어야 한다. 그런 이유가 당신에겐 있는가?
- **자신에 대한 믿음:** 믿음의 도약에 요구되는 믿음은 결국 자기 자신에 대한 믿음이다. 그 어떤 것도 아니고 그 누구도 아닌 자신을 믿고 뛰어내려야 한다. 자기 자신에 대한 무한한 신뢰가 존재해야 한다. 당신은 어떤 어려움이 있어도 참고 견딜 수 있는 사람인가? 성공을 위해 누구보다 열심히 일할 수 있는가? 결과를 감당하고 받아들일 수 있는가? 당신은 자기 자신을 믿는가?
- **창업자의 세 가지 자격:** 앞서 얘기한 창업자의 세 가지 자격, 즉 10년의 열정, 제품의 필요성, 뛰어난 전문성은 도약 전에 반드시 챙겨야 할 필수품들이다. 당신은 창업자의 세 가지 자격을 지니고 있는가?
- **비행기 조립 설명서:** 스타트업을 운영하다 보면 계획이 거의 불필요하다고 생각될 만큼 미래를 예측하기 힘들다는 걸 느끼게 된다. 하루가 멀다 하고 생겨나는 수많은 변수들이 계획의 크고 작은 수정을 불가피하게 만든다. 그렇다고 계획을 하지 않을 수도 없다. 계획

을 자주 변경하더라도 미래에 대한 목표는 뚜렷해야 한다. 당신의 목표가 단순히 성공하는 것이고 그 목표를 실현할 계획들이 단지 열심히 일하는 것이라면, 당신은 준비가 아직 끝나지 않았다. 도약 전부터 구체적인 목표와 계획을 세우는 습관을 익혀야 한다. 조립 설명서 없이 비행기를 조립할 수는 없지 않은가? 잘 생각해보라. 당신이 최종적으로 꿈꾸는 비행기는 어떤 것인가? 당신은 그 비행기의 조립 설명서를 지참했는가?

- **절벽의 높이:** 절벽의 높이를 알아야 땅에 추락하기 전까지 자신에게 얼마의 시간이 허락됐는지 예상할 수 있다. 절벽의 높이는 다양하게 정의될 수 있으나 가장 중요한 건 비용이다. 매달 어느 정도의 지출이 예상되고, 최대 몇 달까지 생활할 수 있는지 계산해봐야 한다. 그리고 이런 현실적인 문제들을 고려해 자신에게 얼마의 시간을 허락할 수 있는지 사전에 파악해둬야 한다.

- **일기예보:** 스타트업 계곡의 날씨는 변화무쌍하다. 일기예보도 틀리기 십상이다. 하지만 자신이 뛰어들 계곡의 날씨에 대한 예상은 필수다. 지금 당신이 서 있는 곳의 날씨보다는 당신이 뛰어들 방향에 대해 철저하게 조사하고 준비해둬야 한다. 그냥 하고 싶어서 혹은 남들도 다 해서 뛰어드는 것처럼 어리석은 일은 없다.

- **낙하산:** 창업자에게 긍정은 필수다. 아무리 힘들고 절망적이어도 계속 앞으로 나아가면 언젠가는 성공할 수 있으리라는 믿음이 필요하다. 하지만 지나친 긍정은 경계해야 한다. 도약을 준비하는 단계에 지장을 줄 수 있다. 낙하산은 비행기 조립에 실패했을 때를 대비

해 준비해야 한다. 낙하산이 금전적 충격을 완화해줄 수도 있고 정신적 혹은 감정적 충격을 완화해줄 수도 있다. 도약한 후 떨어지는 동안은 꿈같을 것이다. 시간은 정신없이 흐를 것이고, 어떤 결과를 맞이하든 정신을 차려보면 현실과 마주하게 될 것이다. 비행기를 조립해 하늘 높이 날 수 있다는 확신과 함께 도약하되, 만약의 경우를 대비해 낙하산을 지참하라.

스타트업은 지금까지 내가 경험해본 일들 중 가장 어려웠다. 겁을 주려는 의도가 아니다. 스타트업을 하지 말라고 설득하려는 건 더더욱 아니다. 오히려 그 반대다. 스타트업은 확실한 비전이 있다면 꼭 한 번 도전해볼 만한 일이다. 다만 아무런 준비 없이 섣불리 뛰어들어서는 안 된다. 쓸데없는 두려움으로 시기를 놓쳐서도 안 된다. 도약을 위한 용기를 갖되, 충분히 숙고해야 한다.

이미 말했듯이 나는 '왜'라는 질문에 대한 대답을 준비하지도 못한 상태에서 무턱대고 스타트업 창업을 했다. 지금 생각해보면 어디서 그런 용기가 났는지 모르겠다. 다만 나에 대한 믿음이 있었던 것만은 확실하다. 그 믿음이 내가 도약할 수 있게 해준 것 같다. 돌이켜보면 부족한 점도 많았고 실수도 잦았지만, 그 용기와 도전정신만큼은 자랑스럽게 생각한다. 이런 과정들은 직접 겪어보지 않으면 이해하기가 쉽지 않다. 다음번에 다시 스타트업을 할 기회가 생긴다면 철저한 준비로 내가 겪은 시행착오들을 최소화시킬 수 있으리라 생각한다.

섣부른 용기와 믿음만을 갖고 도약했던 우리는 다행스럽게도 점

나는 다만 재미있는 일을 했을 뿐이다

차 자리를 잡아가는 듯했고 테크스타스에 참가하기 위해 모든 팀원들이 보스턴에 모일 기회까지 얻게 됐다. 우리는 테크스타스의 지원으로 얼마나 더 발전하게 될지 상상하는 것만으로도 한껏 부풀어 있었다. 별어려움 없이 모든 일이 순조롭게 진행되는 건 순전히 우리의 실력 때문이라고 착각했고 조만간 목표에 이를 거라고 예상했다. 보스턴에 도착한 나는 날아갈 듯한 기분이었으며 왜 다들 스타트업을 어려워하는지 이해가 안 될 정도로 자만에 빠져 있었다. 크게 경솔했던 시간이었다. 머지않아 나는 이런 자만에 대한 대가를 치러야 했다.

배움 #6

적당한 시기는
없다.
믿음의 도약이
필요하다.

3장

벤처만사
새옹지마

"모든 역경과 실패와 마음의 고통에는
그만큼 혹은 그보다 더 큰 보상의 씨앗이 있다."
－나폴레온 힐

초등학교 시절 나는 자전거 타기를 참 좋아했다. 시간 가는 줄 모르고 친구들과 여기저기 돌아다녔다. 그렇게 좋아했던 자전거를 잘 탈 수 있게 되기까지 수천 번 넘어지고 다시 일어서기를 반복해야 했다.

자전거에 올라타는 순간이나 느린 속도로 움직일 때 넘어지면 비교적 충격이 약하다. 금방 다시 일어나 자전거를 탈 수 있다. 하지만 가끔은 속력을 내는 도중에 넘어질 수도 있다. 무릎이 까지기라도 하면 잠시 쉬거나 아예 자전거 타기를 포기하고 집으로 돌아가야 할 수도 있다. 여기서 중요한 것은 자전거의 속력이다. 속력을 낸다는 건 발전하고 있다는 의미다. 이때 넘어진 충격으로 자전거 타기를 포기한다면 지금까지의 노력은 헛수고가 되고 만다.

테크스타스를 위해 처음으로 한곳에 모이게 된 우리는 어떻게 보면 그동안 넘어질 기회가 없었던 사람들이다. 큰 실패도 겪어보지 않았고 남들이 보기에 좋은 스펙의 위너들(winners)로 뭉쳐진 팀이었다. 자신과 주변 사람들을 피곤하게 만드는 완벽주의자들과 마찬가지로 위너들도 실패를 잘 받아들이지 않는 사람들이다.

그 시절 우리는 정신적으로 너무 어렸고 나약했다. 결국 우리는 제멋대로 속력을 내다가 넘어졌고 큰 충격을 받았다. 그리고 그때부터 수많은 위기의 순간을 맞이하게 된다. 우리는 다시 일어서는 법을 배워야 했다.

가속의
방향

2012년 1월 초쯤이었다. 뉴질랜드에서 사무실로 쓰며 거주했던 집을 급히 정리하고 개발자 친구와 함께 보스턴으로 향했다. 살을 에는 추위도 느껴지지 않을 만큼 긴장되고 설렜다. 테크스타스의 12주 프로그램을 위해 레슨스미스 초기 멤버 다섯 명이 처음으로 한자리에 모였고 우리의 사기는 하늘을 찌를 듯했다. 기쁜 마음으로 테크스타스 프로그램을 위한 준비를 서둘렀다.

가장 먼저 나와 개발자 친구가 3개월 동안 거주하면서 우리 팀의 사무실로 사용할 아파트를 구했다. 감사하게도 나와 구글을 함께 그만둔 파트너의 부모님께서 많은 도움을 주셨다. 덕분에 우리는 며칠 만에 그럭저럭 생활과 업무가 가능한 우리들만의 아지트를 얻을 수 있었다.

낡고 볼품없는 아파트 건물이었다. 침실에는 에어매트리스, 거실에는 싸구려 플라스틱 테이블이 놓여 있었지만 우리에겐 그 어떤 궁궐보다도 멋지고 뜻 깊은 공간이었다. 우리는 그곳에서 미래를 향한 결의를 다졌고 함께 파이팅을 외쳤다. 드디어 테크스타스를 시작하게 된 것이다.

프로그램 첫날에는 MIT 캠퍼스 옆에 있는 테크스타스 사무실로 향했다. 그곳에서 12주 동안의 프로그램을 함께할 다른 회사 창업자들과 인사를 나누었고 우리 팀이 사용하게 될 책상도 배정받았다. 프로그램 디렉터들과 인사를 나눈 뒤 향후 일정에 대한 얘기를 들었다. 디렉터를 비롯해 많은 멘토들과 만나 얘기를 나누면서 회사의 전략을 보강하고 데모데이를 잘 준비해 투자 유치에 성공하는 게 이 프로그램의 목표였다. 모든 것이 마음에 들었다. 프로그램을 함께할 창업자들, 우리를 인도해줄 디렉터들, 앞으로 소화해야 할 일정 그리고 데모데이라는 특별한 기회까지……. 이 모든 것이 우리를 옳은 방향으로 인도할 거라고 믿어 의심치 않았다.

처음으로 한자리에 모인 우리 팀은 레슨스미스의 개선 방향부터 논의하기로 했다. 제품 기능과 출시일에 관해 의견을 나누고 데모데이를 어떻게 준비할지에 대한 아이디어를 공유했으며, 앞으로 12주 동안 가장 중점을 둬야 할 부분에 대해서도 논의했다.

그러던 중 우리는 아주 큰 문제를 하나 발견하게 됐다. 레슨스미스는 교사들을 위한 교재 공유 플랫폼이었고, 우리의 수익 모델은 프리미엄 콘텐츠에 수수료를 부과하는 것이었다. 한마디로 우리 플랫폼은 콘텐츠를 공유하는 교사들과 공유된 콘텐츠를 구매하는 교사들이 공존

해야 했다. 그날 나눴던 대화가 아직도 잊히지 않는다.

"레슨스미스에 대해 함께 일했던 교사들한테 자세히 얘기를 해 봤어."

"아, 그래? 반응이 어땠어?"

"다들 엄청나게 좋은 아이디어라고 난리야. 출시되면 꼭 쓰겠다고 했어."

"좋은 소식이네."

"근데 한 가지 걸리는 부분이 있었는데……."

"뭔데?"

"굳이 돈을 내면서까지 사용해야 하는 건지 확신이 안 선다는 사람들이 많았어."

"그 부분에 대해선 이미 확신이 있었던 거 아니야?"

"……."

잠시 동안 정적이 흘렀다. 아무 말 안 했지만 그 순간 나와 파트너는 같은 생각을 했을 것이다. '아뿔싸, 내가 실수했구나!' 레슨스미스라는 플랫폼이 유용하다는 건 어느 정도 설득력을 얻고 있었다. 우리는 제품을 잘 만들기만 하면 됐다. 다만 이 플랫폼이 수익을 창출하고 그 결과 회사가 성장하려면 사용자들이 프리미엄 콘텐츠를 이용하기 위해 돈을 쓸 거라는 가정이 반드시 성립되어야 했다. 이러한 가정은 우리에게 매우 중요했기 때문에 제품을 만들기 전에 실험을 통해 명확히 검증해야 했다.

우리는 친구들의 얘기를 무조건적으로 받아들이는 실수를 했다는 걸 뒤늦게 깨달았다. 그리고 도메인 전문가인 그들이 하는 말을 그 분야에서 보편적으로 적용되는 진리일 거라고 믿었던 걸 깊이 반성했다. 우리는 게을렀고, 변명의 여지가 없는 실수를 했다. 가장 중요한 내용을 창업자인 우리 손으로 직접 확인해보지 않은 것이다.

이미 말했듯이 자만심에 가득 차 있었던 우리는 '손을 더럽히는 일'*을 꺼렸다. 지금 생각해보면 그때 무슨 생각으로 레슨스미스를 만들기 시작했는지 도무지 이해되지 않는다. 필사적으로 아이디어를 찾던 우리에게 레슨스미스는 사막의 오아시스처럼 다가온 아이템이었다. 우리는 이것이야말로 그동안 찾아 헤매던 아이디어라고 너무나 믿고 싶었던 것 같다. 그러나 다 핑계일 뿐이다. 결국 우리는 공황상태에 빠지고 말았다.

수입호굴 불황신이가생(雖入虎窟 不慌神而可生)이라 했다. 호랑이 굴에 들어가도 정신만 차리면 살 수 있다는 뜻이다. 시간을 거슬러 그때로 돌아간다면, 당황하지 말고 계속 밀고 나가라고 나 자신에게 조언해주고 싶다. 일이 그렇게 되자 테크스타스의 12주는 큰 부담으로 다가왔고 우리는 이성적인 결정을 내리지 못하고 쩔쩔맸다. 레슨스미스의 수익 모델이 실현 가능하다는 걸 투자자들에게 설득시킬 자신이 없었다. 우리는 테크스타스라는 호랑이 굴에 제 발로 들어가 공황상태에 빠져버렸고 결국 첫 프로젝트였던 레슨스미스는 제대로 출시하지도 못

---

* Get your hands dirty. 손을 더럽힌다는 뜻의 이 관용구는 어떤 일을 할 때 하기 싫고 귀찮은 일까지 모두 다 포함해서 한다는 의미를 지니고 있다.

한 채 접기로 했다.

레슨스미스의 수익 모델을 확보하는 게 불가능하다는 사실을 깨달은 우리에겐 확실한 수익 모델이 있는 아이템이 절실했다. 얼마간 정신을 차릴 수가 없었다. 어떻게 12주 안에 새로운 아이디어를 찾아서 투자 가치가 있는 회사를 만든단 말인가? 현실적으로 불가능한 일이었다. 하지만 아직 패기가 남아 있었고 그런 만큼 우리는 해낼 수 있다고 믿었다.

그 후 며칠 동안 밤낮을 가리지 않고 다양한 토론을 벌였다. 투자 유치를 하려면 무언가를 만들어 아이디어의 가능성을 증명해야 했다. 제품을 만들고 아이디어를 증명할 시간을 제한한다면, 우리는 늦어도 일주일 안에 새로운 아이템을 찾아야 했다. 당시 일주일은 우리에게 일곱 시간만큼 촉박한 시간이었다.

온종일 계속되는 토론에 지쳐 저녁을 먹고 잠깐의 휴식을 취하고 있던 어느 날 밤이었다. 우리는 스트레스성 폭식으로 부풀어 오른 배를 자랑스럽게 두드리며 실없는 농담을 주고받았다.

"야, 너는 임신 15개월쯤 된 것 같다."

"사돈 남 말 하시네. 너는 배가 곧 터질 것 같다."

"나는 마음만 먹으면 뺄 수 있어."

"그럼 누가 더 많이 빼는지 내기 한번 해볼까?"

그때까지만 해도 농담 주고받기에서 시작된 다이어트 내기가 우리의 다음 프로젝트가 될 거라고는 상상도 못했다. 우리는 각자 체중에 알맞은 몸무게 감량 목표를 정했고 다들 열심히 노력했다. 우선 체중

감량에 도움이 되는 방법 중 하나로 섭취하는 음식의 열량을 측정해보기로 했고 이를 위한 앱을 찾았다. 그러나 우리가 원하는 정확성과 편리성을 지닌 열량 측정 앱은 찾을 수 없었다.

그때 파트너가 한 가지 제안을 했다.

"우리가 직접 만들어보면 어떨까?"

그렇게 해서 우리의 다음 프로젝트가 탄생했다. 오래 생각할 시간이 없었다. 당시 우리는 다른 팀들보다 크게 뒤처져 있었기 때문에 뭐든 시도해야 했다. 우리는 회사 이름을 라빔(Laveem)*으로 바꾸고 제품 기획을 시작했다. 그러나 새로운 프로젝트의 방향이 잡히기도 전에 또다시 풍랑이 일었다.

우리에게 레슨스미스라는 아이디어의 실마리를 제공했던 친구가 새로운 사업에 반기를 든 것이다. 그 친구의 입장도 이해는 됐다. 레슨스미스를 위해 교사까지 그만두고 우리와 함께한 친구 입장에서는 새로운 사업이 교육과는 전혀 무관한 방향으로 흘러갔기 때문에 당황스러울 수도 있었다. 그는 라빔에 전혀 관심을 보이지 않았고, 고민 끝에 우리와 다른 길을 가기로 결론을 내렸다. 다방면에서 압박을 받고 있던 시기에 뜻을 함께하기로 한 팀원과의 결별은 정신적으로 큰 충격이었다.

하지만 진짜 문제는 그때부터 일어났다. 무슨 이유 때문인지 알 수

---

* Laveem은 아이티의 국어 중 하나인 크리올 언어 'Lavi m'에서 따온 이름이다. 크리올 언어로 '나의 인생'이라는 뜻을 가진 이 단어가 건강과 관련된 스타트업에 잘 어울리는 이름이라 생각했다. 당시 우리와 함께했던 하버드대학 출신 친구가 제안한 이름이다.

없지만 그 친구는 변호사를 동원해 우리에게서 레슨스미스를 빼앗아 가려 했다. 거의 완성 단계에 이른 제품을 가져다 운영하겠다는 의도였다.

사실 우리에게 그 제품은 애물단지나 다름없었다. 만약 떠나가는 친구가 자신의 뜻을 솔직하게 얘기했더라면 기꺼이 그에게 그 제품을 넘겼을 수도 있었다. 하지만 우리는 이해할 수 없는 그 친구의 행동에 큰 스트레스를 받았고 나중에는 배신감마저 들었다. 회사가 나아갈 방향을 전면 변경하면서 우리도 변호사를 동원해 불필요한 조정 과정을 거쳐야 했다. 쓸데없는 일에 시간과 힘을 낭비해야 했던 것이다. 그 일로 우리는 정신을 차리기는커녕 더 깊은 공황상태에 빠지고 말았다. 모두들 지칠 대로 지쳐 있었다.

복(福)은 함께 오지 않지만 화(禍)는 어깨동무를 하고 온다고 했던가. 더 이상 버틸 힘도 없을 만큼 정신적으로 힘든 나날을 보내고 있던 나를 제대로 녹다운시킨 또 하나의 사건이 찾아왔다. 당시 나는 2년 정도 사귄 여자친구가 있었다. 서로 떨어져 지내는 장거리 연애였지만 진지한 만남을 하고 있었다. 구글을 그만두고 사업을 시작할 때도 여자친구의 의견을 가장 먼저 물었는데 고맙게도 그녀는 미래가 불확실한 나의 도전을 지지해주었다. 누군가가 나를 믿고 의지한다는 건 큰 힘이 된다. 당시 나는 힘들긴 했지만 정신적으로 의지할 수 있는 사람이 있었기에 계속 전진할 수 있었다.

그러던 어느 날 갑자기 전혀 예상치 못한 통보를 받았다. 그녀가 결혼한다는 소식이었다. 그것도 3년이나 사귄 남자친구와 함께 결혼을 한다니 그야말로 드라마에서나 나올 법한 사건이었다. 친구 때문에 난리가 난 회사를 수습하느라 가뜩이나 정신이 없는데 설상가상으로 가장 믿고 의지했던 여자친구까지 뒤통수를 친 것이다.

언제까지나 승승장구할 줄 알았던 나는 테크스타스의 시작과 함께 처참하게 무너져 내렸다. 당시 겪은 일들 때문에 그 후 몇 달 동안 우울증, 공황장애, 대상포진, 구순염 등을 앓을 정도였다. 무엇보다 힘들었던 건 그 와중에도 사업을 계속해야 한다는 사실이었다. 눈물 젖은 빵을 먹어보지 않고는 인생을 논하지 말라고 했던가? 우스갯소리지만 나는 눈물 젖은 키보드로 코딩을 해보지 않은 사람은 스타트업을 논하지 말라고 말하고 싶다.

그렇다고 우리가 겪은 시련을 테크스타스의 책임으로 돌리려는 건 아니다. 테크스타스는 훌륭한 프로그램이었으며 우리에게 좋은 기회를 제공했을 뿐 아니라 우리의 성공을 진심으로 응원하고 도왔다. 단지 타이밍이 맞지 않았던 것뿐이다. 아직 방향이 제대로 잡히지 않은 우리에게 12주라는 시간 제한은 회사를 이끌기보다는 도리어 혼란만 가중시켰다. 결국 우리는 선택에 대한 대가를 톡톡히 치러야 했다. 주어진 시간 안에 투자 유치를 하는 데 실패한 나는 큰 상처만 안은 채 뉴질랜드로 돌아왔다. 정말이지 악몽 같은 12주였다.

이제 막 걸음마를 뗀 아기는 달릴 수 없다. 마찬가지로 아직 준비되지 않은 회사를 가속하면 원치 않은 방향으로 튕겨 나갈 수 있다. 액셀러레이터 혹은 이와 비슷한 창업 지원 프로그램을 고려하고 있다면 먼저 다음의 질문을 던져볼 필요가 있다.

나는 다만 재미있는 일을 했을 뿐이다

- **지금이 적기인가?**: 2라는 숫자에 10을 곱하면 20이 되지만 0이라는 숫자에는 어떤 수를 곱해도 0이다. 무언가가 있어야 가속할 수 있다. 우리처럼 시기가 맞지 않으면 지원 프로그램의 도움도 무용지물이 된다. 제품과 사용자가 존재해야 회사의 발전을 가속시킬 수 있다.

- **어떤 도움이 필요한가?**: 우리는 어떤 도움이 필요한지 제대로 파악하지 못한 채 창업 지원 프로그램에 도움을 요청했다. 이것은 마치 음식점에 가서 메뉴도 고르지 않고 "빨리 주세요"라고 말하는 것과 같다. 지원 프로그램의 도움을 받으려면 먼저 자신에게 어떤 도움이 필요한지 파악하는 게 순서다. 그런 다음 지원 프로그램이 자신이 필요로 하는 도움을 제공할 수 있는지 알아봐야 한다.

- **조언해줄 만한 멘토가 있는가?**: 사업을 하다 보면 옆에서 조언을 해주고 힘이 되어줄 멘토가 절실히 필요하다. 그렇다고 아무한테나 손을 내밀 순 없다. 내가 원하는 분야에 대한 지식과 경험이 풍부하고 노련한 전문가여야 한다. 외부 기관을 선택할 때도 내가 원하는 분야의 전문가가 있는지 알아봐야 한다.

- **투자하는 돈과 시간은 충분한가?**: 지원 프로그램이 투자하는 돈과 시간은 한정돼 있다. 그 돈과 시간을 얻으려면 지분이라는 대가를 지급해야 한다. 돈이 오가면 이해관계가 생길 수밖에 없다. 말로만 스타트업을 지원하는 프로그램이 아닌지도 살펴봐야 한다. 아무래도 충분한 시간과 돈을 투자할 수 있는 프로그램의 도움을 받는 것이 바람직하다.

- **성공적인 회사를 배출했는가?:** 명문대는 잘나가는 졸업생들이 많다. 창업 지원 프로그램도 이와 비슷하다. 잘나가는 스타트업을 많이 배출한 프로그램일수록 좋은 프로그램일 가능성이 높다. 스타트업의 성공이 지원 프로그램과 관련 있다고 단정할 수는 없지만, 스타트업이 어떤 지원 프로그램의 도움을 받았는지 살펴보면 그 프로그램의 가치를 대략 짐작할 수 있다.

- **지원 프로그램이 우리에게 원하는 건 무엇인가?:** 창업 지원 프로그램은 비영리단체가 아니다. 순전히 스타트업의 성공만을 위해 존재하는 곳이 아니다. 정확히 말하면 그들 역시 영리를 목적으로 하는 회사다. 지원 프로그램은 스타트업이 투자 유치에 성공해야 이득을 본다. 투자를 받은 회사의 수가 많아지면 프로그램의 입지가 높아지기 때문이다. 지나치게 성과에 집착한 나머지 큰 그림을 못 보는 프로그램은 도움을 받더라도 일시적인 현상으로 그칠 수 있다. 장기적인 성과를 기대할 수 있는 프로그램을 선택하는 것이 좋다.

큰 기대를 안고 시작한 테크스타스는 여러 가지 시련만 가져다주고 끝났다. 우리의 생각이 짧았다. 이런저런 실수까지 겹치면서 지원 프로그램 참여는 득보다 실이 컸다. 나는 가속의 방향이 다양할 수 있다는 걸 경험하게 됐다.

비온 뒤에 땅이 굳어진다 했다. 테크스타스 프로그램은 힘들었던 만큼 배운 것도 많았다. 자만했던 나를 돌아볼 수 있었고 무엇보다도 시련을 통해 더 강해질 수 있었다. 스타트업은 절대로 만만하지 않다는 사실을 그때 뼈저리게 느꼈고 겸손한 마음으로 처음부터 다시 시작하겠다고 다짐했다. 내게 진정한 스타트업의 여정은 그때부터 시작됐다.

배움 #7

가속의 방향은
다양하다.
준비되지 않은 가속은
원치 않은 방향으로
이끌 수 있다.

감정의
롤러코스터

12주간의 테크스타스 프로그램은 그렇게 허망하게 끝이 났다. 기회를 잘 살려 큰 업적을 이루고 금의환향하겠다는 다짐과는 정반대로 많은 일들을 겪으면서 몸도 마음도 만신창이가 되어 뉴질랜드로 돌아왔다. 집에서 쉬면서 잠시나마 안식을 찾았지만 그동안 겪은 일들의 여파는 여전히 남아 있었다. 좀처럼 평온함을 찾을 수 없었고 하루하루 모든 걸 포기하고 싶은 마음만 커져갔다.

하루는 침대에 누워 내 처지를 돌아봤다. 피식 웃음밖에 나오지 않았다. 불과 6개월 전만 해도 모든 걸 다 가졌다고 자신했던 나였다. 꿈의 직장, 억대 연봉 그리고 여자친구까지 남부러울 것 없었다. 꿈을 좇아가는 과정에서 이 모든 것들을 한순간에 잃어버렸다고 생각하니 회의가 들었다. 내가 지금 뭘 하고 있는 건가? 주제넘었던 걸까? 뱁새가

나는 다만 재미있는 일을 했을 뿐이다

황새를 따라가면 다리가 찢어진다고 했는데, 내가 실력은 없으면서 욕심만 가득했던 건 아니었을까?

너무 여러 가지 일들을 한꺼번에 겪게 되니 감정 회복이 쉽지가 않았다. 내 머릿속에서 온갖 감정들과 생각들의 회오리가 일었다. 이런 감정의 혼란과 과부하는 나 혼자만의 경험이 아니었다. 그 강도와 횟수는 저마다 달랐지만 함께했던 팀원들도 나와 비슷한 혼란을 느꼈다. 당시 나는 좌절감부터 열등감, 두려움, 자책, 절망감, 책임 전가까지 복잡다단한 감정들에 휩싸였다.

스타트업 창업자들은 실패를 거듭할 때마다 이런 복합적인 감정을 수도 없이 경험했을 것이다. 제품의 문제를 알아야 제품을 개선할 수 있는 것처럼 정신적인 건강을 되찾으려면 자신의 감정에 대해 이해하려는 노력이 필요하다.

절망에서 오는
좌절감

목표를 향해 나아가는 과정에서 실패를 경험하는 건 지극히 당연한 일이다. 완벽한 사람은 없다. 누구나 넘어지고 일어서기를 반복하면서 목표를 향해 조금씩 나아간다. 처음 몇 번 넘어지는 건 아무렇지 않게 일어설 수 있다. 하지만 이런 과정이 반복되거나 크게 넘어지는 경우에는 다시 일어나는 게 불가능해 보일 수도 있다.

내 힘으로는 도저히 극복할 수 없을 것 같은 무력감이 들 때 우리는 좌절하게 된다. 좌절은 한두 번의 작은 실패에서 비롯되는 게 아니다. 더 이상 내가 어떻게 할 방법이 없다고 판단될 때 주저앉는 마음이다.

대부분의 성공은 이런 실패와 좌절을 극복한 뒤에 찾아온다. 스타트업 창업자 중에도 여러 번의 실패와 좌절을 딛고 일어선 사람이 많다. 앞서 얘기한 앵그리버드는 로비오의 52번째 게임이었다. 스티브 잡스는 아이폰과 아이패드 같은 성공작만 만들어낸 게 아니다. 실패한 제품도 수없이 많다. 시장 가치가 20조 원*이 넘는 에어비앤비도 처음부터 사용자의 사랑과 관심을 받은 건 아니다. 몇 년간의 무관심을 견뎌낸 끝에 얻은 성공이었다. 이렇듯 실패와 좌절은 누구에게나 찾아오며 스타트업 여정에서도 반드시 겪게 된다.

하루아침에 좌절에 빠지는 경우는 거의 없다. 계속되는 실패가 쌓이게 되고 어느 날 정신을 차려보면 큰 좌절에 빠져 있는 자신을 발견하게 된다. 이런 상황에서는 보통 희망의 끈을 놓고 주저앉아버린다. 이 경계선은 개개인마다 다르다. 자아, 성격, 환경, 이력 등 여러 가지 요인들이 경계선의 위치를 결정한다. 가장 위험한 건 경계선을 파악하지 못하고 있거나 혹은 위치를 알고도 부인하는 태도다. 넘어졌을 때는 일어나 다친 데부터 살펴보고 충분한 휴식을 취해야 한다. 일어서자마자 옷 털 시간도 없이 다시 곧장 달려가는 건 자신이 처한 상황을 애써 인정하지 않으려는 안간힘이자 무모함이다.

---

* 에어비앤비는 2015년 2월에 1조 원의 추가 투자금을 받으면서 자산 가치가 20조 원을 넘어섰다.

나는 다만 재미있는 일을 했을 뿐이다

내가 바로 그랬다. 나는 희망과 절망의 경계선을 이미 오래전에 넘었고 스스로도 그 사실을 알고 있었다. 하지만 내가 정신적 한계에 그렇게 빨리 도달했다는 사실을 인정하기 싫었다. 나는 안간힘을 쓰며 곧바로 일어나려 했고, 그런 무모함은 오히려 회복을 지연시켰다.

운동선수가 부상을 당하면 반드시 회복할 시간을 가져야 한다. 평생 꿈꿔오던 중요한 시합에 출전하지 못할 수도 있다. 그것이 아쉬워 억지를 부려가며 출전을 고집한다면 회복이 불가능할 정도로 부상이 악화될 수 있다. 이럴 때는 단기적인 성과는 잠시 잊고 멀리 내다볼 수 있는 지혜가 필요하다.

마음의 상처도 마찬가지다. 스타트업이라는 여정에서 자신의 한계를 파악하는 일은 매우 중요하다. 스스로의 한계를 알면 마음의 상처도 줄어든다. 스타트업은 마라톤이다. 있는 힘을 다해 전속력으로 달리면 절대 오래 뛸 수 없다. 힘의 안배가 필요하다.

비교가 낳은
열등감

열등감은 자기 자신을 다른 사람과 비교할 때 생기는 감정이다. 아무리 뛰어난 사람이라 해도 자신을 다른 사람과 비교하는 순간 열등감이 생길 수밖에 없다. 나보다 잘난 사람, 나보다 더 가진 사람은 늘 존재하기 때문이다.

열등감은 다른 사람들의 성공을 부러워하는 것과는 다른 감정이다. 부러움은 동기부여가 되어 좋은 영향을 미칠 수 있다. 하지만 열등감은 동기부여가 전혀 안 되는 감정이다. 끊임없이 주변 사람들과 비교하면서 자신의 존재감을 따지고 자신감을 잃는 게 열등감이다. 열등감의 문제는 자신에게서 원인을 찾는 대신 외부 환경을 탓한다는 점이다. 이런 이유로 열등감은 비생산적이고 부정적인 감정이다.

내 열등감은 구글에서 함께 일했던 친구들과 나 자신을 비교하면서 생기기 시작했다. 초기에 일이 순조로울 때는 주변 사람들의 성공을 진심으로 축하해줄 수 있었다. 그때만 해도 마음의 여유가 있었던 것이다. 하지만 갈수록 상황이 악화되고 정신적으로 힘든 과정을 겪게 되자 다른 사람의 성공을 축하해줄 마음의 여유가 사라졌다. 사람의 마음이란 게 그렇게 간사했다.

정말 희한하게도 당시 구글에서 함께 일했던 친구들 중에 내가 가장 힘들었던 시기에 좋은 소식을 전해오던 이들이 많았다. 큰돈을 받고 인수합병에 성공하고, 누구나 다 알 만한 벤처캐피털리스트에게서 투자를 받으며 언론에 대대적으로 소개되는 소식들이 자주 들려왔다. 그 바람에 그나마 남아 있던 자존감과 자신감마저 사라졌다. 내 열등감이 스스로를 점점 초라하게 만들었다. 나는 시기와 질투를 하며 내게 닥친 시련을 탓하기 시작했다. 내가 잘못한 건 하나도 없고 단지 운이 나빴던 것뿐이라고 스스로를 세뇌했다.

내 열등감은 잘나가는 친구들과 비교하며 내가 그들보다 못난 사람이라 말했다. 나는 마치 러닝머신 위에서 뛰는 사람처럼 제자리걸음을 반복하고 있는데 다른 사람들은 나를 휙휙 지나치며 앞서가는 듯했다. 더 잘하고 싶다는 욕망에서 비롯된 잘못된 비교가 오히려 내 발목을 붙잡는 아이러니한 상황이 연출된 것이다.

시어도어 루스벨트는 "비교는 기쁨의 도둑이다"라고 말했다. 나는 자기 페이스로 전진할 생각은 하지 않고 남과 나 자신을 비교했다. 그리고 그런 마음이 계속해서 나를 기쁨과 행복이라는 감정에서 멀어지도록 만들었다. 비교가 낳은 열등감의 결과였다.

실패에 대한
두려움

시험을 치르고 결과를 기다리는 과정에서 가장 긴장하는 학생은 공부를 잘 못하는 친구들이 아니다. 오히려 그 반대다. 매번 시험 결과를 초조히 기다리는 사람은 한 번도 1등 자리를 놓쳐본 적이 없는 우등생들이다. 실패에 대한 두려움 때문이다. 평균 70점을 받던 학생이 60점을 받았을 때 느끼는 충격은 100점을 받던 학생이 90점을 받았을 때 느끼는 충격과는 비교도 안 된다. 이것은 실패의 감정이 절대적이지 않고 상대적이라는 걸 말해준다. 실패의 정의는 사람마다 다르다. 그 기준을 높게 잡은 사람일수록 실패에 대한 두려움 또한 커진다.

나폴레옹 보나파르트는 "정복당하는 것을 두려워하는 자는 반드시 패배한다"라고 말했다. 실패를 두려워하는 사람일수록 승리할 가능성이 낮다는 얘기다. 나는 내가 이루어낸 하찮은 업적들로 스스로를 정의했고, 그것 때문에 항상 실패의 두려움에 시달렸다. 다른 사람들보다 점수를 더 잘 받아야 하는 학생, 다른 사람들보다 더 좋은 회사에 취직해야 하는 사회인, 다른 사람들보다 더 많은 돈을 벌어야 하는 엘리트, 다른 사람들보다 더 성공해야 하는 창업자라고 스스로를 정의했다.

하지만 이런 결과 지향적인 기준으로 자신을 정의하는 건 매우 위험하다. 100점을 받아오던 학생이 90점을 받을 때 크게 좌절할 수 있는 것처럼, 지나친 결과 지향주의는 작은 실패에도 자아를 흔들어놓는다. '나는 100점을 받아야 하는 학생'이라고 스스로를 정의해둔 학생에게 90점이라는 점수가 주어지는 순간, 그 학생은 자신의 정체성이 흔들리게 된다. 어쩌면 실패의 두려움은 자아를 잃을 수 있다는 두려움인지도 모른다.

진정으로 자신을 사랑하고 가치 있는 의미들로 스스로를 정의했다면 실패의 두려움을 최소화할 수 있다. '1등을 해야 하는 사람' 대신 '항상 최선을 다하는 사람', '실패하면 안 되는 사람' 대신 '결과를 받아들이고 다시 도전하는 사람'이라고 스스로를 정의한다면 어떤 실패도 두렵지 않을 것이다.

나는 이제까지 내가 대단한 자신감의 소유자라 생각하며 살아왔다. 그러나 스타트업을 운영하면서 내 자신감은 과거의 성취에 기반한 유리그릇같이 깨지기 쉬운 감정이었다는 걸 알게 됐다. 행여 유리그릇이 깨질까 봐 매일 전전긍긍하며 살아왔던 것이다. 스타트업의 첫 번째 도전 때문에 힘들었지만 늦게나마 나 자신을 제대로 알게 된 건 큰 행운이라 생각한다.

스스로에 대한
의심

좌절감, 열등감 그리고 두려움은 스스로를 의심하게 했다. 스타트업은 과연 옳은 선택이었나? 내게 성공할 만한 지식과 끈기가 있는 걸까? 지금이라도 그만둬야 하는 건 아닐까? 하루에도 수십 번 내게 질문을 던졌다. 결국 이런 의심은 나를 주저하게 만들었다. 의심은 우리의 행동을 가로막는 적이다. 셰익스피어는 이렇게 표현했다.*

의심은 배반자다.
의심하면 시도하는 것이 두려워져
얻을 수 있는 좋은 것을 얻지 못하게 만든다.

실패를 극복하기 위해서는 무엇이든 시도해야 한다. 가만히 있으면 상황이 좋아질 리 없다. 하지만 내 의심은 다시 도전하는 걸 두려워하게 만들었고 그때마다 나는 주눅이 들곤 했다. 계속되는 의심으로 인해 나는 점점 더 깊은 좌절감과 열등감에 빠져들었다. 마치 뱀이 자신의 꼬리를 물어 삼키는 것과 같은 악순환이 나를 고통의 심연 속으로 끌고 갔다.

---

* 셰익스피어의 원문은 다음과 같다. "Our doubts are traitors, and make us lose the good we oft might win, by fearing to attempt."

책임 전가

영화로도 제작된 스티븐 손다임의 뮤지컬 〈숲속으로〉[*]에는 빨간 망토, 신데렐라, 라푼젤과 같은 동화 속 인물이 대거 등장한다. 이들에게는 각자 소원이 하나씩 있다. 신데렐라는 무도회에 가고 싶고, 빨간 망토는 아픈 할머니를 찾아가고 싶고, 제빵사와 아내는 아이를 갖기를 간절히 원한다.

뮤지컬 제1막은 여느 동화처럼 주인공들이 원하는 것을 얻게 해주며 해피엔딩으로 끝을 맺는다. 하지만 손다임은 동화 같은 뮤지컬을 쓰려 한 게 아니다. 그는 인생이라는 숲속에 '그 후 오래오래 행복하게'[**]는 존재하지 않지만, 서로 의지하고 살면서 난관을 극복해나가야 한다는 메시지를 전하고 싶어 했다.

아니나 다를까 제2막의 시작과 함께 주인공들에게 절망적인 일들이 연이어 일어난다. 거짓말, 배신, 좌절, 불륜, 살인 등을 겪게 되면서 대부분의 등장인물들이 죽거나 떠나버리고 결국엔 다섯 명만 남게 된다. 그들은 억울했다. 사랑하는 사람은 물론 자신이 가진 거의 모든 것을 잃었기 때문이다. 왜 내게 이런 시련이 닥치는 걸까. 그들은 화가 났을 것이다. 누구를 향한 분노인지 알 수 없지만 그 감정을 어떻게든 방출해야 했다. 〈네 잘못이야Your Fault〉라는 노래를 부르며 그들은 서로

• Into the Woods. 1986년 샌디에이고에서 첫 공연을 한 뮤지컬로, 수많은 상을 받았다. 2014년엔 디즈니가 영화로 제작할 만큼 많은 이들의 사랑과 관심을 받았다.
•• '그 후 오래오래 행복하게 살았답니다(and they lived happily ever after).' 이 문장은 많은 동화의 마지막 문장으로 자주 쓰인다.

에게 손가락질했다.

"우리에게 이런 일이 일어나게 된 건 네 잘못이야!"

"그래 맞아. 그건 네 잘못이야!"

"아냐, 그건 저 사람이 잘못한 거야!"

사실 그것은 모두의 잘못이기도 했고 그 누구의 잘못이 아니기도 했다. 그들도 충분히 알고 있었다. 다만 억울한 감정을 주체할 수 없었고, 주어진 상황을 받아들일 수 없어 주변 사람들에게라도 책임을 물어야 했다.

테크스타스를 마치고 뉴질랜드로 돌아온 나도 비슷한 심정이었다. 복합적인 감정에서 비롯된 분노가 마음 한구석에 자리잡고 있었다. 나는 혼자서는 도저히 감당할 수 없었던 분노를 쏟아내야 했다. 곧이어 나를 제외한 모든 것들에 손가락질하기 시작했다.

"이건 내 잘못이 아니야. 우리 팀원들이 부족했기 때문이야."

"테크스타스에 들어가는 게 아니었어. 그 프로그램이 잘나가던 우리 앞길을 막은 거야."

"왜 내게 이런 시련들이 닥친 거지? 이런 일들만 없었다면 나는 충분히 잘해낼 수 있었는데 말이야."

자신의 실수나 잘못을 인정하지 않고 다른 사람들에게 책임을 전가하는 태도는 재기를 늦출 뿐이다. 슬픔에는 다섯 단계가 있다고 한다.[*] 그중 두 번째인 '분노'는 현실을 받아들이고 문제를 해결해나가는 과정에서 꼭 거쳐야 하는 단계다.

아직 인생 경험이 부족해서인지 나는 꽤 오랫동안 분노를 느껴야 했다. 다른 사람들에게 잘못이 있든 없든 간에 결국은 내 문제이고 내가 정신을 차려 다시 도전하지 않으면 재기의 가망이 없다는 사실을 깨닫기까지는 꽤 오랜 시간이 필요했다.

절망감

대학교 3학년 때였다. 원하는 점수를 받기 위해 나는 밤잠을 줄여가며 공부를 했다. 하지만 대학 공부는 만만치 않았다. 최선을 다했지만 매번 한두 과목에서 부족한 점수가 나왔다. 게다가 여름방학 동안 경력을 쌓기 위해 지원한 회사에서 거절당하기까지 했다. 그때 나는 처음으로 절망이라는 감정을 느꼈다.

돌이켜보면 나는 참 순진했던 것 같다. 내가 실망한 그 점수는 과에서 10등 안에 드는 수준이었고 인턴십을 거절당한 회사는 애초에 인턴을 뽑지도 않았다. 하지만 나는 원하는 걸 이루지 못했다고 인생이 끝난 것처럼 깊은 절망에 빠져 있었다. 고작 성적 하락과 인턴십 탈락 때문에 주저앉았던 것이다.

그때까지 온실 속 화초처럼 살았던 나는 실패를 받아들이고 재기할 만한 정신적 여유가 없었던 게 분명하다. 나는 계속해서 자책하며 점점 더 깊은 절망 속으로 빠져들었다. 급기야는 우울증까지 앓았다.

~~~~~~~~~

• 미국의 정신과의사 엘리자베스 퀴블러-로스(Elizabeth Kubler-Ross)는 슬픔이 부정(Denial) − 분노(Anger) − 타협(Bargaining) − 우울(Depression) − 수용(Acceptance)의 다섯 단계를 거친다고 주장했다.

나는 다만 재미있는 일을 했을 뿐이다

우울증은 무서운 병이다. 살아가려면 지금은 힘들어도 언젠가는 좋은 날이 올 거라는 기대와 희망이 있어야 한다. 극심한 우울증에 시달렸던 나는 아무런 희망이 없었다. 하루하루를 견뎌내는 일이 끔찍했다. 아무리 노력해도 내 미래가 보이지 않았다. 나는 몇 번이나 어리석은 결심을 했지만 차마 실행에 옮기지는 못했다.

나는 우울증은 정신적으로 나약한 사람들에게나 찾아오는 병이라 생각했다. 나는 절대 그런 병에 걸리지 않을 거라고 확신했다. 하지만 건강한 사람도 감기에 걸리듯, 우울증 또한 정신이 건강한 사람에게도 찾아올 수 있다.

대학 때 경험했던 절망감은 보스턴에서 다시 시작됐다. 계속되는 시련으로 나는 서서히 희망을 잃어갔고 다시 일어서지 못할 것 같은 불안감에 시달렸다. 우울증이 재발한 것이다. 그나마 다행이었던 건 이 또한 다 지나간다는 사실이었다. 죽을 만큼 힘들었지만 대학 때처럼 모든 걸 버리고 주저앉지는 않았다.

하지만 깊은 우울증으로 몸과 마음이 피폐해져갔고 급기야 스타트업을 포기하고 싶다는 생각까지 했다. 가끔 스타트업 창업자들의 자살 소식이 들려올 때면 마음이 착잡하다. 창업을 결심했을 때만 해도 그들은 그렇게 허무하게 자기 인생이 끝날 거라곤 상상하지 못했을 것이다.

나는 이런저런 시련을 겪으면서 나만의 생존법을 하나둘 터득해나갔다. 육체적 부상에 치료법이 존재하듯 정신적 부상에도 치료법이

■ 137 ■
3장 벤처만사 새옹지마

있다. 다만 정신적 부상은 치료 결과가 눈에 보이지 않기 때문에 효율적인 치료법을 찾는 데 오랜 시간이 요구된다.

스타트업을 창업하려면 회사 운영과 제품 개발에 대한 지식도 중요하지만 긍정적인 감정 에너지도 필요하다. 스타트업의 10년 여정을 버텨낼 동력은 감정 에너지다. 눈에 보이는 성과도 중요하지만 오랜 기간 갖가지 시련을 이겨내려면 자기 안의 감정 에너지를 잘 다스려야 한다.

내가 경험을 통해 터득한, 흔들리는 마음을 잡아줄 효과적인 대처법을 몇 가지 소개한다.

나와의
만남

절망에 빠져 모든 걸 내려놓자 비로소 내가 보였다. 큰 시련에 부딪혀 내 감정이 더 이상 갈 곳이 없다고 느꼈을 때 외로움이 찾아들었다. 그 순간 나는 처음으로 나 자신과 만났다. 가족과 친구 그리고 사회 일원으로서 쓰고 있던 가면을 벗어던지자 진정한 내가 보였다. 이전에는 내가 가면을 쓰고 산다는 사실조차 인식하지 못했다.

자신과의 만남을 너무 어렵게 생각할 필요는 없다. 힘들 때마다 자신을 관찰하면 된다. 자신을 제대로 알지 못하면 감정에 휩싸였을 때 중심을 잃게 된다. 감정은 파도와 같아서 끊임없이 밀려갔다가 밀려온다. 이때 감정 조절에 실패하면 잘못된 판단을 내리게 된다.

자신을 파악하는 일도 중요한 스타트업 준비 과정이다. 스타트업을 시작하기 전에 시장조사를 하고 모르는 분야에 대해 공부할 필요가 있듯 자신에 대한 공부도 필요하다. 나를 성공으로 이끌 가장 중요한 요소는 바로 나 자신이기 때문이다.

자신에 대해 제대로 알고 있는가? 지금까지 살아오면서 자신의 맨 얼굴을 들여다본 적이 있는가? 한 인간으로서 자신의 장단점은 무엇이고 두려움, 희망 그리고 열정과 관련해 어떤 특성을 갖고 있는가? 이런 질문들을 자신에게 던져보라.

나와의 만남을 통해 나는 많은 걸 깨달을 수 있었다. 나는 강한 사람이면서도 나약한 존재라는 걸 알았고, 그동안 스스로를 옥죄였던 마음의 짐을 내려놓을 수 있었다. 그 짐을 내려놓는 순간 홀가분하다는 게 뭔지 알 수 있었다. 나는 심하게 넘어졌지만 오히려 그 상처와 두려움 때문에 나라는 존재를 좀 더 자세히 들여다볼 수 있었다.

지피지기면 백전백승이라 했다. 지금까지 나는 '적을 알고 나를 안다'라는 말에서 '적'을 알아야 한다는 말에만 방점을 찍었다. 나 자신에 대해서는 다 알고 있다고 생각한 것이다.

하지만 의외로 자기 자신을 정확히 이해하고 있는 사람은 그리 많지 않다. 스타트업을 준비하고 있다면 자신이 도대체 어떤 존재인지 생각해보는 시간을 가졌으면 한다. 이 시간만큼은 가면을 벗고 자신의 맨 얼굴을 들여다볼 수 있어야 한다.

기대와 현실
사이

행복해지는 법은 의외로 단순하다. 기대와 현실 사이의 거리를 좁히면 된다. 연봉 5000만 원을 받고 싶은데, 3000만 원밖에 못 받으면 만족스럽지 않다. 시험 점수가 100점이면 좋겠는데 80점밖에 안 나오면 만족스럽지 않다. 다이어트를 하고 싶은데 한 달째 체중이 2킬로그램밖에 줄지 않으면 만족스럽지 않다.

불만족스러운 상황에서 가장 빨리 행복해지는 방법은 기대치를 낮추는 것이다. 연봉 5000만 원을 3000만 원으로, 목표 점수를 100점에서 80점으로, 감량하고 싶은 몸무게를 5킬로그램에서 2킬로그램으로 기대치를 낮추면 된다. 당장 행복해질 수 있을 것이다. 하지만 기대치를 낮추고 싶지 않다면 죽도록 노력해 현실을 바꿔야 한다. 그리고 현실을 바꿔나가는 동안 경험하게 될 다양한 감정들은 마땅히 감수해야 한다.

나는 스타트업을 시작하면서 몇 주 동안 행복지수를 기록해본 적이 있다. 알람을 맞춰놓고 매일 저녁 같은 시각에 나의 행복지수를 1에서 10까지의 숫자로 기록한 것이다. 그 결과는 들쑥날쑥했다. 하루는 기분이 좋았다가 다음 날은 정반대의 기분이 되는 경우가 흔했다.

최근에도 행복지수를 체크해봤다. 이전과 같은 방식으로 매일 기분 상태를 숫자로 기록했는데 신기하게도 결과는 크게 달라졌다. 어느 정도 예상하고 있었지만 이렇게 차이가 심할 줄은 몰랐다. 다음 그림에서 볼 수 있듯이 스타트업을 운영하는 동안에는 감정 기복이 심했다.

나는 다만 재미있는 일을 했을 뿐이다

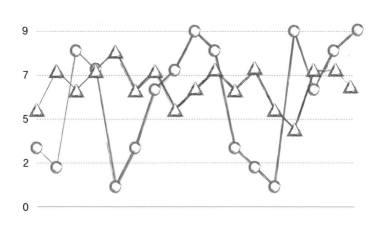

매일 머리를 써야 하는 업무 스트레스로 그럴 만도 했지만 당시 나는 내가 평상시보다 감정 기복이 크다는 걸 인식조차 못하고 있었다. 그 무렵 나는 행복하지 않았다.

갖고 싶은 걸 다 가질 수는 없다. 기대치를 낮추면 적어도 괴로운 일은 없지만 큰 성공을 이루기 힘들다. 반대로 너무 큰 목표를 세워 자신을 혹사시키면 성과는 있겠지만 피곤한 삶을 감수해야 한다. 그렇다면 자신을 발전시키면서 행복할 수 있는 방법은 없을까. 안타깝게도 양손의 떡을 다 들고 갈 수 없는 게 인생이다. 다만 지속적인 관리를 통해 기대와 현실 사이의 거리를 좁히면서 앞으로 나아가는 수밖에 없다. 스타트업도 마찬가지다.

태도의
전환

　　　기대와 현실 사이의 거리 좁히기는 태도와
관점에 따라 달라진다. 연봉 1억 원을 원하지만 5000만 원을 벌고 있다
고 가정해보자. 내가 긍정적으로 '괜찮아, 1억 못 벌면 어때'라며 주어
진 상황에 만족한다면 그만큼 기대치는 하향 조정되고 행복지수는 상
승한다. 반대로 내가 만족하지 않고 '난 실패했어. 꼭 1억을 벌어야 해'
라고 마음먹는다면 발전 가능성은 커지고 행복지수는 하락할 것이다.*

　　만족은 발전의 가장 큰 적이다. 주어진 상황에 만족하는 순간 기
대와 현실 사이의 거리가 줄고 발전 가능성은 그만큼 줄어든다. 반대로
주어진 상황에 만족하지 않으면 발전 가능성은 그만큼 커진다.

　　그렇다고 발전을 위해 항상 부정적인 태도나 불만을 가져야 한다
는 건 아니다. 현명한 판단으로 적당한 태도를 유지하는 것이 중요하

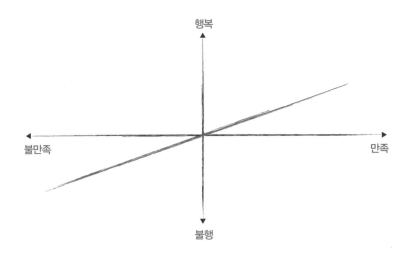

나는 다만 재미있는 일을 했을 뿐이다

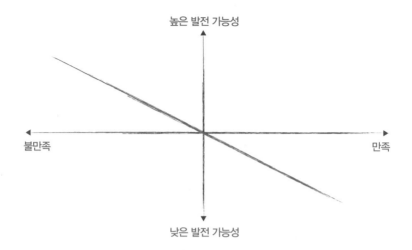

높은 발전 가능성

불만족   만족

낮은 발전 가능성

다. 무조건적인 긍정과 만족으로 발전 잠재력을 단기적인 행복과 바꿔도 안 되겠지만, 그렇다고 자신을 너무 혹독하게 몰아쳐서 정신적 타격을 받는 상황까지는 가지 않도록 해야 한다.

실패 없이는 성공도 없다. 자아를 지나치게 성공과 연관 지어서는 안 된다. 이는 매우 위험한 행동이다. 나라는 존재를 성공과 실패로만 정의하면 나는 그 안에서만 규정되는 존재가 된다. 제대로 된 긍정과 열정은 실패가 좌절로 이어지지 않도록 도와준다. 기대와 현실 사이의

• 여기서 사용된 몇 가지 단어에는 복합적인 의미가 포함되어 있다. 예를 들어 '행복'이란 단어는 사람마다 정의가 다르다. 또 만족하지 못한다고 해서 무조건 '불행'하다는 법도 없다. 사람마다 주어진 상황에 대한 대처법이 다르고 태도나 결의가 행복지수에 미치는 영향력 또한 개인마다 달라서 행복과 만족의 관계에는 보편적 진리가 존재할 수 없다고 생각된다. 다만 여기서 전하고 싶은 요점은 무조건적인 긍정으로 주어진 상황에 만족한다면 단기적인 행복을 느낄 수 있을지는 몰라도, 결과적으로 큰 발전은 하기 어렵다는 것이다.

거리를 적당히 유지하면서 발전 가능성을 상향 조정해보라. 어느새 최종 목표에 도달해 있는 자신을 만날 수 있을 것이다.

생각 끊기

자기연민과 자기정당화 역시 위험하다. "왜 나만 안 되지?", "왜 나만 이렇게 힘들지?"라는 식의 자기연민은 스스로를 피해자로 만들고 그 결과 수동적인 인간으로 전락할 수 있다. 아무리 노력해도 일이 안 풀린다고 생각하면 현재의 상황을 벗어날 방법이 없다. 모든 책임이 내게 피해를 준 외부 요인들에 있다고 생각하기 때문이다. 자기정당화도 마찬가지다. 실수를 인정하지 않고 외부 요인들에 책임을 전가한다면 현재의 상황을 극복할 수 없다.

헬렌 켈러는 "자기연민은 우리의 가장 큰 적이며 거기 굴복하면 현명한 일을 결코 할 수 없다"라고 했다. 자기연민과 자기정당화가 위험한 이유는 어려움에 닥쳤을 때 가장 손쉬운 해결책이 되기 때문이다. 자기연민과 자기정당화를 하는 사람들은 힘들게 문제를 해결할 필요가 없다. 책임을 다른 사람들에게 전가하면 되기 때문이다. 하지만 이 방법은 한 번 사용하면 마약처럼 중독될 수 있다. 그리고 반드시 그에 대한 대가를 치러야 한다. 자기연민과 자기정당화가 피해의식으로 이어져 분노와 슬픔으로 확산된다. 생각이 꼬리에 꼬리를 물고 이어져 점점 더 깊고 어두운 곳으로 떨어진다.

자기연민과 자기정당화에 대한 해결책은 간단하다. 생각의 고리를 끊는 것이다. 생각이 계속해서 나를 어두운 곳으로 데려간다면 일단 거기서 생각을 멈춰야 한다. 이는 말처럼 쉽지 않다. 생각 끊기에 능한 사람이 있기도 하지만 아무리 노력해도 안 되는 사람이 있다.

나는 후자에 가까운 사람이었다. 나는 시련이 닥치자 책임을 전가할 만한 다른 이유들을 찾기 시작했다. 그것은 달콤한 유혹과도 같았다. 하지만 막상 시련과 직면해야 했을 때 나는 두려웠다. 습관처럼 책임 회피를 해온 내게 직접 책임을 묻는 일은 가혹한 고문과도 같았다. 마치 금연을 시도하는 사람처럼 금단 현상까지 나타났다.

그래서 잡생각이 들 때면 운동과 취미생활로 잊으려 했고 가족, 친구들과 자주 시간을 보냈다. 일찍 잠자리에 들었고 평소에 안 쓰던 일기도 써봤다. 이 모든 방법들이 효과가 있긴 했지만 큰 도움은 되지 못했다. 결국은 스스로 생각을 다스리는 방법밖에 없었다. 오랜 기간에 걸쳐 꾸준히 노력한 결과였다.

내려놓기

스타트업이 별다른 진전이 없던 시기에 가장 듣기 힘들었던 질문은 "사업 어떻게 돼가요?"였다. 이런 질문을 받을 때마다 한심하고 답답한 내 처지를 생각했다. 딱히 할 말도 없었다. 이런 질문에는 "네, 아주 잘 진행되고 있습니다!"라는 말 외에 다른 답변은 있을 수가 없다. 창업자는 늘 긍정적인 사람이어야 하기 때문이다. 또한 그래야 함께하는 팀원들도 계속 나를 믿고 따를 것이고 투자자들도 안심하고 투자를 할 것이다. 이런 이유로 창업자는 무한한 긍정에 대한 강박을 가질 수밖에 없다.

책임감 속에서 스스로에게 세뇌하듯 '난 창업자니까', '난 강하니까', '내가 리더이니까'라고 되뇌는 일상은 쉽지 않다. 계속 이런 식으로 살다보면 오래 버틸 수 없다. 창업자로서의 긍정적인 태도와 책임감이 요구되기는 하지만 창업자도 인간이다. 자신에게 최면을 걸어가면서까지 가상의 긍정을 생산해내며 일을 진행하는 데는 한계가 있다.

나 또한 창업자로서 늘 긍정적이어야 한다는 강박이 있었다. 그런데 어느 순간부터 이런 짐들이 너무 무겁게 느껴지기 시작했다. 이 상태로는 너무 버거워서 결국에는 아무 일도 못하게 될 거라는 생각이 들었다. 그때부터 마음의 짐을 하나둘씩 내려놓기 시작했다. 그것은 포기하는 것도 아니고 소박한 꿈을 꾸기 시작했다는 의미도 아니다. 실패를 당연하게 받아들이기 시작했다는 말은 더더욱 아니다. 단지 무조건적인 긍정은 오늘의 문제를 내일로 미루는 행위임을 깨달았을 뿐이다. 언젠가는 책임을 질 수밖에 없는 일이라면 오늘 당장 그 책임을 지기로 한 것이다.

그래도 "사업 잘 돼가요?"라는 질문에는 여전히 "네, 아주 잘 진행하고 있습니다!"라고 대답했다. 내 대답은 바뀌지 않았다. 다만 마음은 한결 가벼워졌다. 인내심에는 한계가 있다. 너무 많은 마음의 짐을 짊어지면서 인내심의 한계를 시험할 필요는 없다. 무거우면 짐을 내려놓고 오래 달릴 수 있는 방법을 생각해보는 게 낫다. 마음을 다스리는 일은 정말 어렵다. 평생 노력해도 부족할 것이다. 꾸준히 노력하는 방법

밖엔 없다.

여성보다 남성 창업자가 상대적으로 많은 IT 업계에서는 고된 마음을 나누는 사람이 많지 않다. 자칫 감정을 잘못 내보이면 나약한 사람으로 비쳐질 수 있기 때문이다. 정신병을 인정하지 않는 문화에서는 더 심할 수 있다. 이런 문화는 바뀌어야 한다. 육체에 병이 생기면 병원에 가서 주사를 맞거나 약을 먹는 것이 당연하듯 정신적인 어려움이 생기면 위로를 받거나 전문가를 찾아가 치료를 받아야 한다.

개인적인 어려움은 홀로 지고 가는 게 미덕처럼 여겨지는 문화 때문에 여러 가지 감정의 짐들을 혼자 고독하게 짊어지고 가는 사람들이 있다. 감당하기 버거울 때는 일단 짐을 내려놓아야 한다. 속이 타들어 갈 때까지 버티다가는 10년 여정을 포기하게 될 수 있다. 감정은 감춰야 할 것이 아니라 존중받고 위로받아야 할 대상이다. 자신에게 좀 더 관대해져야 한다. 특히 스타트업이라는 감정의 롤러코스터는 몸을 최소한 가볍게 한 뒤 안전하게 즐겨야 한다.

배움 #8

스타트업은
감정의
여정이다.

창업
결혼

　기대했던 테크스타스가 허망하게 끝난 뒤 파트너와 나는 극도로 예민해져 있었다. 몸과 마음이 모두 지쳐 있는 데다 불투명한 미래에 대한 불안감까지 겹쳐 더욱 힘들었다. 이런 상황에 이르면 대부분 창업자들 간의 불화가 생긴다. 이런 불화는 순식간에 걷잡을 수 없을 정도로 확대되어 회복할 수 없는 지경에 이르기도 한다. 공동 창업자들 간의 성격 차이가 큰 다툼으로 이어져 스타트업을 시작도 해보기 전에 문을 닫는 경우도 종종 있다.

　스타트업은 아무리 좋은 아이디어와 실력 있는 팀원이 있다고 해도 창업자들 간에 이해심과 배려심이 없으면 실패할 수밖에 없다. 이런 면에서 창업은 결혼과 비슷하다. 서로를 이해하고 위하며 타협을 통해 차이점을 줄여나가는 게 결혼이라면 창업도 마찬가지다.

창업 결혼(startup marriage)이라는 말이 괜히 생긴 게 아니다. 공동 창업자란 상대가 쓰러지면 일으켜 세워야 하는 사람이다. 스타트업을 운영할 때 내 정신 건강에 가장 큰 영향력을 행사하는 사람은 당연히 나와 한배를 탄 사람들이다.

스타트업에서 공동 창업자를 선택하는 일은 결혼 상대를 고르는 일만큼 신중해야 한다. 백년가약을 맺는 결혼은 결국 두고 봐야 아는 일이기는 하지만, 상식적이고 평균적인 차원에서 생각해볼 때 만난 지 얼마 되지 않은 사람과 결혼하지는 않는다. 만남의 기간이 중요한 건 아니지만 상대를 알려면 어느 정도는 사귀어봐야 하기 때문이다. 결혼할 사람과는 사계절을 지내봐야 한다는 말도 있다. 사계절을 함께 보내면서 서로의 생각, 취향, 습관, 관점, 태도 등을 직접 겪어봐야 한다는 의미다. 스타트업도 마찬가지다. 십년가약을 맺을 공동 창업자에 대해 어느 정도는 알고 있어야 한다.

공동 창업자를 선택할 때는 극성(極性), 이성(理性), 본성(本性)의 세 가지 성향을 고려해야 한다.

극성

스타트업은 다양성이 중요하다. 공동 창업자는 어떤 사람인가? 나와 얼마나 다른가? 파트너는 다양한 시각에서 문제를 파악하고 해결책을 제시할 수 있는가? 생각이 비슷해 서로의 의견에 동의만 하는 파트너는 큰 도움이 안 된다. 오히려 서로 다른 성

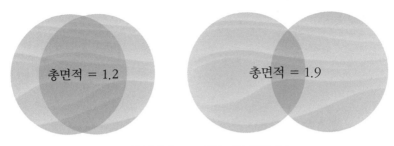

총면적 = 1.2　　　　총면적 = 1.9

비슷한 창업자들 vs. 서로 다른 창업자들

향의 파트너와 함께하는 게 유리하다. 내 의견을 듣고 다른 시각에서 반론을 제기할 수 있는 사람이라야 새로운 해법을 발견할 수 있다. 한마디로 극과 극이 만나야 한다. 성격, 기술, 배경, 문화 등 모든 면에서 서로 다른 성향을 갖고 있으면 창업 팀의 시너지를 극대화할 수 있다. 그렇다고 너무 달라서 서로 말이 안 통하거나 대화를 이어갈 수 없다면 곤란하다.

　다행히 파트너와 나는 서로 다른 점이 많았다. 나는 내성적이고 생각이 많은 편이며 치밀한 계획으로 완벽한 실행을 추구하는 성격인 반면, 파트너는 외향적이고 웅변술이 뛰어나며 추진력이 있었다. 이런 극과 극인 성격이 융화되면서 우리는 굉장한 시너지를 냈다. 내가 지나치게 방어적인 태도로 고민에 빠져 있으면 파트너의 추진력이 도움이 됐고, 좀 더 체계적인 분석이 필요하고 조심스럽게 접근해야 할 상황에서는 나의 분석력이 도움이 됐다. 우리는 기술적인 면에서도 서로 달랐고, 태어나고 자라온 문화와 환경도 달랐으므로 다양한 관점에서의 토론도 가능했다.

이성

　　　성향이 다른 사람들끼리 일할 때 부딪히지 않으려면 각자가 이성적이어야 한다. 그래야 상대의 관점과 의견을 객관적인 시각으로 판단할 수 있다. 자아를 잠시 내려놓을 수 있어야 하는 것이다. 어떤 문제에 대한 해결책을 찾으려면 누구의 의견이 옳고 그르냐에 자존심이 개입되면 안 된다. 무조건 함께 힘을 합쳐 문제를 해결하는 데 초점을 맞춰야 한다. 이것이 불가능하다면 극성은 장점이 아닌 단점으로 작용할 가능성이 크다.

　파트너와 나는 굉장히 열정적으로 토론하곤 했다. 각자 자기 의견을 적극 개진했고 의견이 좁혀지지 않을 때는 더러 언성을 높이기도 했다. 하지만 싸울 때 싸우더라도 결국에는 이성적으로 서로의 의견을 존중하고 논리적인 의견을 지지했다. 자신이 틀렸음을 인정해야 하는 상황도 많았지만 감정이 상하는 일은 없었다. 파트너와 나는 토론의 목적이 상대를 이기는 게 아니라 현명한 해결책을 찾는 데 있다는 것을 분명하게 알고 있었기 때문이다. 우리의 이성이 극성의 효력을 발휘하도록 만든 것이다.

본성

　　　이성이 극성을 배려하는 것이라면 이성이 작용하도록 도와주는 게 본성이다. 본성이 겸손하고 합리적이지 못한 사람은 이성적으로 행동하기가 쉽지 않다. 공동 창업자는 겸손하며 자

신의 잘못을 인정할 수 있는 사람이어야 한다. 또 그가 솔직하고 신뢰할 수 있으며 다른 사람들과 잘 어울릴 수 있다는 확신을 줄 수 있는 사람이어야 한다.

어떤 방식으로 분노를 표출하는지도 겪어봐야 한다. 일이 잘 풀려 웃을 일만 있을 때는 서로 잘 지내는 게 어렵지 않다. 하지만 스타트업을 운영하다 보면 웃는 날보다는 힘든 날이 더 많다. 이럴 때 파트너가 어떻게 행동하고 반응하는지 미리 알아봐야 한다. 화가 났을 때의 양상이 어떤지, 서로 의견이 충돌했을 때는 어떻게 결론을 맺는지 관찰할 필요가 있다. 본성이 좋아야 이성적일 수 있다. 파트너가 나와 함께할 수 있는 사람인지 판단할 때 본성은 아주 중요한 기준이 되어야 한다.

좋은 사람과 일한다는 건 큰 축복이다. 배우자를 선택할 때 외모나 재력보다는 성품이 곧고 나를 위해주는 사람을 선택하라고 말한다. 공동 창업자를 선택할 때도 마찬가지다. 실력이나 스펙도 중요하지만 서로를 이해할 수 있는 사람을 선택하는 게 중요하다. 나는 스타트업을 시작할 때 이런 기준에 따라 함께할 사람들을 바라보려고 노력했다. 그럼에도 불구하고 인간관계는 여전히 어렵다.

서로 아끼고 존중할 수 있는 파트너를 만난다는 건 하늘이 내리는 선물처럼 귀하고 드물다. 그만큼 어려운 일이지만 최종 선택은 결국 내가 해야 한다. 상대를 잘 모르겠으면 이미 관계가 형성되어 서로를 겪어본 사람과 함께하는 게 최선일 수 있다. 서로 알고 지낸 시간이 얼마 되지 않은 사람과 새로운 일을 시작하는 건 여러 가지로 무리다. 이는 사귄 지 얼마 되지 않은 사람과 서둘러 결혼하는 것과 같다. 십년가약의 상대를 너무 쉽게 골라서는 안 된다. 기쁠 때나 힘들 때나 변함없는 마음으로 모든 것을 함께 나눌 수 있는 사람이어야 한다.

배움 #9

창업 파트너는
결혼 상대를 고르듯이
신중하게
선택해야 한다.

실패
활용법

스타트업을 시작할 때 제품, 디자인, 엔지니어링, 회사 운영법 등에 대해 많이 공부하고 배울 기회가 있을 거라 생각했다. 내 예상이 틀리지 않았다. 나는 다방면에서 정말 많이 배우고 발전했다. 반복되는 실패에도 포기하지 않고 계속 도전하는 가운데 전혀 생각지도 않았던 깨달음도 얻었다.

내게 스타트업은 실패를 받아들이는 과정을 배우게 된 소중한 기회였다. 나는 두려움과 부담감을 모두 내려놓으면서 본질적인 차원에서 나 자신과 만날 수 있었다. 스타트업은 비이성적인 도전이기에 믿음이 가장 중요했지만 그래도 무턱대고 사업을 위한 사업을 시작하는 건 아니었다.

나는 내가 어리석었다는 사실을 깨달았다. 아이디어도 중요하지

나는 다만 재미있는 일을 했을 뿐이다

만 그보다 더 중요한 건 아이디어를 실현할 수 있는 창업자의 실력과 노하우라는 점도 알았다. 스타트업은 내 시간의 주인이 되는 가슴 떨리는 도전이지만 그 자유에는 충분한 대가를 치러야 했다. 더구나 10년의 여정이 필요하기 때문에 먼저 스스로를 다스리는 법을 배워야 했다.

실패를 딛고 일어서야 성공한다는 건 초등학생도 안다. 하지만 나는 이 사실을 진정으로 받아들이고 인정하지 못했다. 나는 어릴 적부터 실패는 좋지 않은 것이며 가능하면 피해야 한다고 교육받아왔는지도 모른다.

학교에서 높은 점수를 받지 못하면 그것은 실패였고, 실패하면 부모님과 선생님으로부터 꾸지람을 들어야 했다. 자격증 시험이나 수능 시험에서 좋은 점수를 받지 못하면 원하는 직장과 대학에 들어갈 수 없다. 어떻게 보면 그것도 실패다. 한국처럼 학구열과 스펙에 대한 열정이 높은 나라는 특히 실패를 용납하지 못하는 경향이 있다. 실패는 과정에 불과하며 얼마든지 실패해도 괜찮다는 말을 듣고 자란 사람은 거의 없을 것이다.

이런 현상은 한국에서만 나타나는 건 아니다. 내가 자란 뉴질랜드와 지금 생활하고 있는 미국도 경쟁 사회다. 이런 사회구조 속에서 실패는 될 수 있으면 피하는 게 좋고 만약 실패하게 된다면 배움의 기회로 삼는 수밖에 없다고 믿게 된다.

내가 스타트업을 통해 얻은 값진 깨달음 중 하나는 실패에 대한 관점의 변화다. 실패는 피할 수 있다면 가능한 한 피해야 한다고 생각

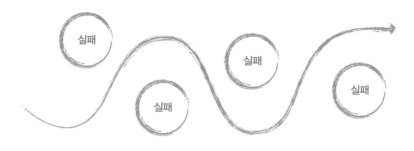

일반적으로 상상하는 성공의 길

해왔다. 내 삶에서 실패는 있어서는 안 되는 것이었다. 하지만 스타트업에서 실패는 피할 수 없는 것이었다.

주어진 공식을 이용해 매번 재현 가능한 결과물이 존재하는 분야를 통틀어 '과학'이라 해보자. 다리를 건설하는 일은 과학적이다. 주어진 공식을 적용하면 절대 무너지지 않는 튼튼한 다리를 매번 건설할 수 있다.

이런 과학적인 분야에서는 실패를 최소화할 수 있다. 다리 건설은 실패가 아예 용납되지 않는 분야이기 때문이다. 반대로 이런 공식이 적용되지 않는 분야를 '예술'이라 한다면 스타트업은 예술에 가깝다. 매번 성공적인 스타트업을 만들 수 있는 공식은 아직 존재하지 않는다. 스타트업을 시작한 사람들에게 실패란 피할 수 없고 반드시 거쳐야 하는 과정이다.

이런 사실을 받아들이면 실패에 대한 거부감이 어느 정도 사라진다. 그렇다고 실패에 대한 관점을 하루아침에 바꿀 수는 없는 노릇이다. 나는 여전히 실패가 두렵고 될 수 있으면 피하고 싶다. 대부분의 사람들이 나와 같은 심정일 것이다. 따라서 실패에 대한 관점의 변화를 기대하기보다는 실패 활용법을 익히는 게 더 현명하다는 판단이 든다.

- **계획:** 실패를 피하지 말고 오히려 실패를 계획해야 한다. 성공이라는 궁극적인 목표를 향해 오르는 계단 하나하나가 실패의 계단이다. 실패는 우리가 목표에 도달할 수 있도록 발판이 되어준다. 스타트업의 모든 시도는 실패를 통한 배움과 발전으로 이루어진다. 더 큰 발전을 원한다면 실패를 자양분으로 삼아야 한다. 실패를 두려워해서는 안 된다.
- **과정:** 실패는 자주 경험해봐야 한다. 작은 실패들은 소중한 자산이 된다. 실패를 최대한 작게 쪼개 단계별로 경험해봐야 한다. 완벽한 제품을 5년 동안 개발한 회사의 제품과 기능이 다소 떨어지는 제품을 3개월 만에 출시해 5년 동안 매달 개선하는 회사의 제품은 품질 면에서 하늘과 땅 차이가 난다. 스타트업을 성공으로 이끌기 위해서는 수많은 가정을 검증해야 하는데 이를 위해서는 계속 실패하며 배우는 수밖에 없다.
- **교훈:** 실패는 교훈이다. 실패를 통해 무언가를 배우고 그 교훈을 스타트업에 적용시킬 수 있다면 그 실패는 성공적인 실패다. 적극적으로 실패를 계획하고 거기서 배우고 이겨야 한다.

모든 실패가 뼈가 되고 살이 되는 건 아니다. 실패가 불가피하다는

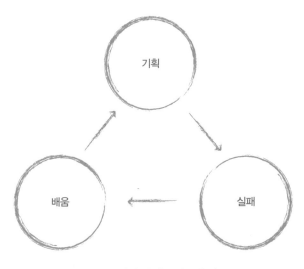

스타트업이 거치는 성공의 길

사실을 인정하는 것과 실패에 대해 무책임한 것에는 큰 차이가 있다. 최선을 다했는데도 계획대로 일이 풀리지 않는다면 앞으로 어떻게 대처해야 하는지에 관한 교훈이라도 얻어야 한다. 그래야 실패가 제값을 한 것이다.

스타트업을 하는 동안 힘들었던 만큼 깨달음도 많았다. 우리는 더이상 패기만으로 뭉쳐진 오만하고 미숙한 자들이 아니었다. 많은 시련을 겪으며 겸손해지고 여유로워졌다. 하루아침에 이런 변화에 이른 건아니었다. 우리는 오랜 시간 배운 것들을 하나씩 적용해나갔고 그만큼회사도 조금씩 발전해나갔다. 많은 일들이 있었던 보스턴에서의 3개월을 뒤로하고 우리는 다시 앞을 향해 달렸다.

나는 다만 재미있는 일을 했을 뿐이다

배움 #10

스타트업은
큰 성공으로 가는
작은 실패의
연속이다.

4장

스타트업
운영하기

"스타트업을 운영하는 것은
직접 경험해보지 않으면 상상하기 힘든 일 중 하나다.
아이를 기르는 일처럼 말이다."
– 폴 그레이엄

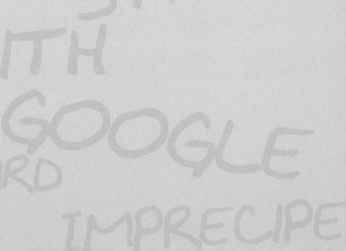

우리는 다시 시작했다. '라빔'이라는 새로운 이름과 함께 회사의 방향을 '건강'에 맞추고 푸드게놈프로젝트(Food Genome Project)를 고안해냈다. 이 프로젝트는 사람이 섭취하는 모든 음식물을 분석하겠다는 취지 아래 시작됐다. 여러 가지 작은 실험과 연구가 진행됐고 그 결과를 이용해 처음 만든 제품은 스위터스푼(SweeterSpoon)*이라는 검색엔진이었다. 어떤 레시피든 음식명을 입력하면 그 레시피의 영양 성분과 열량 정보를 자동으로 계산해주는 서비스였다. 이 프로젝트의 시작으로 우리에게는 새로운 목표가 생겼고, 우리 팀은 다시 활기를 찾았다. 초심을 되찾고 열심히 달리기 시작한 것이다.

* 줄리 앤드루스가 주연한 영화 〈메리 포핀스Mary Poppins〉에 〈A Spoonful of Sugar〉라는 유명한 노래가 나온다. 이 노래에 'A spoonful of sugar helps the medicine go down(설탕 한 숟가락은 약을 삼킬 수 있게 도와주지!)'라는 가사가 나오는데, 이를 빌려 'SweeterSpoon(더 달콤한 숟가락)'이라는 이름을 짓게 됐다.

지구
반대편으로

　나는 구글을 그만둠과 동시에 취업 비자가 만료되는 바람에 뉴질랜드로 돌아와야 했다. 그때까지만 해도 공동 창업자와 서로 멀리 떨어져 사업을 시작한다는 게 얼마나 말이 안 되는 일인지 전혀 몰랐다. 무비자로 한 번에 3개월까지 미국에 체류할 수 있었으므로 내가 보스턴에 자주 들린다면 크게 문제되지 않으리라 생각했다. 게다가 당시 우리는 많은 문제들에 직면해 있었기 때문에 서로간의 물리적인 거리 문제까지 신경 쓸 여력이 없었다. 그렇게 우리는 같은 꿈을 품은 채 서로 헤어졌다. 파트너는 보스턴으로 돌아갔고 나는 부모님이 있는 뉴질랜드의 오클랜드로 갔다.

　오클랜드와 보스턴 사이에는 직항 비행기가 없었다. LA를 거쳐 가야 하는, 꼬박 하루가 걸리는 거리였다. 8시간의 시차가 있어 서로 일하는 시간을 맞추는 것도 여간 어려운 일이 아니었다. 하지만 우리는 구글에서 함께 일할 때 여러 나라에 팀원들을 두고 프로젝트를 진행해본 경험이 있었고, 그때마다 별 탈 없이 일을 마쳤기 때문에 거리 문제는 대수롭지 않게 여겼다. 편리한 인터넷 시대에 화상 채팅이 되는 장소라면 세계 어디라도 상관없다고 생각했던 것이다.

이런 생각이 오판이었음을 깨닫기까지는 얼마간의 시간이 걸렸다. 하루아침에 깨닫기보다는 조금씩 불편함을 느끼게 됐고, 어느 순간에 생각해보니 우리가 매우 큰 실수를 저질렀다는 생각이 들었다. 구글에서는 프로젝트의 방향과 팀의 구조가 이미 자리 잡혀 있었기 때문에 서로 멀리 떨어져 있는 팀원들과 일을 진행하는 게 얼마든지 가능했다.

하지만 아무리 회사의 구조와 방향이 자리 잡혀 있다 해도 이런 경우, 멀리 출장을 다녀본 경험이 있는 사람이라면 우리의 판단이 실수였음을 곧바로 눈치챘을 것이다. 직접 얼굴을 마주보고 일을 진행하는 것보다 더 효율적인 방법은 없다. 더구나 우리의 경우처럼 회사의 방향이나 구조가 전혀 결정되지 않은 상태에서 물리적인 거리와 시차라는 제약까지 감수하는 건 매우 위험했다.

상대와 대화를 나눌 때 대화 수단의 대역폭은 뜻을 전달하는 데 큰 영향을 미친다. 예를 들면 이메일이나 문자를 주고받는 것과 직접 목소리를 들으면서 통화하는 것에는 큰 차이가 있다. 목소리의 뉘앙스에 따라 같은 문장이 농담이 될 수도 있고 비난이 될 수도 있기 때문이다. 대역폭이 좁을수록 목소리의 뉘앙스를 잘못 해석할 가능성이 커지고 오해의 소지 또한 커진다.

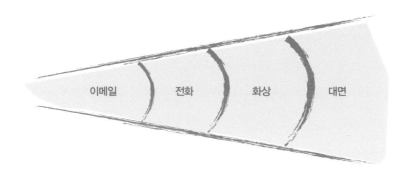

이런 이유에서 대학을 졸업하고 입사한 첫 회사에서 가장 먼저 배워야 했던 건 이메일의 뉘앙스를 파악하는 일이었다. 그 후 중요한 얘기일수록 이메일보다는 전화로 직접 하거나 얼굴을 보고 대화하는 것이 좋다는 사실을 깨달았다.

대화는 언어로만 이루어지지 않는다. 목소리의 높낮이와 제스처를 포함해 얼굴에 나타나는 미세한 표정까지도 우리가 표현하고자 하는 뜻에 부가적인 의미를 더한다. 대면 대화의 대역폭을 100이라 한다면 미세한 표정과 제스처를 볼 수 없고 대면 대화에 비해 통화의 음질이 떨어지는 전화 통화의 대역폭은 50이다. 여기에 목소리의 높낮이까지 느낄 수 없고 대화를 주고받는 시간 간격이 벌어지는 문자나 이메일의 대역폭은 10이라고 할 수 있다.

그렇다고 문자나 이메일은 유용하지 않다는 얘기는 아니다. 직접 만나지 못하고 전화도 할 수 없을 때 이메일은 꼭 필요한 통신수단이고, 거의 모든 일이 컴퓨터로 이루어지는 스타트업의 세계에서는 이메일이 아직까지 절대적으로 의존할 수밖에 없는 테크놀로지다. 하지만 인터넷 속도가 빨라질수록 파일을 다운로드할 때 걸리는 시간이 줄어 드는 것처럼, 대화의 대역폭이 넓어질수록 서로의 뜻을 전달하는 시간 도 줄어들게 마련이다. 보다 원활한 대화가 가능하다는 것이다.

이런 이유에서 스타트업을 시작하고 회사의 방향을 정의하는 과 정에서 대화 대역폭이 자유롭지 못한 건 단순한 불편함 정도가 아니었 다. 사업을 시작하기도 전에 진이 빠지는 느낌이었다. 그만큼 심각한 문제였던 것이다.

한국은 인터넷 속도가 세계 최고 수준인 만큼 젊은 세대들은 인터 넷에서 동영상 실시간 보기가 불가능한 상황을 이해하지 못할 수도 있 다. 모뎀을 사용해 인터넷에 접속하던 시절을 경험한 세대라면 동영상 은 고사하고 작은 음악 파일 하나도 몇십 분씩 걸려 다운로드받아야 했던 경험이 있을 것이다. 그처럼 느린 속도로 대화를 한다고 상상해보 자. 계속되는 버퍼링 때문에 영상이 자주 끊기는 상황을 참아가며 끝까 지 대화를 나눌 수 있는 사람이 과연 몇이나 될까? 내게는 그런 인내심 이 없었다. 이후 인터넷 속도는 점차 빨라졌고 실시간으로 동영상을 볼 수 있는 매개체 또한 늘어갔다. 그 덕에 이제는 화상채팅도 큰 어려움 없이 할 수 있게 됐다.

인터넷 속도가 빨라지고 화상채팅이 가능해졌다고 해서 우리의 문제가 해결된 건 아니었다. 우리는 화상채팅을 이용해 언제든 자유롭 게 대화를 나누었지만 화상채팅의 대화 대역폭이 대면 대화의 대역폭 을 따라잡기에는 턱없이 부족했다.

화상채팅을 해본 경험이 있다면 공감할 수 있을 것이다. 아무리 고

화질 영상으로 끊김이 없는 대화를 나눈다 해도 2차원 화면으로 나누는 대화에는 한계가 있다. 나날이 발전하는 컴퓨터나 스마트폰 화면을 통해 나누는 대화는 바로 앞에서 상대의 눈을 쳐다보면서 나누는 대화의 효율성을 절대 따라잡을 수 없다.

스타트업 운영 초기에는 한 공간에서 생활하면서 서로 아이디어를 공유하고 회사의 미래를 함께 설계할 필요가 있다. 어느 순간에 영감이 떠오를지 모를 일이기 때문이다. 밥 먹는 도중이나 휴식시간 혹은 늦은 밤 수다를 떨다가 갑자기 좋은 아이디어가 떠오를 수 있다. 이럴 때 곧바로 그것에 대해 논의할 수 있어야 한다. 스타트업이라는 환경에서는 이렇게 갑자기 튀어나온 아이디어들이 큰 성공을 만들기도 한다.

서로 약속된 시간에 화상채팅을 통해 토론과 계획을 하는 방식은 최소한 스타트업 초기에는 부적합한 소통 방식이 아닐 수 없다. 우리의 경우 파트너와 너무 멀리 떨어져 있었기 때문에 함께 지켜야 할 영감의 순간들을 거의 놓칠 수밖에 없었다. 지금 생각하면 너무 안타까운 일이다. 그래서 나는 공동 창업자가 멀리 떨어져 있거나 같은 공간에서 생활하지 못하는 상황이라면 절대로 스타트업을 시작하지 말라고 조언하고 싶다. 단순히 '거리'와 '시차'라는 단점을 극복하는 일이 아니라, 한 공간에서 일하면서 얻을 수 있는 시너지를 놓칠 수 있기 때문이다.

같은 공간에서 일할 수 없다면 다른 공동 창업자를 찾으라고 했다. 하지만 스타트업이 어느 정도 자리 잡히고 피치 못할 사정으로 거리와 시차를 감당해야 할 상황이 발생한다면 우리가 사용했던 방법들이 도움이 될 수 있다. 그중 몇 가지를 소개한다.

- **대역폭 극대화:** 미팅을 할 때는 우리에게 허용된 대역폭을 모두 사용했다. 예를 들면 화상채팅이 가능한 상황에서 절대로 통화를 하거나 문자를 주고받지 않았다. 앞서 말했듯이 대화의 대역폭은 업무 효율성과 직접적인 연관이 있다.

- **근무시간:** 시차를 줄이기 위해 근무시간을 최대한 겹치도록 노력했다. 내가 좀 더 일찍 일어나서 일을 시작하고, 보스턴에 있던 파트너는 조금 더 늦게까지 사무실에 남아 있었다. 같은 공간에서 일할 수 없다면 최대한 같은 시간대에 업무시간을 맞추는 게 필요하다.

- **미팅 횟수:** 쓸데없는 미팅은 시간낭비다. 미팅 횟수는 적을수록 좋다고 생각하지만, 서로 멀리 떨어져 있는 특별한 상황에서는 매일 미팅을 하는 게 필요하다. 우리는 시간낭비를 줄이기 위해 매번 미팅에서 논의할 내용을 체계적으로 준비했다.

- **일대일 미팅:** 같은 공간에서 일하면 팀원끼리 자연스럽게 친해진다. 하지만 화상채팅으로 그룹 미팅을 하면 사적인 차원에서 가까워질 기회가 줄어든다. 나는 모든 팀원들과 일대일 미팅을 자주 했다. 일에 대한 얘기도 많았지만 친분을 쌓기 위한 농담 등 사적인 대화가 주된 목적이었다.

- **잡담 미팅:** 일대일 미팅의 주된 목적처럼 일주일에 한 번 정도는 모든 팀원들이 함께 화상채팅을 통해 일과 관련 없는 잡다한 대화를 했다. 우리는 구글 행아웃으로 화상채팅을 하면서 농담을 주고받

고, 유튜브 동영상을 함께 보며 웃고 즐기는 시간을 가졌다.

영화 〈지.아이. 조: 전쟁의 서막G.I. Joe: The Rise of Cobra〉에는 상대가 바로 옆에 있는 것과 같은 느낌을 갖게 하는 홀로그램 기술이 등장한다. 미래에 이런 완벽한 홀로그램 기술이 개발되어 멀리 있는 사람도 바로 옆에서 얘기하는 것과 같은 느낌을 받을 수 있다면 물리적인 거리는 더 이상 문제가 되지 않을 것이다. 하루 빨리 그런 날이 오기를 기대해본다.

다만 아무리 완벽한 홀로그램 기술이라 해도 같은 공간에서 함께 생활하고 일하는 것과는 비교할 수 없을 것이다. 같은 꿈을 품고 같은 목표를 향해 나아가려면 적어도 얼마간은 한 공간에서 함께 생활하는 노력이 필요하다.

배움 #11

원거리는 어렵다.
한 공간에서
함께 일할 수 있는
팀이 필요하다.

불필요한
네트워킹

우리 팀은 인복이 많은 편이었다. 우리는 창업 초기에 구글, 하버드대학, MIT, 테크스타스 등에서 쌓아온 인맥을 십분 활용해 많은 혜택을 얻었다. 유명한 투자자를 소개받거나, 대기업 운영진과 미팅을 하거나, 제품을 홍보하는 데 인맥의 도움을 많이 받았다. 카나리(Canary)라는 아이폰용 캘린더 앱을 만들 때는 특별대우를 받기도 했다.

카나리는 구글의 캘린더 API*를 사용해 만들었다. 당시 API는 하루에 요청할 수 있는 횟수가 1만 회로 제한돼 있었다. 우리는 제품 출

---

* Application Programming Interface의 약자로 서로 다른 서비스 간의 쌍방 소통을 위해 사용되는 언어나 메시지 형식을 뜻한다. 쉽게 말해 구글의 캘린더 API를 사용하면 구글 캘린더를 직접 사용하지 않아도 API를 통해 스케줄 관리가 가능하다.

나는 다만 재미있는 일을 했을 뿐이다

시에 정신이 팔린 나머지 API 한도를 점검하는 걸 깜박했다. 그러다가 사용자 수가 계속 늘어나면서 어느 날 API 한도에 거의 다다르게 됐음을 알았다. 구글에 한도를 올려달라고 요청할 수 있었지만 며칠이 걸릴지 알 수 없었다. 이런 속도라면 하루 이틀 안에 사용 한도를 초과할 것으로 보였다.

그때 APM 프로그램 동기가 아직 구글 앱스 팀에서 일한다는 사실이 떠올랐다. 나는 곧바로 그 친구에게 문자를 보냈고 불과 두 시간 만에 우리의 API 사용 한도는 열 배로 늘었다. 덕분에 우리는 카나리 앱 서비스에 지장을 주지 않고 문제를 해결할 수 있었다.

이런 일들을 겪으면서 인맥의 중요성을 절실히 깨달았다. 특히 성공한 창업자들은 폭넓은 인맥을 갖고 있다는 사실을 발견하고 인맥을 넓히기 위한 방안 마련에 나섰다. 무엇보다도 우리는 많은 시간을 사람을 만나는 데 할애했다. 밖에 나가 있는 시간이 늘어날수록 제품 개발에 할애하는 시간은 그만큼 줄어들었지만 인맥 형성은 꼭 필요한 장기 투자라 생각했다. 제품 디자인과 개발을 담당하는 나보다는 파트너가 훨씬 더 많은 시간을 밖에서 보냈다. 나도 기회가 있을 때마다 이벤트에 참석하거나, 다른 회사 창업자들과 저녁을 먹거나 강의를 하며 인맥을 쌓는 데 주력했다.

그렇게 몇 달이 흘렀다. 하루는 문득 지금까지 공들여 만난 사람들이 내게 어떤 가치를 더해주고 있는지 의문이 들었다. 물론 인맥의 가치가 당장 눈에 보이는 건 아니다. 하지만 이제는 얼굴도 기억나지 않는 수많은 사람들을 만나고 난 뒤 남는 건 결국 이름과 연락처가 적힌

명함뿐이었다. 고작 짧은 대화를 마치고 명함을 주고받은 사이에서 인간적인 친분이 쌓일 가능성은 희박했다.

실제로 이런 식으로 만난 사람들과 다시 연락한 기억은 거의 없다. 나는 이처럼 무작정 사람을 만나러 다니는 건 무의미하다고 결론을 내리고 효율적으로 인맥을 쌓는 방법을 고민하기 시작했다.

목적 있는
네트워킹

《에센셜리즘*Essentialism*》의 저자 그렉 맥커운(Greg McKeown)은 2015년 1월 〈하버드비즈니스리뷰*Harvard Business Review*〉에 실린 칼럼에서 네트워킹에 소비되는 시간 중 99퍼센트는 낭비라고 말했다. 다소 과장돼 보이는 표현이지만 그의 말에 전적으로 동의한다. 유용한 인맥은 네트워킹 행사에 나가 무작정 사람을 만난다고 형성되는 건 아니다. 뚜렷한 목적 없이 그런 모임에 참석하는 건 시간 낭비일 뿐이다. 차라리 그 시간에 책상 앞에 앉아 제품 개발과 회사의 미래에 대해 고민하는 게 훨씬 더 생산적이다.

기브앤테이크

내가 참여하고 있는 분야에서 크게 성공한 사람을 한 명 상상해보자. 그 사람과 친해지고 인간적인 관계를 맺는다면 천군만마(千軍萬馬)를 얻은 듯 든든할 것이다. 하지만 그 사람도 나와 친해지고 싶어 할까? 내가 그 사람과 친해지고 싶은 만큼 그도 나와 친해지고 싶어 할 만한 이유가 있어야 하지 않겠는가?

모든 인간관계는 상호 간의 가치 제공을 기반으로 한다. 물론 혈육이나 오랫동안 알고 지내온 친구, 학교 혹은 단체에서 동지애가 존재하는 관계는 특별한 경우다. 그들과는 상호 간의 가치 제공이 이루어지지 않아도 도움을 받을 수 있다.

인맥을 넓히려면 내가 무엇을 얻을 수 있는지뿐만 아니라 상대에게 무엇을 제공할 수 있는지에 대해서도 생각해야 한다. 서로에게 제공할 수 있는 가치의 무게가 비슷할 때 의미 있는 인맥 형성이 이루어진다. 일종의 주고받기식의 관계가 가능해야 인맥이 형성되고 유지되는 것이다. 그런 의미에서 내가 먼저 가치 있는 사람이 되어야 한다. 내 가치가 올라가면 자연스럽게 사람들이 몰려든다. 고급 인맥을 쌓으려면 무엇보다 내가 실력자가 되고 상대를 도울 수 있는 사람이 되어야 한다.

무조건
베풀기

'머리 검은 짐승은 거두는 게 아니다'라는 말이 있다. 상대가 베푼 호의를 모른 척하거나 악용하는 사람들 때문에 생겨난 말이다. 하지만 아직까지는 남의 도움을 받으면 고마워하며 나중에라도 꼭 갚으려 하는 사람들이 더 많다고 생각한다.

나는 다른 사람을 돕는 걸 나중에 더 큰 호의로 돌려받을 수 있는 투자라 생각하고 남을 도울 기회가 찾아오면 무조건 성심껏 베푼다. 여기서 중요한 건 '무조건'과 '성심껏'이다. 다른 사람을 도울 때는 절대로 생색내거나 조건을 달지 말고 그들이 감동할 수 있도록 성심껏 베풀어야 한다.

베푼다고 다 돌아오는 건 아니다. 분산 투자를 하면 가치가 오르는 것과 내리는 것이 있듯, 내가 도움을 준 모든 사람들이 그 은혜를 갚을 거라고 기대해서는 안 된다. 은혜를 아는 사람들은 대부분 남에게 빚지고 사는 걸 좋아하지 않을 것이다. 만약 내 도움을 받았다면 기억하고 있다가 기회가 있을 때 꼭 갚을 것이다. 누군가를 도울 때는 계산하지 말고 무조건 베풀자. 내가 다른 사람들에게 가치 있는 인물이라는 걸 인식시켜주는 가장 빠른 길이다.

미지의 인물

사람 일은 모른다고 했다. 어떤 사람이 입사 면접을 보러 가는 길에 건널목에 쓰러진 할아버지를 부축하다 지각해서 면접에서 떨어졌다. 나중에 알고 보니 그 할아버지가 그 회사 회장이어서 그 사람은 취직 후 촉망받는 직원이 됐다는 이야기가 드라마에만 있는 건 아니다. 가족이나 친구도 아니고 친분 관계도 없는데 아무런 대가 없이 내 손을 잡아주는 사람들이 있다.

이런 행운을 기대하며 인맥을 쌓는 건 바람직하지 않지만 우리 주변에는 미지(未知)의 인물이 있다. 내가 누군가에게 베풀면 나도 누군가에게 도움을 받게 된다. 인격과 실력을 갖춘다면 큰 행운도 따를 것이다.

스타트업을 넘어 인생에서 가장 큰 기쁨과 도움도 사람에게 받았고 가장 큰 슬픔과 상처도 사람에게 받았다. 우리는 사람 때문에 웃고 사람 때문에 운다. 주변에 어떤 사람이 있느냐에 따라 인생이 완전히 뒤바뀌기도 한다. 그런 의미에서 나는 사람을 가려서 사귀어야 한다고 생각한다. 스타트업의 가장 중요한 자원은 창업자의 시간이다. 소중한 시간을 의미 없는 인맥을 쌓는 데 낭비하기보다 목적이 있는 관계를 맺고 자신의 가치를 높이며 다른 사람에게 베푸는 데 투자해야 한다. 그러다 보면 어느 순간 주위에 좋은 인맥이 형성되어 있을 것이다.

배움 #12

무의미한
인맥 형성은
시간낭비일
뿐이다.

우린 제법
잘 만들어요

우리는 여러 가지로 부족한 게 많았지만, 창업자를 포함해 초기 팀원들의 프로그래밍 실력이 뛰어나 상대적으로 빠른 시간 안에 제품 개발을 할 수 있다는 점은 내세울 만했다. 우리가 테크스타스 프로그램에 들어갈 수 있었던 가장 큰 이유도 빠른 속도로 제품 개발을 할 수 있다는 점을 증명해 보였기 때문이다. 테크스타스에서 우리 팀은 '손이 빠른 팀'으로 유명했다.

처음에는 창업자가 프로그래밍 실력을 갖추고 있다는 게 얼마나 큰 힘이 되는지 몰랐다. 모두들 우리처럼 단기간에 자체적으로 제품을 개발할 수 있는 능력을 지녔을 거라고 생각했다. 하지만 주변에서 직접 제품을 개발하지 못하는 창업자의 고충을 듣게 되면서 우리 팀에 새삼 감사하게 됐다. 그리고 제품을 자체 개발할 수 없는 창업자는 다른 아이템을 찾아보는 게 좋겠다는 생각에 이르렀다.

비단 프로그래밍 실력만을 얘기하는 건 아니다. 자신이 출시하려는 제품을 직접 디자인하고 홍보할 능력이 없다면 이는 스타트업 운영에 매우 치명적일 수 있다. 직접 만들 수 없는 제품이라면 스스로 만들수 있는 다른 아이템을 찾아보는 게 바람직하다.

물론 예외는 늘 있다. 세계 최대 숙박 공유 서비스인 에어비앤비는 창업자 세 사람 중 두 사람이 엔지니어가 아닌 디자이너였지만 끈기로 성공을 이루었다. 하지만 마이크로소프트, 구글, 페이스북 등 세계적인 기업으로 성장한 스타트업 창업자들은 대부분 자신들이 직접 제품을 개발했다. 그렇지 않은 경우라면 스티브 잡스에게 스티브 워즈니악(Steve Wozniak)이라는 천재적인 엔지니어가 있었던 것처럼, 공동 창업자 중 누군가는 제품을 개발할 수 있는 뛰어난 기술이 있었다.

의외로 많은 창업자들이 스타트업을 시작할 때 자신에게 제품 개발 능력이 없는 게 큰 문제가 되지 않는다고 생각한다. MIT 출신 팀원들에 의하면 창업을 앞둔 하버드대학 학생들이 자주 MIT를 찾아와 최고기술책임자(CTO)를 찾는다고 한다.•

"우리에게 정말 끝내주는 아이디어가 있어. 이 제품을 만들 수 있는 사람만 찾으면 돼. 네가 CTO가 될 기회를 줄게!" 그들은 이런 식으로 MIT 학생들을 유혹하지만 쉽지 않다. MIT 학생들 입장에서는 자

• 하버드대학과 MIT는 둘 다 보스턴에 있다. 미국 최고 두뇌들이 모여 있는 MIT는 스타트업 CTO를 찾기에 가장 완벽한 곳일지도 모른다.

신에게 설명해준 아이디어를 직접 만들 수 있기 때문이다. 굳이 서로 잘 알지도 못하는 사람과 동업할 필요성을 느끼지 못하는 것이다.[*]

아이디어를 실행할 능력이 없는 사람이 창업에 나서는 건 바람직하지 않다. 지인 중에 제품 개발 능력도 없이 창업을 했다가 큰 고충을 겪은 사람이 있다. 그를 마이클이라고 하자. 마이클이 겪었던 몇 가지 경험들을 소개한다.

자본의
낭비

마이클은 프로그래밍 기술을 가진 공동 창업자를 찾아 나섰지만 뜻대로 되지 않았다. 친구에게 소개를 받기도 하고 스타트업 모임과 행사에도 열심히 참석했지만 뜻이 통하는 사람을 만나기가 쉽지 않았다. 결국 마이클은 제품 개발 부문을 아웃소싱하기로 마음먹었다. 그는 광고를 통해 대학생 프로그래머를 찾았고, 창업하기 전에 모아둔 저축의 15퍼센트를 제품의 프로토타입[**]을 만드는 데 썼다.

인터넷 스타트업의 가장 큰 장점은 자본이 필요 없다는 것이다. 컴

[*] 이해를 돕기 위해 팀원의 사견을 바탕으로 하는 주장임을 밝힌다.
[**] Prototype. 최종 산출물이 개발되기 이전에 그것의 특징을 포함하는 간단한 형태의 중간 산출물을 말한다.

퓨터와 스마트폰만 있으면 누구든 스타트업에 도전해볼 수 있다. 다만 프로그래밍을 할 줄 알아야 한다. 하지만 프로그래밍 기술이 없었던 마이클은 적지 않은 지출을 감수해야 했다. 부족한 실력을 돈으로 메울 수밖에 없었던 것이다.

기획안의
한계

마이클은 대학생 프로그래머에게 자신이 생각하는 프로토타입을 설명했다. 그리고 UI(사용자 인터페이스)와 UX(사용자 경험)를 단계별로 그려놓은 파일과 필요한 기능을 자세히 적어둔 기획안을 건넸다. 프로그래머는 충분히 이해했다며 쉽게 만들 수 있다고 말했고, 그들은 며칠 후에 다시 만나기로 약속하고 헤어졌다. 마이클은 프로그래머가 자신의 제품을 쉽게 이해했다는 사실에 흡족해했고 이제는 제품이 출시되어 성공할 일만 남았다고 생각했다.

며칠 후 프로그래머는 자신이 만든 제품을 마이클에게 보여주었다. 마이클은 할 말을 잃었다. 그가 생각했던 것과는 전혀 다른 제품이 만들어졌던 것이다. 분명 자신이 원하는 제품을 자세하게 설명했는데 무엇이 잘못된 걸까? 마이클은 눈앞이 캄캄했다.

나는 단 것을 좋아해 때로 쿠키를 직접 만들어 먹곤 한다. 다만 베이킹 실력이 떨어져 레시피대로 따라 한다. 친구 중에 베이킹을 잘하는 친구가 있다. 그 친구를 수정이라고 부르자. 수정이는 원하는 맛의 쿠키를 자유자재로 만들 수 있을 만큼 출중한 베이킹 실력을 갖췄다. 베이킹 실력이 형편없는 내게는 부러울 따름이었다.

하루는 수정이에게 내가 예전에 맛봤던 쿠키를 만들어달라고 했다. 그러나 굉장히 맛있었다는 기억만 있을 뿐 쿠키의 이름과 레시피는 전혀 몰랐다. 부드럽고 쫄깃했으며, 엷은 노란색 쿠키 위에 계핏가루와 설탕이 뿌려져 있었다. 나는 기억나는 대로 열심히 설명했고 수정이는 내 말을 이해했다면서 자신 있게 쿠키를 만들기 시작했다.

얼마 후 그녀가 만들어준 쿠키는 굉장히 맛있었지만 예전에 먹었던 그 쿠키 맛이 아니었다. 무엇이 잘못된 걸까? 수정이의 베이킹 실력에는 문제가 없었다. 내가 베이킹 지식이 부족해 예전에 먹었던 쿠키를 제대로 설명하지 못했던 것이다. 그 후 몇 번의 시도 끝에 비슷한 맛의 쿠키가 만들어지긴 했지만 예전에 맛봤던 쿠키는 아니었다.

수정이가 쿠키를 만드는 데 내 설명이 도움이 되지 못했던 것처럼 마이클은 자신이 원하는 제품을 설명할 수 있는 지식이 부족했다. 제품 제작 과정을 완벽하게 이해하지 못하는 상태에서 자신이 상상하는 제품을 다른 사람에게 완벽하게 설명한다는 건 불가능한 일이다. 상상하는 제품을 제대로 표현할 수 없는데 어떻게 제품의 제작을 다른 사람에게 맡길 수 있겠는가? 이 사실을 깨달은 마이클은 결국 처음 예상했던 것보다 몇 배 더 많은 시간과 자금을 투자해 겨우 프로토타입을 완성했다.

코딩에 대한
오해

　　　　　　아웃소싱의 어려움을 경험한 마이클은 결국 자신이 프로그래머가 되기로 했다. 그는 내게 어디서부터 시작해야 하는지 조언을 구하면서 몇 개월 정도 투자해야 프로그래머가 될 수 있는지 물었다.

　　이런 질문을 받을 때면 어떻게 답변해야 할지 난감하다. 몇 개월 동안 발성 훈련을 받아야 가수로 데뷔할 수 있을까? 하루에 몇 시간이나 공부해야 서울대에 갈 수 있을까? 얼마나 연습을 해야 축구선수가 될 수 있을까? 이런 질문과 다를 바 없는 것이다.

　　나는 코딩*을 쉽게 생각하는 사람을 종종 만났다.

　　"코딩을 배워가면서 스타트업을 하려고 계획 중이에요."

　　"코딩은 그냥 하면 된다고 하던데요?"

　　"3개월만 인터넷 찾아보고 공부하면 가능하다고 하더라고요."

　　솔직히 내 전공 분야를 너무 쉽게 생각하는 태도에 기분이 썩 좋진 않았다. 나는 대학에서 4년 동안 소프트웨어 엔지니어링을 공부했는데도 아직도 배워야 할 것들이 많다. 나의 자존심을 배제하더라도 코딩은 절대 만만한 분야가 아니다. 대학에서 컴퓨터공학을 4년 동안 가르치는 데는 그럴만한 이유가 있는 것이다.

---

* 코딩(coding) 혹은 프로그래밍(programming)은 프로그램을 만드는 행위를 뜻한다. 프로그램을 만드는 사람은 코더(coder), 프로그래머(programmer), 소프트웨어 엔지니어(software engineer)로 다양하게 불린다.

코딩을 쉽게 배울 수 있다고 잘못 알려진 것은 코딩의 깊이를 제대로 알지 못하기 때문이다. 단순한 컴퓨터 코드를 짜는 방법은 비교적 쉽게 배울 수 있다. 하지만 이해하기 쉽고, 관리하기 편하며, 효율적이고 최적화된 코드를 만드는 일은 아무나 할 수 있는 게 아니다. 표면적인 내용을 이해하는 과정은 쉽고 재미있을 수 있지만 좀 더 파고들면 한도 끝도 없이 복잡해지는 게 코딩이다. 이는 코딩뿐 아니라 이 세상 모든 학문에게도 적용되는 내용이다.

그렇다고 아예 코딩을 배우려고 시도조차 하지 말라는 얘기는 아니다. 나는 코딩을 배우라고 적극 권한다. 일본 사람들과 대화하려면 일본어를 배워야 하고 중국에서 살려면 중국어를 할 줄 알아야 한다. 마찬가지로 컴퓨터와 소통하기 위해서는 반드시 코딩을 배워야 한다. 인류는 계속해서 컴퓨터에 의존할 수밖에 없다. 스타트업 창업자가 아니더라도 코딩을 배워두면 분명 도움이 될 것이다.

다만 코딩을 너무 쉽게 생각하지는 않았으면 한다. 코딩은 충분히 공부해서 배울 수 있는 부분이고 노력한다면 굳이 전공자가 아니더라도 훌륭한 프로그래머가 될 수 있다. 이미 그런 사람들을 주위에서 적잖게 봤다. 명심해야 할 점은 코딩은 3개월 이내에 간단히 배울 수 있는 게 아니라는 사실이다. 몇 년 동안 꾸준히 공부할 수 없다면 아예 시작하지 않는 게 좋다. 인내를 갖고 노력할 수 있으면 도전해볼 만하다.

안타깝게도 마이클에게는 그만한 의지가 없었다. 3개월 이내에 잠깐 배워 프로토타입을 수정하겠다는 생각으로 코딩을 배우기 시작한 그는 결국 도중에 포기하고 말았다. 배워야 할 게 생각보다 많았고 그

것들을 3개월 이내에 다 배우는 게 불가능하다는 사실을 깨달았을 때는 이미 돌이킬 수 없는 상황이었다. 그는 결국 자신의 손으로 제품 개발하는 걸 포기해야 했고 또다시 아웃소싱에 의존해야 했다.

아웃소싱의 폐해

마이클이 두 번째로 찾은 프로그래머는 프리랜서였다. 이번에는 처음에 고용한 대학생 프로그래머보다 인건비가 더 들었지만 경험이 풍부하고 실력이 뛰어났기에 안심하고 일을 맡겼다. 그는 이번에는 자신의 프로토타입을 훌륭하게 개선할 수 있을 거라고 기대했다. 하지만 불행하게도 마이클에게 악몽 같은 일이 일어나고 말았다. 시간당 보수를 받기로 마이클과 계약을 하고 일을 시작한 프리랜서가 제품을 만들면서 성공 가능성이 보이자 마이클에게 지분을 요구한 것이다. 당연히 마이클은 지분을 줄 수 없다고 말했고, 계약대로 서둘러 일을 끝내달라고 요구했다. 그러자 프리랜서는 악의를 품고 지금까지 만들어놓은 코드를 숨긴 채 잠적해버렸다.

마이클은 기술적인 지식이 전무하다 보니 그동안 코드가 어떻게 관리되고 어디에 저장되어 있는지 전혀 몰랐으며 심지어 프리랜서가 어디로 코드를 옮겨놓았는지 짐작조차 하지 못했다. 몇 개월 동안 정성을 들여 개발해온 프로토타입이 하루아침에 사라져버린 것이다.

얼마 뒤 다행히도 프리랜서는 잘못을 뉘우치고 마이클에게 사과

한 뒤 모든 걸 원상복귀해놓았다. 불행 중 다행이었다. 그 프리랜서가 다시 나타나지 않았다면 마이클은 처음부터 다시 시작하거나 아예 포기해야 했다. 이런 일을 겪은 뒤 마이클은 최소한의 기술적인 지식은 필수라는 사실을 깨달았다.

기술적
빚

프리랜서에게 코드를 돌려받은 마이클은 혹시 잘못된 건 없는지 내게 검토해달라고 부탁했다. 나는 프로그램이 제대로 작동되는지 알아보기 위해 간단한 테스트를 하면서 코드가 너무 지저분하게 만들어지고 관리됐다는 사실을 발견하고 경악을 금치 못했다. 마이클에게는 기술적 빚이 너무도 많았던 것이다.

형편없는 프로그래머는 제대로 작동하지 않는 제품을 내놓는다. 어느 정도 쓸 만한 프로그래머가 만든 제품은 제대로 작동하긴 하지만 속도나 품질 면에서 효율성이 떨어진다. 훌륭한 프로그래머의 제품은 제대로 작동하면서 효율성도 좋다. 그리고 완벽한 프로그래머는 효율적으로 작동하는 제품을 만들 뿐 아니라 그가 작성한 코드는 어느 프로그래머가 읽어도 쉽게 이해되고 수정도 된다.

하지만 완벽한 프로그래머란 존재하지 않기에, 모든 코드에는 항상 결점이 있을 수밖에 없다. 프로그래머가 잘 몰라서 실수로 넣었을 수도 있고, 시간이 없어 나중에 제대로 고치기로 하고 차선책을 택하는 경우도 있다. 이런 코드상의 실수와 비효율성을 통틀어 '기술적 빚'이라 한다.

빚은 결국 갚아야 한다. 그대로 두면 이자가 늘어 더 큰 악영향을 끼친다. 기술적 빚도 비슷하다. 그대로 두면 코드의 복잡성이 늘어 나중에는 걷잡을 수 없이 큰 문제로 번질 수 있다. 이런 이유로 기술적 빚은 최소화해야 하고, 그러기 위해서는 실력 있는 프로그래머가 필요하다. 체계적으로 운영되는 기업에서는 코드 리뷰를 한다. 한 프로그래머가 코드를 짜면 출시하기 전에 다른 프로그래머가 그것을 검사하고 승인해야 한다. 코드 리뷰는 기술적 빚을 최소화하는 과정이다.

마이클이 직접 코딩을 했다면 이런 기술적 빚을 염두에 두고 코드를 짰을지도 모른다. 하지만 그는 코드를 전혀 이해하지 못했고 아웃소싱을 할 수밖에 없었다. 대학생 프로그래머와 프리랜서 프로그래머의 입장에서는 제품이 제대로 돌아가기만 한다면 힘들여 코드상의 기술적 빚을 최소화할 이유가 전혀 없었다. 그리고 그 결과는 그야말로 참담한 수준이었다. 프로토타입을 개선하느니 차라리 처음부터 다시 만드는 게 나을 만큼 복잡하고 난해한 코드였다. 마이클의 무지가 기술적 빚을 낳았고, 고생해 만든 프로토타입은 아무 짝에도 쓸모없는 것이 되고 말았다. 기술적 빚이 조금씩 쌓여가면서 급기야 마이클은 사업을 포기해야 할 지경에 이르렀다.

물론 에어비앤비처럼 기술적 배경 없이도 기업을 성공적으로 이끈 창업자들도 있다. 그루폰의 창업자 앤드루 메이슨(Andrew Mason)은 음악을 전공했고, 징가의 마크 핑커스(Mark Pincus)는 경제학을 전공했다. 알리바바의 잭 마(Jack Ma)는 영문학을 전공했으며, 유튜브의 채드

헐리(Chad Hurley)는 미술을 전공했다.

이들은 기술적 배경이 성공의 필수조건이 아니라는 걸 증명해준다. 하지만 이들에게는 뚜렷한 목표가 있었고 열정적으로 노력한 결과 목표 달성에 성공할 수 있었다. 제품을 직접 만드는 능력이 없다는 사실조차 그들의 열정을 멈출 수는 없었다.

기술적 배경이 없다고 해서 무조건 스타트업을 포기해야 하는 건 아니다. 열정이 있고 뚜렷한 비전이 있다면 스타트업에 도전해볼 만하다. 직접 제품을 디자인하고 개발할 만한 능력이 없다면 실력을 갖춘 공동 창업자를 찾거나, 아웃소싱을 하거나, 아니면 기술을 직접 배우면 된다.

다만 창업자로서 기술이 부족하다는 사실이 무조건적인 사업 포기의 이유가 돼서는 곤란하지만 그렇다고 기술적인 요소를 가볍게 여겨서도 안 된다. 프로그래밍은 아직 어린 학문이지만 절대로 만만하지 않다. 기술적 배경 없이 스타트업을 시작하려면 충분한 조사와 공부를 통해 부족한 부분을 메워나가야 할 각오가 있어야 한다. 결국은 노력밖에 없다.

 배움 #13

제품을
직접 만들 수 있는 기술은
스타트업의 필수조건이다.

나는 다만 재미있는 일을 했을 뿐이다

팀원
사용법

스타트업은 한 사람이 여러 가지 일을 해야 한다. 나는 스타트업을 운영하면서 프로덕트 매니지먼트*, 엔지니어링, 디자인, 마케팅 등을 책임져야 했다. 나뿐 아니라 팀원들도 모두 여러 가지 역할을 소화해냈다. 역할이 세분화된 대기업에서는 절대로 있을 수 없는 일이다. 역할이 많아 힘들 때도 많았고 비효율적이라는 생각도 했지만 다양한 업무를 경험하고 배운다는 태도로 최선을 다했다.

스위터스푼을 만들 때 나는 세 가지 역할을 맡았다. 제품을 디자인하는 디자이너였고, 제품을 설계하는 엔지니어였으며, 제품 개발을 총

---

* 스타트업에서 제품의 미래에 대해 내다보고 제품 기획을 총괄하는 역할에는 CEO, 기획자, 프로덕트 매니저 등의 다양한 직함이 붙을 수 있다. 여기서는 제품 기획을 총괄하는 역할에 '프로덕트 매니저'라는 직함을 사용했다.

괄하고 미래를 계획하는 프로덕트 매니저였다. 이는 팀원들도 마찬가지였다. 우리 팀은 할 일은 많은데 사람은 부족해 한 사람이 여러 가지 일을 병행할 수밖에 없었다. 하루는 정신없이 제품 개발에 열중하고 있는데 파트너가 내게 작은 불만을 표시했다.

"너 요즘 너무 엔지니어링과 디자인에 빠져 있는 거 같아."

"아, 그래? 마무리해야 할 것들이 너무 많아."

"제품 방향에 대해서도 논의할 게 많은데 이쪽으로는 통 신경을 안 쓰는 것 같아."

"……."

처음에는 밤낮없이 일하고 있는 내게 이런 불만을 표시하는 친구의 말이 서운했다. 하지만 따지고 보면 틀린 말도 아니었다. 공동 창업자로서 나는 회사와 제품의 미래에 대해 고민하고 논의하며 결정을 내릴 책임이 있었다. 그런데 엔지니어링과 디자인을 챙기느라 그보다 더 본질적인 문제들을 제쳐두고 있었던 것이다.

다른 의도가 있었던 건 아니다. 창업 후 줄곧 전반적인 회사 방향에 대해 숙고해왔던 내가 언제부터 그런 생각을 하지 않게 됐는지 알 수 없었다. 곰곰이 생각해봤지만 쉽게 답을 찾을 수 없었다. 나는 다시 맡은 일에 집중했고, 이런 과정을 서너 차례 반복한 뒤에야 비로소 서로 다른 역할이 요구하는 관점의 차이를 이해할 수 있었다.

프로덕트 매니저의 역할은 긴 안목에서 크게 보는 일이다. 비행기 타고 하늘에서 내려다보는 풍경은 우리가 매일 거리를 걸으면서 보는 풍경과는 크게 다르다. 비행기 안에서 보면 길 위의 인간은 너무 작고

보잘것없는 존재로 느껴진다. 내가 매일같이 하는 고민과 걱정이 어쩌면 무의미하다고 생각되어지기도 한다. 이처럼 비행기를 타고 조금 높은 곳에 올라갔다는 사실만으로도 내가 속해 있는 세상을 보는 관점이 달라지는 것이다.

프로덕트 매니지먼트와 엔지니어링의 차이도 이와 비슷하다. 비행기를 타고 가면서 길 위의 자동차를 자세히 볼 수 없듯이, 길 위에서 자동차를 몰 때는 큰 틀에서 세상을 조망하기가 쉽지 않다. 프로덕트 매니저로서 제품의 미래를 고민하는 동시에 엔지니어링과 디자인 업무를 병행하는 일은 마치 비행기를 타고 가면서 길 위의 자동차를 보려는 행위와 같았다. 하나는 긴 안목의 관점이 필요했고 다른 하나는 디테일한 시각을 요구했다. 이렇게 서로 다른 관점에서 접근해야 하는 역할을 한꺼번에 소화하려 했으니 무리가 따를 수밖에 없었다. 길 위에서 자동차를 몰 때는 하늘이 보이지 않았고, 하늘에서 비행기를 조종할 때는 땅 위의 길을 제대로 볼 수 없었다.

프로덕트 매니저로서 제품에 대해 고민하던 나와, 엔지니어로서 제품을 만들 때의 나는 전혀 다른 사람이었다. 다루는 문제가 다른 것은 물론 생각하는 방식과 일을 진행하는 방식이 전혀 달랐다. 스타트업 창업자로서 한 가지 역할만을 소화한다는 건 현실적으로 불가능한 일이므로 다양한 역할을 이해하고 있어야 했다. 역할에 따라 관점을 바꾸고 그 관점이 결과적으로 스타트업에 어떤 영향을 미칠 것인지 미리 파악하고 있어야 했다. 이러한 역할에 대한 이해와 배려가 있어야 팀의 시너지가 극대화되기 때문이다.

스타트업에 필요한 각 역할 사용법을 정리해봤다.

프로덕트 매니저 사용법 1:
이성의 목소리

너무 멀리 보며 걷다 보면 바로 앞에 있는 것들은 보지 못한다. 프로덕트 매니저는 멀리 보이는 산봉우리를 가리키며 "돌격 앞으로!"를 외치는 역할을 해야 하기 때문에 바로 앞에 있는 장애물은 놓치기 쉽다. 이때 모두가 넘어지는 걸 막으려면 팀원 중 누군가가 나서서 이 사실을 알려야 한다. 무조건 정상을 향해 달려갈 게 아니라 페이스를 조절하고 안전을 고려해야 한다는 사실을 인식시켜야 하는 것이다.

정신없이 스위터스푼 개발에 몰두하고 있던 어느 날 나는 팀원과 다음과 같은 대화를 나눴다.

"정말 좋은 기회가 왔어! 다음 주에 음식과 건강 분야 스타트업 모임이 있어. 거기에 우리를 도와줄 사람이 참석할 수 있으니 다음 주까지 베타 버전을 출시하자!"

"무슨 소리야. 우리 출시일은 4주 뒤야."

"알아. 그래도 우리에게 좋은 기회이니 서두르자는 얘기야."

"좋은 기회는 매달 있었잖아. 지금 우리가 갖고 있는 프로토타입으로도 충분히 우리의 비전을 설명할 수 있어. 4주 치 업무량을 다음 주까지 끝낸다는 건 불가능해."

"시도해보지도 않고 어떻게 알아? 우리는 할 수 있어!"

"난 현실을 말하는 것뿐이야. 이건 파이팅을 외친다고 될 일이 아니라고."

우리는 꽤 오랫동안 언쟁을 벌였다. 팀원의 주장은 이번 모임이 우리에게 중요한 기회가 될 수 있으니 밤을 새워서라도 베타 버전을 만들자는 것이었다. 팀원의 생각은 충분히 이해할 수 있었지만 그런 식으로 개발을 서둘렀던 경험이 벌써 여러 번이었다. 열심히 일하는 것도 중요하지만 매번 크고 작은 일로 개발팀에게 무리한 요구를 하는 건 매우 위험한 일이다. 나는 이전 경험을 통해 제품 개발을 일주일 안에 끝낼 수 없다는 사실을 잘 알고 있었다. 설령 일주일 안에 개발을 끝마칠 수 있다 해도 무리한 시도를 할 필요는 전혀 없었다. 우리의 비전에 관해 설명하는 게 목적이라면 이미 준비되어 있는 프로토타입으로도 충분히 가능한 일이었다.

다행히 나는 팀원을 설득할 수 있었고, 충분한 대가가 따르지 않는 일을 무리하게 감행했다가 사기가 꺾이는 일을 막을 수 있었다. 이성적으로 판단한 덕분에 바로 앞에 있는 장애물을 피할 수 있었던 것이다.

프로덕트 매니저 사용법 2:
온전한 지지

새로운 제품과 서비스를 성공적으로 개발하는 일은 쉽지 않다. 쉬운 일이라면 사업에 실패하는 사람도 없을 것이다. 프로덕트 매니저는 제품과 서비스를 성공으로 이끌기 위해 크고 작은 결정을 수없이 내려야 한다. 하지만 아무리 철저하게 준비하고 정확하게 이해하더라도 매번 완벽한 결정을 내리기란 불가능하다. 참고할 만한 자료가 없어 직감에 따라야 하거나 대다수가 반대하는 힘든 결정을 내려야 할 때도 많다.

프로덕트 매니저의 역할은 자신의 결정에 따른 책임감의 무게를 분명히 인식하는 것이다. 팀원들에게 자신이 내린 결정이 옳다는 확신을 심어주고 동의를 얻어내야 하는 위치인 만큼 온갖 생각으로 복잡할 수밖에 없다. 이런 프로덕트 매니저의 올바른 결정을 돕기 위해서는 연구 분석과 충분한 의사소통이 필요하다. 잘못 이해하고 있는 부분이 있다면 어떤 방법을 써서라도 제대로 지적하고 알려줘야 한다.

다양한 관점에서 문제를 파악해 결정을 내렸다면 그 결정에 대해 온전한 지지를 보내야 한다. 프로덕트 매니저가 내린 결정에 동의하지 않을 경우 최종 결정을 내리기 전에 반대 의견을 충분히 표출해야 한다. 팀원들과 함께 다수결로 결정했든, 프로덕트 매니저가 단독으로 결정했든 간에 결정이 내려지면 따라야 한다. 돌발변수가 생겨 방향을 틀어야 한다면 상황에 따라 유연하게 대처해야겠지만, 특별한 경우가 아니라면 이미 내려진 결정은 지지해줘야 한다.

우리 팀원 중에 자주 불만을 표시하던 친구가 있었다. 결정 과정에서는 충분한 의사 표현을 하지 않다가 이미 내려진 결정을 실행하는 단계에서 종종 반대 의견을 표출하곤 했다. 이런 비협조적인 태도와 투덜거림은 팀 전체의 사기를 떨어뜨릴 뿐 아니라 프로덕트 매니저가 제품을 이끌어가는 데도 지장을 초래한다.

　프로덕트 매니저는 신이 아니다. 실수도 잦고 결정을 번복하는 경우도 많다. 하지만 일단 결정이 내려지면 그 순간부터 프로덕트 매니저의 의견을 지지해야 한다. 그래야 스타트업이 하나의 목표를 향해 움직일 수 있고 프로덕트 매니저가 팀을 성공으로 이끌어나갈 수 있다.

프로덕트 매니저 사용법 3: 성취감 공유

　　　　　　　　인터넷 스타트업에서 성취감이 가장 큰 역할은 엔지니어와 디자이너다. 무언가를 자기 손으로 직접 만드는 일은 큰 성취감을 가져다준다. 직접 짠 코드가 정상적으로 작동하고 골머리를 앓게 하던 버그를 마침내 수정하며 깔끔하고 사용하기 편리한 디자인으로 완성할 때의 성취감은 직접 경험해본 사람만 알 수 있다. 이런 성취감은 고된 스타트업의 여정을 견딜 수 있는 힘이 되어준다.

　반면 이들과는 역할이 다른 프로덕트 매니저나 마케팅 매니저는 매일 성취감을 느끼기 힘들다. 제품을 출시하거나 투자를 유치할 때 혹은 마케팅 전략이 효과를 발휘할 때 성취감을 느끼기는 하지만 엔지니어나 디자이너처럼 작은 성취감을 자주 느낄 수는 없다. 이런 의미에서 스타트업 환경에서 정신적으로 가장 힘든 사람들은 프로덕트 매니저와 마케팅 매니저다.

　프로덕트 매니저는 자신의 존재 가치를 증명하기 위해서라도 더 많이 고민하고 더 열심히 일해야 한다. 눈에 보이는 결과물을 직접 만들어낼 수 없는 직책이다 보니 항상 무언가를 해야 한다는 강박에 시달리기도 한다. 따라서 엔지니어나 디자이너가 프로덕트 매니저처럼 성취감을 자주 느끼지 못하는 사람들과 결과물에 대한 만족감을 공유하면 이들에게 큰 자극이 된다. 또한 팀원들의 정신 건강에도 큰 도움이 된다.

성취감을 공유하는 일은 그리 어렵지 않다. 여기에는 두 가지 방법이 있다. 첫째는 진심어린 칭찬과 고마움을 자주 표현하는 것이다. 예를 들면 다음과 같은 경우를 생각해볼 수 있다.

"이번에 출시한 버전은 저번 것보다 모든 면에서 훨씬 더 정돈이 잘된 느낌이야. 네가 진두지휘를 잘해줘서 그래. 수고했어."

"이번에 작성한 시장조사 보고서가 우리 제품의 방향을 결정하는 데 큰 도움이 된 거 같아. 짧은 시간에 어떻게 그렇게 많은 내용을 찾아냈어? 참 대단해!"

"항상 느끼면서도 제대로 말을 못했는데 네가 이리저리 뛰어다니면서 수고해줘서 내가 마음 편하게 제품 개발에 집중할 수 있었던 것 같아. 정말 고마워."

둘째는 조언을 구하거나 작은 부탁을 함으로써 성취감을 느낄 수 있도록 도와주는 것이다.

"내가 지금 음식 카테고리를 예상하는 로직을 코딩하는 중인데, 이해가 안 되는 부분이 있어. 이 로직을 대신 짜줄 수 있어?"

"검색 결과 페이지를 디자인하는 중인데 칼로리 정보 레이아웃에 대한 너의 의견이 꼭 필요해. 이것 좀 봐줘."

"나 지금 로그인 버그를 잡는 중인데 어느 브라우저에서 작동이 안 되는지 잘 모르겠어. 혹시 찾아내는 일을 도와줄 수 있어?"

그렇다고 하기 싫은 일을 떠넘기라는 얘기가 아니다. 그들도 분명 생각해야 할 것과 끝내야 할 일이 산더미처럼 쌓여 있다. 다만 지쳐 보일 때 개인의 장점을 발휘할 수 있는 부탁이나 조언을 구하는 건 그들에게 커다란 동기부여가 될 수 있다.

내 파트너는 엔지니어링을 전공했기 때문에 코딩 작업이 가능했다. 어느 날 파트너가 지쳐 보일 때 음식 재료를 구분하고 분석하는 로직을 통째로 부탁한 적이 있다. 그는 신나게 일하더니 며칠 만에 끝마쳤다. 파트너는 아직도 스타트업 시절 가장 재밌었던 일을 말하라면 당시의 프로젝트를 얘기하곤 한다. 그 프로젝트 작업이 그에게 더할 나위 없이 큰 성취감을 가져다주었던 것이다.

프로덕트 매니저와 성취감을 나눠보라. 그에게 진심으로 고마움을 표현하거나 장점을 칭찬하며 그가 재미를 느낄 수 있고 잘할 수 있는 일을 부탁해보라. 의외로 큰 선물이 될 수 있다.

엔지니어 사용법 1:
관점의 한계

스타트업은 한 사람이 여러 가지 역할을 소화해내야 하기에 엔지니어도 프로덕트 매니저와 함께 제품의 전략적인 측면을 고민해야 한다. 하지만 서로 관점이 다른 역할이기 때문에 말처럼 쉬운 일은 아니다. 간단히 말하면 프로덕트 매니저는 집을 설계하는 사람이고 엔지니어는 망치를 들고 직접 집을 만들어내는 사람이다. 열심히 땀을 흘리며 망치질하는 사람에게 갑자기 다음과 같은 질문을 던진다고 상상해보자.

"대문에 어떤 모양을 그려 넣을지 고민 중인데 혹시 좋은 아이디어 있어?"

"지붕 위의 기왓장 크기를 바꾸고 싶은데 그 비용이 공사비에 얼마나 영향을 줄까?"

"2층 침실 창문을 좀 더 크게 만들어 전망을 좋게 하고 싶은데, 크기가 어느 정도나 돼야 할까?"

주어진 설계도대로 집을 만드는 데 집중하고 있는 사람에게 갑자기 이런 질문을 던진다면 정말 황당해할 것이다.

인간은 여러 가지 일을 한꺼번에 수행할 만큼 뛰어난 존재가 아니다. MIT 신경과학과 교수 얼 밀러(Earl Miller)는 인간이 한 번에 두 가지 일에 집중하기 어렵다고 말했다. 밀러는 예를 들어 이메일을 쓰면서 통화하는 일은 거의 불가능하다고 했다. 그러면서 두 가지 일을 병행할 수 있다고 생각하는 사람은 사실 굉장히 빠르게 하나의 일에서 다른 일로 왔다 갔다 하는 사람이라고 말했다. 인간의 두뇌는 한 번에 한 가지 일에만 집중할 수 있다는 것이다.

엔지니어는 제품을 만드는 사람이다. 그래서 대부분 거시적 관점보다는 미시적 관점에서 업무 수행이 이루어진다. 제대로 작동하는 코드를 만들어내야 하고, 코드의 유지 및 관리는 제대로 되고 있는지, 효율성은 최상인지, 버그는 없는지 늘 살펴보고 해결해야 한다. 이렇듯 작은 일들에 정성을 쏟고 있는 엔지니어에게 갑자기 제품 전략에 관해 질문한다면 매우 당황스러워할 것이다.

그렇다고 엔지니어들이 코딩에만 매달려 있는 것은 아니다. 이미 말했듯이 거의 모든 스타트업은 형편상 여러 역할을 소화해내야 한다. 만약 코딩 이외의 일에 엔지니어의 도움이 필요하다면 그에게 관점을 바꿀 수 있는 충분한 시간을 주어야 한다. 갑작스럽게 전혀 다른 업무 과정에 대해 질문한다거나, 일정이 정해지지 않은 회의에 초대해 무작정 토론에 참여시키는 행위는 피해야 한다. 이런 경우 다음과 같은 방법들이 유용할 수 있다.

- **주제 예고하기:** 갑자기 다가가서 질문하는 대신 얘기하고 싶은 주제에 대해 미리 알려 답변을 준비할 수 있도록 한다. "내일 점심시간에 마케팅 전략에 관해 얘기하고 싶은데 괜찮지?"
- **의사일정 정하기:** 모든 회의 일정은 미리 정해두는 게 좋다. 특히 엔지니어링 이외의 미팅이라면 더더욱 사전에 알려야 한다. 이 경우 장황하게 설명할 필요가 없다. 다음과 같은 한 줄로도 충분히 의미를 전달할 수 있다. "수요일 오후에 제품전략서 피드백 미팅을 가질 예정임."
- **컴퓨터와 떼어놓기:** 엔지니어는 컴퓨터가 있는 한 코딩에 대해서만 생각할 것이다. 그들이 가장 재미있어 하고 집중하고 싶어 하는 일

이 코딩이기 때문이다. 코딩이 아닌 다른 일에서 그들의 의견과 도움이 필요하다면 무조건 컴퓨터와 떼어놓아야 한다. 미팅할 때는 노트북을 가져오지 못하도록 한다거나 그들이 코딩을 잠시 잊을 수 있도록 산책을 하거나 혹은 카페 등에 가서 대화를 나누는 방법도 좋다.

자동차 운전에 집중해 있는 사람은 하늘에 떠 있는 별을 바라볼 여유가 없다. 팀원들에게 다른 역할을 기대한다면 그들이 관점을 바꿀 수 있는 충분한 시간을 제공해야 한다. 엔지니어도 동기부여만 된다면 훌륭한 전략가나 기획자가 될 수 있다.

엔지니어 사용법 2:
잠자는 사자

영화 〈소셜 네트워크The Social Network〉를 보면 팰로앨토로 이사 온 마크 저커버그(제시 아이젠버그)와 그의 팀원들이 함께 거주하며 사무실로 사용하는 집에 숀 파커(저스틴 팀버레이크)가 방문하는 장면이 나온다. 숀 파커가 헤드폰을 끼고 코딩을 하는 엔지니어에게 자신을 소개하고 악수를 청하지만 엔지니어는 손을 저으며 거절한다. 이때 마크 저커버그는 엔지니어가 'Wired-in'● 된 상태라

● 직역하면 '선이 꽂혀 있다'이다. 온 힘을 다해 일에 집중하고 있다는 의미다.

서 방해받을 수 없다고 설명한다.

영화에서 묘사된 것처럼 코딩 중에는 사람을 무시하는 엔지니어를 만난 적은 아직 없다. 재미를 위해 연출된 장면이기는 하지만 영화를 본 엔지니어라면 충분히 공감할 수 있을 것이다. 그리고 한 번쯤은 '나도 저렇게 해봐야지!'라고 생각했을지도 모른다.

엔지니어가 코딩을 할 때 왜 방해하면 안 되는지 궁금한 사람이 많을 것이다. 잠깐 인사를 받거나 질문에 답한 뒤 다시 코딩을 하면 되지 않나? 코딩이 뭐 그리 대단한 작업이라고 특별대우를 해주는 걸까? 이런 의문이 드는 사람이 있다면 나는 "엔지니어가 코딩하는 건 잠을 자는 상황과 같다"라고 말해주고 싶다. 단잠을 자고 있는데 누군가 내 몸을 흔들어 깨우면서 질문을 한다고 상상해보자. 잠결에 대충 대답을 하자 나를 깨운 사람은 "깨워서 미안해, 이제 다시 자"라는 말한 뒤 사라져버린다. 나는 다시 잠들 수 있을까?

또 다른 예를 들어보자. 슬픈 발라드를 부르는 가수의 무대를 직접 보고 있다고 상상해보자. 보통 발라드는 전주부터 코러스 부분까지 서서히 감정의 레벨을 높인다. 멜로디와 가사 그리고 가수의 감정이 잘 어우러진다면 절정에 다다랐을 때 듣는 사람들이 감동할 것이다. 그런데 이때 누군가가 노래 감상에 방해되는 행위를 한다면 절대로 감정이입이 될 수 없다.

엔지니어가 다른 역할에 비해 집중하는 데 오랜 시간이 필요한 것은 코딩이라는 작업이 선형적이지 않기 때문이다. 책을 읽는 일은 선형적이다. 첫 번째 장을 읽었으면 두 번째 장으로 넘어가면 된다. 하지만 코딩은 그렇지 않다. 두 번째 장을 이해하기 위해서는 네 번째 장을 먼저 읽고, 첫 번째 장으로 돌아가서 요약한 뒤, 다섯 번째 장을 먼저 외워야 하는 작업이다. 그런 이유에서 코딩에 소요되는 시간 중 대부분은 타이핑하기보다 화면을 들여다보며 생각하는 데 소요된다.*

주위에 복잡한 코딩을 하는 엔지니어가 있다면 엔지니어기 타이핑하는 시간보다 화면을 들여다보는 시간이 더 많다는 걸 관찰할 수 있을 것이다. 엔지니어는 단 몇 줄밖에 안 되는 간단한 기능 하나를 코딩하기 위해 10여 개의 파일을 두세 시간에 동안 읽고 이해해야 할 때도 있고, 버그 하나를 수정하기 위해 하루 종일 코드만 들여다봐야 할 때도 있다. 엔지니어에게는 흔한 일이다. 이는 다양한 차원에서 여러 가지를 기억하고 생각해야 하는 작업의 성격 때문이다.

사람에 따라 다르겠지만, 보통 한 번 코딩을 시작하면 서너 시간 정도는 방해를 받지 않고 작업할 수 있어야 최고의 효율성을 유지할 수 있다. 코딩을 하는 동안 방해하는 시간을 최소화하려면 쓸데없는 미팅은 취소하는 게 좋다. 미팅을 반드시 해야 한다면 최대한 한 번에 몰아서 할 것을 권한다. 우리 팀은 효율성을 극대화하기 위해 엔지니어가 방해를 받지 않고 일할 수 있는 세션을 세 시간이라 정의했다. 최소한 오전에 한 세션 그리고 오후에 한 세션을 가질 수 있도록 배려함으

---

* 실제로 매우 복잡한 코드를 들여다볼 때면 온종일 단 한 줄의 코드도 쓰지 않던 날도 있다. 프레드 브룩스(Fred Brooks)는 1975년 출간된 자신의 책 《맨먼스 미신The Mythical Man Month》에서 어떤 프로그래밍 언어를 사용하든지 프로그래머는 한 달 평균 400줄(하루 평균 약 13줄)의 코드를 쓴다고 말했다. 이는 상황과 프로젝트에 따라 크게 달라질 수 있는 숫자다. 스타트업에서는 하루에 1000줄 이상의 코드를 써본 경험도 있다. 여기서 중요한 점은 복잡한 프로그램일수록 읽고 이해하는 시간이 더 많이 걸린다는 것이다.

써 엔지니어의 작업 효율성을 높이고 있다.

코딩을 하다 엔지니어가 잠들면 그대로 두는 게 좋다. 한밤중에 깨면 곧바로 다시 잠드는 게 쉽지 않듯, 엔지니어는 한 번 흐름이 끊기면 다시 집중하기가 어렵다. 노래가 도중에 끊겼을 때 노래를 온전히 감상하기 위해서는 처음부터 다시 들어야 하는 것처럼 엔지니어도 도중에 흐름이 끊기면 처음부터 다시 생각해야 한다. 그들을 '잠자는 사자'라고 생각하자. 그들이 자고 있다면 잠을 푹 잘 수 있도록 도와줘야 한다. 작업의 효율성을 높이고 팀의 효율성을 높이려면 이 정도의 기본 배려와 매너는 있어야 한다.

엔지니어 사용법 3:
Killing your baby

'Killing your baby'라는 말이 있다. 직역하면 끔찍하게 들릴 수 있는 이 표현은, 스타트업 엔지니어들이 피땀을 흘려가며 만든 제품을 폐기하거나 상당 부분 수정할 때 쓰는 말이다. 온갖 정성을 쏟으며 만든 제품은 엔지니어에게 아기(baby)와도 같은 존재다. 그런 제품을 버리는 일은 엔지니어에게 큰 정신적 타격을 줄 수밖에 없다.

스타트업의 사업 방향은 수시로 바뀐다. 엔지니어가 이런 현실을 이해하지 못하는 건 아니다. 하지만 아무리 상황을 이해하고 제품에 집착하지 않으려 해도, 크고 작은 피벗을 통해 지금까지 열심히 만들어오던 제품이 하루아침에 폐기되는 일은 잔인한 일이 아닐 수 없다. 제품 폐기는 팀원 모두에게도 영향을 준다. 하지만 다양한 역할을 맡아본 내 경험에 비춰볼 때, 팀원 중 엔지니어가 느끼는 상실감이 가장 크다. 제품을 손수 만들었기에 그만큼 더 애착이 가는 것이다.

피벗을 결정하는 과정에서 엔지니어의 이런 감정을 무시해서는 안 된다. 한두 번은 대수롭지 않게 넘어갈 수 있다. 하지만 계속해서 아무렇지도 않게 그들의 '아기'를 버릴 것을 요구한다면, 그들은 더 이상 견딜 수 없는 지경에 이를 것이다.

그렇다고 엔지니어의 눈치를 살피고 필요한 피벗을 미루거나 무시하라는 얘기가 아니다. 스타트업을 운영하는 입장에서는 회사의 미래가 최우선이고, 제품의 방향이 잘못됐다면 당연히 몇 번이고 바로잡아야 한다. 하지만 방향을 바로잡는 과정에서 큰 타격을 받게 될 엔지니어의 정신적인 고통을 대수롭지 않게 생각하지는 말자는 소리다. 무엇보다도 피벗 과정에서 제품과 엔지니어를 대하는 태도가 가장 중요하다. 아무 일도 아닌 듯 새로운 방향으로 전진하는 것은 그들과 그들이 버리고 가야 하는 '아기'를 존중하는 태도가 아니다.

나는 내가 개발하던 제품의 상당 부분을 수정하거나, 새로운 방향으로 접근하기 위해 제품을 완전히 버려야 하는 상황에 직면하면 최소 반나절에서 하루 정도는 지금까지 만들어왔던 제품에 대해 생각하고 마음의 정리를 할 수 있는 시간을 가졌다. 우리 팀은 많은 피벗을 거쳐야 했는데, 그런 경험을 통해 스스로 견뎌낼 수 있는 나만의 노하우를 터득했던 것이다. 마치 오랜 친구를 떠나보내는 것처럼 그동안 밤낮으로 공들여 만든 제품에게 마음으로 인사하고 다시 결의를 다질 수 있는 시간을 허용함으로써 나는 수많은 피벗을 잘 견뎌낼 수 있었다.

엔지니어는 코드를 만드는 기계가 아니다. 그들은 지금도 자신이 만드는 제품에 남다른 애착을 갖고 있다. 방향을 전환해야 하는 일이 생긴다면 팀원 모두 크게 상심하겠지만, 직접 제품을 만든 엔지니어의 심정을 가장 먼저 헤아려야 한다. 그들의 심정을 헤아리는 따뜻한 말 한마디가 큰 위로가 될 것이다.

디자이너 사용법 1:
리더십

우리 팀에는 전문적으로 디자인 교육을 받은 디자이너가 없었다. 그나마 웹사이트 디자인 경험이 있던 내가 그 역할을 맡아 하나씩 배워가며 디자인을 시작했다. 초창기 우리 팀은 자주 디자인 미팅을 열고 몇 시간씩 열띤 토론을 벌이곤 했다. 레이아웃이 어떻게 바뀌어야 하는지, 어떤 색상이 좋은지, 로고는 어떤 모양으로 해야 하는지 등등 모두들 열정적으로 의견을 나누며 완벽한 디자인을 만들어내려고 노력했다.

그런데 이런 식으로 몇 차례 디자인 미팅을 하다 보니 뭔가 잘못됐다는 느낌이 들었다. 우리가 미팅을 통해 최종 결정한 디자인은 팀원들 중 그 누구의 마음에도 들지 않았던 것이다. 어떻게 이런 일이 일어나게 됐을까? 우리는 분명 토론을 통해 모든 팀원들의 동의하에 디자인을 결정했다.

그때까지만 해도 나는 모든 사람들의 의견을 수용하고 타협한 뒤 디자인 작업을 하는 게 얼마나 비효율적인 일인지 전혀 알지 못했다. 부족한 실력을 메우려고 머리를 맞대 지혜를 모았지만 결과는 이도저도 아닌 디자인이 돼버리기 일쑤였다. 사공이 많아 배가 산으로 간 격이었다.

올림픽 정식 종목인 조정의 에이트 경기는 팀마다 노를 젓는 여덟 명의 조수와 키를 조정하는 한 명의 타수가 있다. 조수들은 타수의 지시에 따라 같은 리듬으로 노를 저어야 한다. 그래야 배가 정확한 방향으로 속력을 내 앞으로 나갈 수 있다. 멀리서 보면 아무 할 일 없이 앉아만 있는 것처럼 보이는 게 타수다. 그러나 타수가 없으면 조수들이 힘껏 노를 저어도 별 소용이 없다. 타수가 배의 방향과 힘 그리고 리듬을 제대로 제어하고 조수들이 타수의 지시에 따라 힘껏 노를 저어야 최선의 결과를 얻을 수 있다.

스타트업에서 디자이너의 역할도 마찬가지다. 디자이너로서 전반적인 디자인 방향을 제시하고 이를 뒷받침할 합당한 논리를 제시한다면 팀원들은 그 방향으로 따라가면서 피드백을 할 것이다. 전반적인 디자인 방향이 정해진 상태에서 팀원들끼리 나누는 의견은 매우 유용하다. 하지만 우리의 경우처럼 디자이너가 없거나, 전반적인 디자인 방향을 제시할 만큼 경험이 풍부한 사람이 없을 경우에는 서로 의견을 조율해가면서 제품을 디자인할 수밖에 없다. 이런 상황은 조정의 에이트 경기에서 타수 없이 노를 젓는 행위와 비슷하다. 각기 다른 관점으로 의견을 나누다가 배가 산으로 가게 되는 것이다.

스타트업에서 디자이너의 역할은 단순히 예쁜 모양을 그리는 데 있지 않다. 시각적인 작업은 디자이너의 역할 중 극히 일부분에 불과할 뿐이다. 제품이 사용자들 손 안에서 어떻게 작동할지에 대한 고민에서 부터 스타트업이 추구하고자 하는 브랜드 이미지 그리고 디자인이 수익에 미치는 영향까지 다방면에서 신경 써야 할 것들이 많다. 독일의 저명한 디자이너 디터 람스(Dieter Rams)의 디자인 십계명*을 보면 디자이너가 생각하고 고민해야 할 것들이 얼마나 많은지 알 수 있다. 대단한 리더십이 요구되는 것이다.

운이 좋아 이런 리더십을 발휘할 수 있는 훌륭한 디자이너가 이미 팀에 있다면 축하할 일이다. 그러나 대부분의 스타트업은 그렇게 운이 좋지 않다. 내 경험에 비춰볼 때 이런 정도의 역할을 할 수 있는 디자이너를 찾는 일은 훌륭한 엔지니어를 찾는 일만큼 어렵다. 그렇다고 상심할 필요는 없다. 디자이너의 역할이 단순히 눈에 보이는 UI를 그리는 것이 아니라는 사실을 계속 상기시켜주면 된다. 아직 훌륭한 리더가 아니라면 성장할 기회를 주는 것도 좋다.

디자이너가 리더로 성장하도록 돕는 좋은 방법 중 하나는 디자인 결정의 이유를 자주 묻는 것이다. 람스의 디자인 십계명이 어떻게 적용

• 브라운의 수석 디자이너로, 조너선 아이브(Jonathan Ive)가 애플 디자인이 람스의 영향을 받았다고 말할 만큼 람스 디자인은 유명하다. 람스의 디자인 십계명은 다음과 같다. 좋은 디자인은 ①혁신적이다. ②제품을 유용하게 한다. ③아름답다. ④제품을 이해하기 쉽도록 한다. ⑤정직하다. ⑥불필요한 관심을 끌지 않는다. ⑦오래 지속된다. ⑧마지막 디테일까지 철저하다. ⑨환경친화적이다. ⑩최소화된 디자인이다.

됐는지를 묻는 것도 좋은 방법일 수 있다. 다만 질문을 할 때 디자이너를 의심하고 있거나 실력을 못 믿는다는 느낌을 줘서는 절대 안 된다. "메뉴를 왜 파란색으로 했지? 우리 로고에는 파란색이 없잖아"라고 말하는 것보다는 "메뉴 색상을 로고에 없는 것으로 선택한 이유가 혹시 있어?"라고 묻는 게 더 낫다. 상대를 기분 나쁘지 않게 하면서 자기 결정에 대해 제고할 기회를 주는 것이다. 중요한 디자인 결정에는 그에 합당한 이유가 꼭 필요하다는 사실을 깨우친다면 스타트업의 디자인은 큰 발전을 이룰 것이다.

명심해야 할 것은 이때 질문이 지나치면 역효과를 불러올 수 있다는 점이다. 구글의 첫 번째 비주얼 디자이너였던 더글러스 보먼(Douglas Bowman)이 구글을 떠나면서 블로그에 올린 글*은 디자이너들 사이에서 유명하다. 그는 구글이 어떤 파란색을 써야 할지 고민하다가 실험을 통해 파란색 41개의 효율성을 알아내고 보더의 두께를 3, 4, 5픽셀 중 어떤 것으로 할지 결정한 뒤 그 이유를 설명하라고 했다면서 이런 회사 문화가 답답했다고 했다. 그는 디자인은 매우 창의적인 작업이며 결정 하나하나를 설명해야 하는 환경에서는 일할 수 없다고 했다.

스타트업의 디자인은 예술과 과학을 접목해야 하는 분야다. 디자이너는 시각적인 부분만 책임지면 그 역할이 끝나는 게 아니다. 사용자가 제품을 사용하는 모든 면에서 최적화가 됐는지 고민해야 한다. 디자이너의 역할을 끊임없이 일깨워주고 지나치지 않은 선에서 적당한 책

* http://stopdesign.com/archive/2009/03/20/goodbye-google.html

임을 묻는다면 스타트업의 디자인은 크게 발전할 수 있다.

디자이너 사용법 2:
디자인 결정권

　　　　　　우리가 초창기에 가장 많이 토론했던 디자인 문제 중 하나는 웹사이트 서체 크기였다. 나는 당시 서체가 작을수록 디자인이 세련돼 보인다고 생각했고 내 취향에 따라 서체를 작은 크기로 배열했다. 하지만 글씨가 작아서 읽기 힘들다는 팀원들의 피드백이 왔다. 이런 상황에서는 누구의 의견을 따라야 할까? 서체가 작으면 디자인이 더 세련되어 보인다는 근거 없는 나의 의견이 옳다고 가정한다 해도, 글씨가 작아서 읽는 데 불편함을 느끼는 사람이 존재하는 한 그 디자인은 무용지물이다. 자격지심에서 비롯된 쓸데없는 자존심이었는지 모르겠지만 나는 계속해서 내 생각이 옳다고 주장했고, 팀원들은 그런 나를 설득하느라 많은 시간을 허비해야 했다.

　디자인에는 정답이 없다. 다만 사용자 입장을 고려할 때 더 적합한 디자인은 있다. 서체 크기를 예로 들어보자. 사용자 입장에서 서체 크기는, 디자인의 전반적인 세련됨보다는 글의 내용을 얼마나 쉽게 읽을 수 있게 하는지가 더 중요하다. 일단 글을 편하게 읽을 수 있는 서체 크기를 선택한 뒤 다른 시각적인 부분을 고려하는 게 옳다.

　그렇다면 손쉽게 납득할 만한 답이 나오지 않는 문제들은 어떻게 해야 할까? 구글이 그랬던 것처럼 모든 디자인 결정을 실험을 통해 내려야 할까? 디자인 결정에 도움을 줄 수 있는 자료가 있다면 활용하는 게 좋다. 하지만 대부분의 디자인 결정은 자료의 도움 없이 내려야 한다. 스타트업의 특성상 모든 디자인 결정을 실험이나 연구조사를 통해 내릴 수는 없다.

해결책은 뜻밖으로 간단하다. 명확한 답이 없고 실험과 연구조사를 통해 결정을 내리는 게 비현실적인 상황이라면, 무조건 디자이너의 의견을 따라야 한다. 시각디자인은 주관적일 때가 많다. 다른 미팅을 할 때는 조용히 구경만 하던 팀원들도 디자인 미팅만 하면 다들 할 말이 많아진다. 바로 눈앞에 보이는 시각적인 것들에 대해서는 비교적 쉽게 의견을 개진할 수 있기 때문이다.

"나는 파란색보다는 빨간색이 좋아. 파란색을 쓰는 웹사이트가 너무 많아서 비슷하게 보일 수 있어." 이런 식으로 개인적인 취향이 반영된 의견을 강하게 피력하는 팀원이 있다면 미팅은 쉽게 끝나지 않는다. 빨간색이 좋다는 사람한테 다른 색을 좋아하라고 어떻게 설득한단 말인가? 물론 연구조사를 통해 트렌드를 분석하고 색상 심리학을 논할 수도 있지만, 여기서 명심해야 할 점은 색상은 그다지 중요한 결정 사항이 아니라는 것이다. 웹사이트가 파란색이었으면 성공했을 스타트업이 빨간색이어서 망한 경우는 없다. 이렇듯 자료가 없는 상황에서 누구의 취향이 옳은지 토론을 하는 건 시간낭비다. 스타트업의 궁극적인 목표에 영향을 미치지 않는 한 디자인 선택은 디자이너가 내릴 수 있도록 하는 게 바람직하다.

이는 다른 팀원들의 의견을 무시하고 디자이너 마음대로 디자인을 하도록 내버려두자는 말이 아니다. 사용자 입장에서 먼저 생각하고 팀원들의 의견을 수렴하되, 쓸데없이 시간낭비를 하지 않도록 디자이너에게 최종 결정권을 위임하자는 의미다. 이도저도 아닌 결과물이 나오는 일을 방지할 수 있는 최선의 방법이기 때문이다.

마케팅 매니저 사용법 1:
제품의 대변자

마케팅 경험이 없는 창업자들은 제품이 완성된 이후에 마케팅을 고민하는 경향이 있다. 이는 그가 마케팅의 중요성을 몰라서가 아니다. 마케팅 경험이 없는 창업자도 사람들에게 제품을 알리는 일이 얼마나 중요한지 분명 알고 있다. 그렇다면 왜 어떤 이유로 마케팅에 대한 고민을 미루는 것일까?

스타트업이 제품을 출시하는 과정은 크게 세 단계로 나눌 수 있다. 첫째 제품을 기획하고, 둘째 제품을 만들고, 셋째 제품을 알린다. 제품을 기획하고 만드는 과정은 희망과 설렘으로 가득 차 있는 시기다. 창업자가 엔지니어인 경우 더더욱 이런 현상이 두드러진다.

제품을 손수 만드는 순간만큼은 모든 걸 잠시 잊고 그 일에만 집중하는 게 가능하기 때문이다. 반면 내가 만든 결과물을 사람들 앞에 내놓고 심판을 받아야 하는 순간이 오면 그때부터는 현실을 직시하고 실패의 가능성을 고려할 수밖에 없다. 다시 말해 제품을 기획하고 만드는 과정은 즐거울 수 있으나, 그 제품을 알리기 시작함과 동시에 실패의 가능성이 현실로 다가올 수 있는 것이다. 실패의 가능성은 우리를 두렵게 한다. 이것이 마케팅을 미루게 되는 이유 중 하나다.

실패의 두려움은 좋아하는 사람에게 사랑을 고백해본 경험이 있다면 충분히 이해할 수 있다. 누군가를 좋아하는 감정은 우리를 행복하고 설레게 한다. 그 사람에 대해 생각하는 것만으로도 가슴이 벅차오른다. 문제는 좋아하는 감정을 상대에게 표현하겠다는 결심에서부터 시작된다. 고백이 긴장되고 떨리는 이유는 거절에 대한 두려움 때문이다. 내가 좋아하는 사람이 내 마음을 받아주지 않으면 어떻게 해야 할까? 너무나도 절실한 그 마음을 거절당할 수도 있다는 가능성이 우리로 하여금 긴장하게 하는 것이다.

스타트업의 여정은 시작부터 끝까지 불확실하지만 특히 마케팅 매니저가 담당하는 부분에 불확실성이 집중돼 있다. 제품을 완성한 후 마케팅을 고민하는 방식은 마케팅 매니저뿐 아니라 회사 전체 차원에서 큰 짐이다. 따라서 제품 개발을 끝마친 뒤 마케팅 매니저에게 "이제 이 제품을 마케팅해봐!"라고 떠넘겨서는 안 된다. 사용자에게 제품을 어떻게 알릴 것인지에 대한 전략은 제품 기획 단계에서부터 고민해야 한다.

제품을 알리는 일은 단순히 제품이 출시된 이후에 광고를 내보내는 것으로 시작하고 끝내서는 안 된다. 제품 개발 초기 때부터 모든 직원들이 함께 고민해야 하는 전략적인 문제다. 마케팅 매니저는 제품의 대변자로서 기획 단계에서부터 사용자에게 제품을 어떻게 알릴지 고민해야 하고, 팀원들은 제품을 만드는 일과 홍보하는 일이 분리된 과정이 아님을 받아들여야 한다. 마케팅 매니저의 지휘 아래 모든 팀원들이 책임감을 느끼고 제품을 알리는 일에 대한 두려움을 분담할 수 있다면, 보다 체계적으로 제품 출시를 준비할 수 있다.

마케팅 매니저 사용법 2: 전략의 가치

마케팅은 간단히 정의하면 사람들에게 제품을 알리는 모든 행위를 말한다. 제품을 알리는 일에는 돈이 필요한데, 이때 많은 돈을 투자할수록 마케팅이 훨씬 수월하다. 대개 마케팅 전략의 가치를 판단할 때, 그 전략이 회사의 이익에 직접적으로 미칠 영향을 생각하곤 한다. 쉽게 말해 이익이 비용보다 많으면 그 전략은 성공적이고, 반대로 비용이 이익보다 많으면 그 전략은 비효율적이라고 생각하는 것이다.

문제는 대부분의 스타트업이 마케팅에 많은 예산을 할당할 만한 자금 여유가 없다는 사실이다. 돈은 없고 제품은 어떻게든 사용자에게

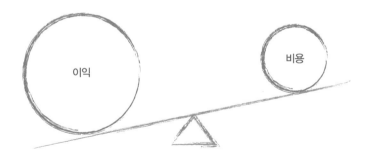

알려야 하는 게 스타트업의 현실이다. 이런 이유에서 스타트업이 마케팅 전략을 두고 고민하는 경우는 크게 두 가지다. 첫째는 어떻게 하면 적은 비용을 들여 큰 이익을 얻을 수 있을까? 둘째는 예상된 이익보다 비용이 더 많은 전략을 고려해야 할 때는 언제인가?

적은 비용으로 큰 이익을 얻는 경우부터 살펴보자. 돈을 들이지 않고 입소문으로 성장하는 게 불가능한 일은 아니다. 구글과 페이스북은 자체적인 마케팅 없이 입소문만으로 성장의 발판을 마련했다. 직접적인 광고보다는 적은 비용의 바이럴 마케팅(viral marketing)으로 큰 성공을 거둔 스타트업도 여럿 있다. 면도기를 시작으로 다양한 남성용 생필품을 파는 달러쉐이브클럽(Dollar Shave Club)은 CEO가 직접 출연한 코믹한 유튜브 동영상 때문에 하루아침에 유명세를 탔다.[*] 이런 회사들은 좋은 아이디어를 효과적으로 실행하면 큰돈 들이지 않고도 엄청난 마케팅 효과를 얻을 수 있다는 걸 증명해준다.

그렇다면 마케팅 문제는 해결된 게 아닐까? 바이럴 마케팅에 집중하고 좋은 아이디어를 찾아 실행에 옮기면 되는 것이다. 하루는 마케팅을 담당하고 있던 친구와 미팅을 하면서 다음과 같은 대화를 나눴다.

"다른 회사들도 하는데 우리라고 못할 일은 아니잖아. 우리도 바이럴 마케팅을 하자. 비디오를 포함해 여러 가지 콘텐츠를 소셜네트워크를 통해 퍼뜨리는 거야."

---

[*] 2012년에 회사에 대한 설명을 코믹하게 담은 동영상을 유튜브에 올린 지 이틀 만에 1만 2000개의 주문이 들어왔다. 이 동영상은 2015년 4월 기준으로 조회 수 1800만 건을 기록 중이다.

"말 참 쉽게 한다."

"못할 것도 없잖아? 좋은 아이디어 하나만 있으면 돼."

"그래. 불가능한 일은 아니지. 시도는 해보자. 하지만 단지 좋은 아이디어 하나만 있으면 바이럴 마케팅에 쉽게 성공할 수 있으리라는 믿음은, 좋은 아이디어 하나만 있으면 스타트업으로 대박을 터뜨릴 수 있다는 믿음이랑 똑같아."

그 친구의 말이 백번 옳았다. 나는 스타트업의 성공은 좋은 아이디어 하나로 보장될 수 없다는 사실을 이미 알고 있으면서도 바이럴 마케팅에 대해 너무 쉽게 생각하고 있었던 것이다.

제품의 특성상 바이럴 마케팅이 주된 전략이 되어야 하는 경우도 있다. 입소문을 타고 널리 퍼져 많은 사용자를 끌어들어야 하는 네트워크 구조의 제품들이 그렇다. 이런 경우 바이럴 마케팅은 마케팅 전략이라기보다는 제품의 일부일 가능성이 크다. 이미 말했듯이 마케팅 매니저를 제품 기획과 개발 단계에 참여시켜야 하는 이유다.

제품이 출시된 후에 시도하는 일시적인 전략이 아니라 마케팅 매니저와 함께 기획 단계에서부터 제품의 일부분을 마케팅 전략으로 만든다면 성공 확률을 높일 수 있다. 하지만 제품의 특성과 무관하게 바이럴 마케팅을 주된 마케팅 전략으로 사용하는 건 바람직하지 못하다. 적은 비용으로 큰 이익을 얻을 수 있는 전략은 많은 고민과 계획이 필요하며 성공 여부에 대한 기대치 조정 또한 필요하다.

다음으로 예상되는 이익보다 비용이 더 많이 드는 경우를 살펴보자. 광고 링크 클릭부터 제품 구매까지의 퍼널 분석*이 가능한 온라인

캠페인을 제외한다면, 스타트업 마케팅 전략의 효과를 미리 점치는 건 매우 힘들다.

솔직히 말하면 너도 모르고 나도 모른다. 다음 달에 있을 콘퍼런스에 부스로 참여할 기회가 주어졌는데 스타트업에 가져다줄 이익을 어떻게 예상할 것인가? 스타트업 창업자들과 대학생들을 위한 세미나에 초청받았는데 그곳에 가져갈 홍보물에는 얼마나 투자해야 하는가? 너무나도 기발한 마케팅 전략이 떠올랐는데 이번 분기에 할당된 마케팅 예산을 300퍼센트 초과할 뿐 아니라 이익 측정이 불가능하다면 어떻게 해야 하는가?

가정과 모델을 사용해 이익을 점쳐볼 수 있지만 정확하게 예상할 수 있는 경우는 드물다. 마케팅 매니저에게 비용과 이익을 정확하게 계산해 모든 마케팅 전략의 정당화를 요구하는 건 이상적이지 않다. "마케팅 예산으로 100원을 허락할 테니 꼭 200원의 이익을 만들어와"라는 요구는 스타트업 환경에서는 무리다.

이는 비용과 이익에 대해 생각할 필요가 없다는 의미가 아니다. 스타트업은 비용 지출을 아껴야 한다. 다만 '비용 > 이익 = 비효율적인 전략'이라는 절대 공식을 적용하거나 이익 예상이 어려울 때 마케팅 매니저에게 억지로 숫자를 만들어오도록 요구하는 건 피해야 한다. 그보다는 모든 구성원이 머리를 맞대고 이익에 대해 논의하고 전략의 가치

---

*Funnel Analysis. 직역하면 깔때기 분석이다. 특정 목표 달성을 위한 사용자 행동을 단계별로 분석하는 방법이다. 온라인 광고의 경우 몇 명이 광고를 클릭하고, 몇 명이 회원 가입을 했으며, 최종적으로 그중 몇 명이 제품을 구매했는지에 대한 분석이 가능하다.

를 결정하는 게 바람직하다. 시도해보지 않고 스타트업의 가치를 계산할 수 없는 것처럼 마케팅의 효과도 정확한 숫자로 점칠 수 없다.

마케팅 전략의 가치를 이익과 비용의 공식으로만 정의해서는 안 된다. 제품을 출시한다고 사람들이 자발적으로 바이럴 마케팅을 해줄 일도 없지만, 이익이 뚜렷하지 않다고 무조건 포기해야 하는 전략도 없다. 입소문과 바이럴 마케팅을 통해 거둔 성공은 매우 드물다. 스타트업처럼 때로는 마케팅도 불확실한 이익을 위해 도박을 해야 하는 경우가 있다. 마케팅 매니저에게 이 모든 짐을 안겨주는 건 매우 위험하다. 전략의 가치와 기대치를 조정하는 일을 팀원 모두가 함께 나눠야 한다. 그리고 스타트업에 알맞은 마케팅을 하는 게 중요하다.

배움 #14

역할에 따라
팀원을 대하고
이해하는 방법이
달라야 한다.

선택의
기로

플라톤의 대화편 《라케스*Laches*》는 진정한 용기에 대해 다루고 있
다. 등장인물 간의 대화 형식으로 전개되는 이 작품에는, 아들 교육 문
제로 고민 중인 리시마코스와 멜리시아스의 초대를 받고 싸움의 방법
등을 가르치는 것에 대해 의견 대립을 보이는 라케스와 니키아스의 대
화가 등장한다. 두 사람의 의견을 듣고 나서 리시마코스가 최종 결정을
내리기 전에 소크라테스의 의견을 묻는데, 소크라테스는 다음과 같이
되묻는다.

소크라테스 리시마코스여, 그대는 대다수 의견을 받아들이려 합니까?
리시마코스 그렇습니다. 어쩔 수 없지 않습니까?
소크라테스 멜리시아스, 그대도 그렇게 하겠습니까? 만약 그대 아들

의 체조훈련법에 관해 토론하고 있다면 대다수 의견을 따르겠습니까, 아니면 체조에 일가견이 있는 사람에게 훈련을 받은 자의 의견을 따르겠습니까?

멜리시아스 나는 후자입니다. 그것이 합리적인 선택입니다.

소크라테스 그 한 사람의 의견이 우리 네 명의 의견보다 더 값지다는 말입니까?

멜리시아스 물론입니다.

소크라테스 그 이유는 예상하건대, 훌륭한 결정은 다수의 의견이 아니라 지식에서부터 비롯되는 것이기 때문입니까?

멜리시아스 그렇습니다.

플라톤은 이상적인 결정은 경험에서부터 비롯된 지식에 그 기반을 두어야 한다고 주장한다.* 그의 논리가 옳다면, 개인적으로 나는 매우 흥미로운 두 가지 결론을 내릴 수 있다. 첫째로, 한식 고기 뷔페를 좋아하던 우리 팀원들이 회식을 할 때 내게 식당 선택권을 준 것은 플라톤의 논리에 매우 적합한 결정이었다. 둘째로, 지식을 기반으로 결정을 내리지 못하는 경우가 다반사인 스타트업 환경에서, 최선의 결정을 내리기 위해서는 무조건적인 다수결보다는 다양한 관점과 방법으로

• 《라케스》에 소크라테스의 주장이라 기록되어 있지만, 플라톤이 소크라테스의 이름을 빌려 저술한 기록 중 정확히 어느 것이 소크라테스의 가르침이고 어느 것이 플라톤의 개인적인 생각인지 확실히 구별하는 게 어렵다. 소크라테스의 가르침일 수도 있지만 플라톤이 저술한 글이기 때문에 여기서는 그의 주장이라고 가정했다.

연구하고 토론하여 모은 지혜가 요구된다.

스타트업에서 쉬운 결정은 없다. 크고 작은 모든 결정에 장단점이 있기 때문에 다양한 시각에서 문제를 파악하는 능력이 요구된다. 우리 팀은 논리적인 결정을 중시하여 가급적 다수결 방식을 사용하지 않으려 노력했다. 최상의 결정은 다수결로 이루어질 수 없다고 생각했기 때문이다. 단 한 사람이라도 자기 의견이 가장 논리적이라 생각한다면, 그 사람은 끝까지 다른 팀원들을 설득해야 했다.

물론 이런 방식으로 매번 옳은 결정을 내린 건 아니다. 하지만 자료와 지식 그리고 논리를 기반으로 결정을 내리겠다는 우리의 태도는 결과적으로 큰 도움이 됐다.

우리가 결정을 내리는 과정에 도움이 된 몇 가지 아이디어를 소개한다.

악마의
대변인

스위터스푼은 음식명을 입력하면 영양성분, 알레르기 정보, 건강지수*, 조리시간 등을 알려주는 레시피 검색엔진이었다. 우리의 취지는 사람들이 자신이 먹은 음식의 영양성분을 쉽게

---

*건강지수는 우리가 직접 점수를 매겨 세 가지 색으로 나타냈다. 음식의 영양성분을 분석해 몸에 이로운 음식이면 초록색, 너무 많이 먹으면 해로운 음식은 빨간색 그리고 그 중간은 노란색으로 표기했다.

나는 다만 재미있는 일을 했을 뿐이다

파악할 수 있고, 그 음식이 건강에 얼마나 이롭고 해로운지 알 수 있도록 돕자는 것이었다. 나름 훌륭한 취지라 생각했다.

우리는 정확한 정보 제공을 위해 자료를 모으고 정리하는 데 많은 시간을 할애했다. 음식명뿐만 아니라 레시피를 입력하면 자동으로 음식명은 물론 영양성분, 건강지수 등을 알 수 있는 알고리즘도 만들었다. 우리는 이미 시장에 출시된 제품들은 모두 써보고 열심히 노력한 끝에 현존하는 그 어떤 제품보다 속도와 정확성이 뛰어난 제품을 출시할 수 있었다.

스위터스푼의 핵심 가정은 사람들이 자신이 먹는 음식이 얼마나 몸에 해로운지 알고 싶어 한다는 것이었다. 음식의 건강지수를 쉽게 알 수 있다면 누구나 더 건강한 음식을 택할 거라고 가정했다. 당시 우리에게 이런 가정은 너무도 당연한 진리로 여겨졌다. 하지만 제품이 출시된 이후 우리의 실수를 깨달았다.

스위터스푼의 사용자들은 모두 건강해지고 싶어 했지만 당장 자신이 먹고 싶은 음식이 얼마나 몸에 해로운지 알고 싶어 하지는 않았다.[*] 먹고 싶은 음식이 앞에 있는데, 그 음식이 내 몸에 얼마나 해로운지 알고 싶어 하는 사람이 얼마나 되겠는가?

나도 가끔 패스트푸드점에 가면 메뉴에 표시된 칼로리 정보는 일부러 무시해버리곤 한다.[**] 내가 먹으려 하는 음식이 몸에 해롭다는

---

[*] 이외에도 스위터스푼이 실패한 원인은 더 있다. 대다수 사람들은 자신이 무엇을 먹는지 세세히 기록하는 일을 귀찮아했다. 그때까지만 해도 스마트폰이 아닌 웹 기반 서비스 회사였던 우리에게 그것은 잘못된 플랫폼 선택이었다. 우리는 스스로 만들어낸 가상의 문제를 해결하려 했던 것이다.

사실은 이미 알고 있으므로 정확히 얼마나 나쁜지에 대해서는 알고 싶지 않은 것이다.

사람들이 건강문제를 더욱더 심각하게 받아들이는 미래, 혹은 한국처럼 건강관리와 다이어트에 민감한 시장에서는 스위터스푼에 대해 다른 반응을 보일 수도 있을 것이다. 확실한 것은 우리가 선택한 시기와 시장에서 스위터스푼은 사용자에게 선택받지 못했고 우리는 서둘러 다음 프로젝트로 넘어가야 했다.

아이작 아시모프●●●는 "가정은 세상을 보는 창문이다. 빛이 들어올 수 있도록 가끔 닦아줘야 한다"라고 말했다. 스타트업 경영에서 근거 없는 가정은 매우 위험하다. 당연한 사실이라도 충분히 조사하고 점검하지 않았다면 우선 의심하는 게 옳다. 섣부른 가정은 나중에 큰 값을 치른다.

스위터스푼을 통해 값진 교훈을 얻은 우리는 똑같은 실수를 반복하지 않기 위해 한 가지 방안을 생각해냈다. '악마의 대변인(Devil's Advocate)'을 쓰는 것이었다. 악마의 대변인은 모든 토론에서 자신의 의견과 무관하게 논쟁되는 사안에 대해 비판자 역할을 하는 사람을 가리킨다. 무조건 반대 입장을 취하는 것이다. 한마디로 '반대를 위한 반대'를 한다.

●● 미국은 2010년에 의료보험 개혁법을 개설하고 비만 대책으로 모든 외식사업체 메뉴에 열량정보 표기를 의무화했다.

●●● Isaac Asimov. 미국의 과학소설가다. 《전설의 밤Nightfall》, 《바이센테니얼 맨Bicentennial Man》 그리고 영화 〈아이, 로봇〉의 원작인 《나는 로봇이야, Robot》 등의 저서가 있다.

악마의 대변인은 잘못 이용하면 오히려 역효과가 나타날 수 있다. UC버클리에서 발표한 논문*에 의하면 오히려 토론을 방해할 가능성이 높다. 무조건 '반대를 위한 반대'를 해야 하므로 그들의 의견이 다른 참가자들에게 존중받지 못하게 되어 결과적으로 그들이 배제될 수 있다는 것이다.

이런 이유에서 우리는 악마의 대변인을 매우 제한적으로 활용했다. 근거가 없거나 비약이 심한 지식을 바탕으로 내린 가정에 한해 악마의 대변인을 활용한 것이다. 스위터스푼을 예로 들면 "건강지수를 알려주는 레시피 검색엔진을 만들자"라는 주장에 "사람들이 과연 건강지수를 알고 싶어 할까?"라는 질문을 던지는 게 악마의 대변인 임무였다. 완벽한 방법은 아니었지만 이 방법은 우리가 무심코 지나칠 만한 가정을 제고할 기회를 제공했다. 악마의 대변인이 우리 팀에게 근거 없는 가정을 피할 수 있는 지혜를 선사한 것이다.

사전부검

'Hindsight is always 20/20'**라는 말이 있다. '돌이켜보면 모든 게 명확하게 보인다'라는 의미의 이 격언은 스타

---

* Charlan Nemeth, Keith Brown and John Rogers, Devil's advocate versus authentic dissent: stimulating quantity and quality, 2001.
** 한국에서는 시력검사를 할 때 시력이 좋은 사람은 2.0 판정을 받게 되는데, 미국에서는 그 단위가 20이다. 즉 'twenty-twenty(20/20)'는 왼쪽 눈과 오른쪽 눈 둘 다 최상의 시력이라는 뜻으로, 이 문장에서는 '뚜렷하게 보인다'라는 의미로 사용됐다.

트업에 들어맞는 표현이다. 실패한 뒤에야 왜 실패할 수밖에 없었는지 그 이유를 알 수 있다. 직접 겪어보기 전에는 결과를 예상할 수 없었던 일들도 돌이켜보면 명확하게 보인다.

사전부검*이란 지난 일이 더 명확하게 보이는 효과를 이용한 토론 방식이다. 어떤 결정을 내리기 전에 이미 그 결정이 틀렸다는 사실을 알게 된 미래에 와 있다고 가정하고, 왜 그런 틀린 결정을 내렸는지에 대해 논의하는 것이다.

우리는 사전부검 토론을 이용해 여러 차례 큰 결정을 내렸다. 스위터스푼이 원하는 만큼 관심을 끌지 못하자, 푸드게놈프로젝트의 두 번째 주자로 임프레시피(Imprecipe)**라는 제품을 출시했지만 그마저도 사용자의 관심을 받지 못했다. 임프레시피의 판매 부진과 더불어 우리의 야심 찬 푸드게놈프로젝트도 막을 내렸다.

다음 아이디어는 스토리보드(Storyboard)라는 콘셉트였다. 스토리보드는 사진 블로깅 플랫폼이었는데, 글이 위주인 블로깅 플랫폼과는 달리 하나의 스토리를 완성하는 사진들이 주된 콘텐츠가 되는 블로깅의 개념이 녹아 있었다. 여느 때와 같이 새로운 아이디어에 신이 나 있

• Premortem. 미국의 심리학자 게리 클라인(Gary Klein)이 자신의 책 《직관의 힘The Power of Intuition》에서 소개한 개념이다. 부검이란 의미의 의학용어 Postmortem의 반대말로, 어떤 상황이 일어나기 전에 그 상황에 대해 미리 생각하고 분석해보는 방법을 뜻한다.
•• Impressive(인상적인)와 Recipe(레시피)를 결합한 이름이다. 당시에는 온라인상의 레시피들은 제각기 다른 포맷을 따르고 있었고, 스마트폰에 최적화된 화면을 지원하는 레시피 사이트가 많지 않았다. 우리는 온라인 레시피 포맷에 혁명을 일으키겠다는 취지로 임프레시피 서비스를 시작했다. 누구든 쉽게 온라인 레시피를 개발할 수 있고, 사이트에 올라온 모든 레시피는 사용자가 주방에서 보기 쉽도록 태블릿이나 스마트폰 화면에 맞게 최적화했다. 스위터스푼을 개발할 때 만들었던 영양정보 분석기능도 지원했고, 깔끔한 화면 디자인으로 스마트폰에서 레시피를 단계별로 쉽게 볼 수 있도록 했다.

었던 우리는 콘셉트 디자인을 완성하고 제품에 대해 논의하기 시작했다. 하지만 이번엔 이전과 다른 점이 있었다. 사전부검을 하기로 한 것이다.

"왜 사람들은 스토리보드를 사용하지 않았을까?"

"일단 사진을 올릴 수 있는 플랫폼이 너무 많아. 사용자가 사진을 인터넷에 올릴 때는 그것을 친구들과 공유하고 싶어 하기 때문이야. 소셜네트워크가 이미 구축되어 있는 플랫폼에서 스토리보드로 사람을 끌어 모으는 건 쉬운 일이 아니었어."

"단지 글이 아닌 사진을 통한 스토리텔링이라는 콘셉트만으로는 큰 차별화가 불가능했어. 많은 사람들의 관심을 끄는 새로운 플랫폼을 만드는 건 굉장히 어려운 일이야."

"스토리보드는 충분히 제한적이지 못해. 트위터의 140자와 스냅챗(SnapChat)의 몇 초 후 사라지는 사진 등은 특별한 목적을 위한 기능적 제한이야.● 그것은 사용자가 제품의 존재 이유와 사용 목적을 쉽게 이해할 수 있도록 도왔어. 스토리보드는 사진을 이용한다는 것 외에는 아무런 제한도 없어. 너무 광범위해. 사용자는 이 제품을 어떤 상황에 어떤 목적으로 사용해야 하는지 몰랐던 거야."

결국 우리는 스토리보드를 진행하지 않기로 결정했다. 아이디어를 구상할 때마다 오랜 시간 토론을 벌였던 우리는 단지 사전부검을

● 트위터와 스냅챗의 기능적 제한은 사용자에게 불편을 주기보다 제품의 사용 용도를 쉽게 이해할 수 있도록 도왔다. 트위터가 글자수를 140자로 제한하고 스냅챗이 사진을 몇 초 동안만 볼 수 있도록 한 것은 이들의 주요 성공 원인 중 하나다.

활용해 관점을 조금 바꿨을 뿐인데 이전에는 생각지도 못했던 문제를 찾아냈다. 사전부검은 우리가 3개월 후에 경험하게 될 진리를 단 세 시간 만에 깨닫게 해주었다.

매번 모든 걸 완벽하게 이해하고 결정하는 건 불가능하다. 스타트업 아이디어가 성공적인 아이디어인지 그렇지 않은 아이디어인지는 결국 시도해봐야 알 수 있다.

새로운 아이디어가 나오면 쉽게 흥분하고 섣불른 결정을 내리는 경우가 많다. 이때 시간적 여유를 갖고 사전부검을 하면서 생각을 정리한다면 실수가 줄어들 것이다. 사전부검은 납득할 만한 실패 원인을 찾는 과정에서 논리를 끼워 맞추거나 정당화할 수 있다는 단점이 있지만, 다양한 시각에서 문제를 파악한다는 취지로 조심스럽게 사용하면 충분한 효과를 얻을 수 있다.

선택
마감일

'파킨슨의 법칙'*에 의하면 일의 양은 완성하기 위해 주어진 시간을 다 채울 때까지 늘어난다. 이상하게도 한 시간 안에 끝낼 수 있는 업무인데도 하루라는 시간이 주어지면 그 업무

• 영국의 역사학자 시릴 파킨슨(Cyril Parkinson)이 1955년 〈이코노미스트The Economist〉에 기고한 글에서 유래됐다.

는 하루가 걸린다. 그런 의미에서 급히 처리해야 할 업무는 비교적 한가한 사람보다는 바쁜 사람에게 맡겨야 한다는 말도 있다. 바쁜 사람일수록 업무를 빨리 처리한다는 것이다.

결정을 내리는 일도 비슷하다. 중요한 결정일수록 오랜 시간 고민하게 마련이다. 스타트업이 직면하는 문제들 중 대부분은 정답이 없기에 아무 생각 없이 계속 찬반 공방을 벌이다 보면 끝이 나질 않는다.

초창기에 우리는 중요한 선택을 앞두고 열띤 토론을 벌일 때면 이미 했던 얘기를 다시 하는 경우가 종종 있었다. 대개는 중요한 사항들이 대부분 논의됐기 때문에 얘기가 다시 원점으로 돌아가는 경우였다. 이는 토론을 멈추고 결정을 내려야 할 시간을 놓쳤다는 의미다.

이런 이유에서 선택 마감일을 미리 정해둬야 한다. 중요한 결정은 무리하게 서둘러 처리하기보다는 충분한 시간을 두고 토론하되, 이미 했던 얘기를 다시 하는 순간까지 가서는 안 된다. 스타트업의 가장 중요한 자원은 시간이다. 선택 마감일을 지키는 습관은 시간을 효율적으로 사용하도록 해준다.

스타트업은 매일매일 중요한 선택을 내려야 한다. 완벽한 선택은 없다. 그래서 최선의 선택을 할 수 있는 지혜가 필요하다. 결단력 부족으로 선택을 미루는 태도는 잘못된 방향으로 가는 것보다 더 나쁘다. 선택의 기로에 서면 상황에 맞는 적절한 방법을 활용해 신속하게 판단을 내려야 한다. 장고 끝에 악수를 둔다는 말이 있듯이 지나친 고민은 오히려 최악의 결정을 불러올 수 있다.

작은 선택이
스타트업의 미래를
결정한다.

WWJD는 1990년대 미국 기독교인들 사이에서 유행했던 신조다. 'What would Jesus do?'의 약자로 '예수님이라면 어떻게 하셨을까?'라는 의미의 이 신조는 기독교 청소년들에게 큰 인기를 얻었다. 모든 종교가 그렇듯이 기독교 가르침에는 꼭 지켜야 하는 계명들이 있다. 성경에는 하나님과 이웃을 사랑하라는 두 가지 원대한 계명과 모세가 받은 십계명*을 포함해 여러 가지의 세부 규칙들이 기록되어 있다.

하지만 인생에서 경험할 수 있는 모든 상황을 규칙화할 수는 없기에, 어떤 상황에 처하더라도 기독교인으로서 올바른 선택을 할 수 있도

• 가장 크고 중요한 두 가지 계명은 마태복음 22:36-40절에 그리고 모세가 받은 십계명은 출애굽기 20:3-17절에 기록되어 있다.

록 WWJD라는 신조를 만들었다. 기독교인들에게는 '예수님이라면 어떻게 하셨을까?'라고 자문한 뒤 그에 따라 적절히 행하려는 그 마음이 어쩌면 가장 근본적이고 중심적인 문화라고 할 수 있다.

규모와 관계없이 조직의 문화는 정확하게 정의하기 어렵다. 창업자 혼자 꾸려가는 1인 스타트업도 예외는 아니다. 문화는 무조건 따라야 하는 규칙을 포함해 가치관, 신념, 금기사항, 의례, 이상, 목표 등 다양한 틀을 거쳐 진화한다.

규모가 작은 스타트업에서는 창업자뿐 아니라 팀원 개개인이 회사 문화에 큰 영향력을 행사한다. 팀원 모두가 서로 잘 어울리고 팀 전체가 효율적으로 일한다고 해도, 비협조적이거나 무능한 사람이 단 한 사람이라도 포함돼 있다면 팀의 효율성과 사기는 떨어질 수밖에 없다. 회사 문화는 이 책에서 다루기에는 너무 광범위한 주제이므로 이쯤에서 줄이고자 한다. 우리 팀의 문화에 가장 큰 영향을 미친 요소들을 소개한다.

불가피한
정치

경영자로서 회사를 운영하면서 한 가지 사실을 깨달았다. 그것은 바로 어느 회사나 사내 정치가 존재한다는 사실이었다. 우리의 경우 서로 잘 아는 친구들끼리 시작한 작은 스타트업인 만큼 사내 정치는 남 얘기일 거라 생각했다. 서로 도와가면서 일한다면 의견 다툼으로 시간을 낭비하지 않고 잘 헤쳐나갈 수 있다고 생각했던 것이다. 참으로 순진한 생각이었다.

어느 문화에서든 '정치'는 부정적인 의미를 지닌 단어로 쓰인다. 하지만 이 단어의 정의에서 정부라는 체제를 제외한다면, 정치의 근본적인 의미는 상대에게 영향력을 행사하는 행위다. 제도와 기관에서 비롯되는 권력을 초월해 자신의 입장을 상대에게 설득시키는 과정인 것이다. 이런 차원에서 보면 사내 정치는 두 명만 있어도 존재하게 된다.

우리 팀원들 중 악의를 품고 의식적으로 정치적 행위를 한 사람은 없었다. 다만 개인 간의 의견 차이를 좁혀나가는 과정에서 일의 진행 속도를 높이기 위해 정보 공유의 범위를 제한하고 지원 세력을 끌어 모으고 서로의 입장을 이해시키는 데 필요 이상의 시간을 투자하곤 했다. 어떻게 보면 지극히 인간적이고 자연스러운 행동일 수 있지만 어느 순간부터 이러한 정치적 행위가 일의 진행을 방해하고 있다는 느낌이 들었다.

그렇다고 회사의 미래를 위해 모든 정치적 행위를 금할 수는 없었다. 자신이 원하는 걸 추구하거나 옳다고 여기는 방향으로 다른 사람을 설득하고 싶어 하는 바람은 인간의 기본 욕구다. 개인의 욕구만을 충족시키기 위한 정치적 행위는 당연히 해롭다. 하지만 팀 전체를 위해 현명하게 정치적 요소를 활용한다면 스타트업 문화에 긍정적인 도움이 될 수 있다.

생각의
전환

우리가 그랬던 것처럼 많은 스타트업 창업자들은 쓸데없는 정치적 행위가 없는 투명한 회사를 만들겠다고 포부를 밝힌다. 당연히 불투명한 회사 분위기를 조성하려는 창업자는 없을 것이다. 하지만 조직에서 정치적 행위를 없애는 건 불가능한 일이다. 그것은 인간이기를 포기하라고 말하는 것과 같다. 팀원 모두가 오랜 시간 알고 지내고 있고 서로 위하고 존중한다고 해도 개인의 목표, 성격, 경쟁의식, 사상 등이 다른 이상 정치적 행위는 존재할 수밖에 없다.

조직생활에서 관계를 원만히 하면서 성과를 내는 사람들은 어느 정도 정치력이 있는 사람들이다. 사내 정치를 지나치게 어둡게만 볼 필요가 없는 이유다. 올바른 사내 정치를 위한 첫 단계는 정치에 대한 생각의 전환이다. 그동안은 정치적 행위를 무조건 불신하는 경향이 있어 왔다. 하지만 요즘은 이런 편견들이 조금씩 사라지고 있다. 정치는 무조건 나쁘다는 생각을 버리고 팀원들이 서로 간의 입장 차이를 좁혀가는 데 꼭 필요한 과정으로 받아들여야 한다. 사내 정치에 대한 생각의 전환을 통해 정치적 행위를 건강한 조직생활에 필요한 전략적 도구로 만들어야 한다.

변화를 위한
로비

스타트업과 변화는 동의어라 할 만큼 스타트업 창업자들은 많은 변화를 겪는다. 이런 변화를 처음에는 대수롭지 않게 받아들이지만 큰 성과 없이 계속되는 크고 작은 변화에 적응하기란 쉽지 않다. 특히 열심히 만들어온 제품에 대해 어느 날 갑자기 방향을 바꾸면 모두가 예민해진다. 아무리 긍정적인 태도를 가진 사람이라 해도 이런 변화에는 초연할 수가 없다. 방향이 바뀌면 이제까지의 노력들이 모두 허사가 될 수도 있기 때문이다. 변화 방침에 대해 팀원들을 설득하기도 쉽지 않다.

디자인 작업이 지연되어 제품 출시가 미뤄지고 있다고 가정해보자. 이런 속도라면 마감일까지 작업을 끝내기 힘들 것으로 예상된다. 궁여지책으로 디자이너가 작업시간을 늘려 하루 18시간씩 일하겠다는 아이디어를 내놓는다. 이런 경우 이 아이디어에 대해 크게 반대하는 사람은 없다. 아이디어를 제안한 디자이너 이외에는 직접적인 영향을 주지 않기 때문이다.

그런데 작업시간을 늘렸는데도 일이 줄어들지 않자 디자이너가 다시 자신을 도울 인턴이나 프리랜서 디자이너를 채용하자는 아이디어를 내놓는다. 이런 경우 아이디어를 제안한 디자이너 이외에 인사와 재무를 담당하는 부서에까지 영향을 미친다. 프리랜서를 채용할 만한 금전적 여유가 있는지, 빠른 시일 내에 일을 맡길 만한 사람을 구할 수 있는지 등을 고려해야 하기 때문이다.

마지막으로 디자이너가 좀 더 복잡한 아이디어를 내놓는다. "마감일까지 디자인 작업을 끝낼 수 없어요. 생각해보니 제품 자체가 너무 복잡하고 쓸데없는 기능이 많아요. 이건 내가 다시 생각해본 제품 기능들을 설명한 보고서예요. 바뀌는 부분이 많긴 하지만 이렇게 하는 게 좋다고 생각해요." 디자이너가 건넨 보고서에는 엔지니어가 지난 5일 동안 만들어온 기능은 쓸모없게 되고 새로운 기능이 두 개 추가되어 있다. 제품 기능이 바뀌면서 마케팅 매니저도 홍보 계획을 상당 부분 수정해야 했다. 이미 몇몇 투자자들에게 제품에 관해 설명한 CEO도 이제까지 자신이 설명한 내용 중 상당 부분을 바로잡아야 했다. 사전에 아무런 예고 없이 갑자기 이런 아이디어를 내놓는다면, 제품 방향이 전환되기는커녕 함께 일하는 사람들의 기분을 상하게 할 수 있다.

로비는 주어진 이슈에 대해 영향력을 행사하는 행위다. 스타트업처럼 규모가 작은 조직이라도 사람이 하는 일이라면 반드시 로비가 필요하다. 나는 변화의 크기와 로비에 소요되는 시간은 정비례한다고 생각한다. 내가 새로 추구하고자 하는 방향이 팀원들에게 주는 영향이 클수록 사전에 그들을 충분히 설득해야 한다. 변화의 크기에 따라 적합한 로비 방법을 활용함으로써 변화에 대한 이질감과 감정 낭비를 줄이는 것이 좋다.

욕금고종

욕금고종(欲擒故縱)은 병법 삼십육계 중 열여섯 번째 가르침이다. 큰 것을 얻기 위해 작은 것을 놓아준다는 뜻이

나는 다만 재미있는 일을 했을 뿐이다

다. 궁지에 몰린 적을 너무 몰아붙이면 반격을 받아 일을 그르치므로 슬쩍 풀어줘 가면서 결정적 시기를 기다리라는 의미다. 비슷한 맥락의 영어 표현으로 'Pick your battles'라는 말이 있다. 모든 전투에서 승리할 수 없으므로 전쟁에서 이기기 위해서는 모든 걸 내걸 수 있는 전투를 잘 선택해야 한다는 뜻이다.

토론을 할 때 자신의 의견이 옳다고 죽자 사자 덤벼드는 사람에게 매번 귀를 기울일 사람은 없다. 그의 의견이 설령 논리적이라 해도 다른 사람의 의견을 무시하고 자기 입장만 내세우는 사람과는 함께 일하고 싶지 않을 것이다. 결국에는 그의 독단적인 태도에 지친 팀원들이 그와 대립할 것이고, 그의 의견은 논리와 무관하게 자동적으로 반대 의견에 직면하게 될 것이다.

스타트업은 사람이 운영한다. 사람은 근본적으로 정치적인 동물이다. 정치의 필요성을 인정하고 양보해야 할 때와 밀어붙여야 할 때를 구분해 자기주장을 펼친다면, 서로가 윈윈하는 조직 문화를 만들어낼 수 있을 것이다.

강제 휴가

뉴질랜드에서 일할 때 나는 매주 지인들과 함께 혼성 축구 리그에서 뛰곤 했다. 이 시간은 스트레스를 해소하고 머리를 식힐 수 있는 기회가 되어주었다. 스타트업을 처음 시작할 때는 내가 일하고 싶을 때 일하고 쉬고 싶을 때 쉴 수 있을 거라 생각했지만 막상 해보니 휴식이 쉬운 일이 아니었다. 일단 내가 쉬면 책임지고 있는 일들이 진행되지 않는다는 불안감에 시달렸고, 휴식을 취하는 게 조직에 좋지 않은 영향을 줄 거라 착각했다.

휴식에 대한 이런 부정적인 인식은 스타트업의 전반적인 상황에 독이 될 수 있다. 사람은 기계가 아니며 한계점이 있게 마련이다. 그 한계점에 도달하기 전에 정기적으로 휴식을 취해야 한다. 특히 팀원들이 쉬지 않고 열정적으로 일하는 팀일수록 휴식을 강제화해야 할 필요가 있다. 어쩌다 휴가를 얻으면 동료들은 모두 바쁘게 일하는데 혼자만 쉬는 것 같아 마음이 편치 않다. 조직의 규모가 작을수록 더 눈치가 보일 수밖에 없다. 이런 미안한 감정을 덜어줄 방법은 회사 전체가 공식적으로 쉬는 기간을 갖는 것이다.

우리 팀의 경우 미국 독립기념일 때 5일, 크리스마스 때 2주일을 공식적인 휴가기간으로 지정해 팀원 모두가 쉬었다. 이렇게 회사 차원에서 공식적인 휴가기간을 정해두면 동기부여도 되고, 눈치 보지 않고 충분한 휴식을 취할 수 있다. 일할 땐 일하고 놀 땐 노는 문화를 만들어야 한다.

대화의
중요성

생텍쥐페리의 《어린왕자》를 보면 어린왕자와 여우가 '관계'에 대해 대화를 나누는 장면이 나온다. 장미정원에서

울고 있는 어린왕자에게 여우가 먼저 말을 건네자 어린왕자가 함께 놀자고 제안한다. 그러자 여우는 길들지 않았기 때문에 그럴 수 없다고 대답한다. 어린왕자가 길들인다는 게 무엇이냐고 묻자 여우는 이렇게 말한다.

"그건 사람들이 자주 잊고 사는 것이야. 서로 관계를 맺는다는 뜻이지."

어린왕자와 여우는 관계에 대해 계속 대화를 이어가고 결국 여우는 어린왕자에게 자신을 길들여달라고 부탁한다. 어린왕자가 어떻게 해야 하는지 묻자 여우는 이렇게 말한다.

"참을성이 있어야 해. 처음에는 나와 떨어져 저쪽 풀밭에 앉아 있어. 나는 너를 곁눈질해 볼 거야. 넌 아무 말도 하지 마. 대화는 오해의 원인이 되기도 하니까."●

여우가 말했듯이 대화는 관계를 맺고 발전시키는 중요한 수단이지만 동시에 오해와 불화의 원인이기도 하다. 스타트업은 각기 다른 동기와 목표를 가진 팀원들이 한마음으로 공통의 꿈을 향해 나아가는 여정이다. 팀원들 간의 대화만큼 조직에 큰 영향을 주는 건 없다.

팀원들과 소통하면서 내가 터득한 몇 가지 노하우를 소개한다.

●**자주 대화하기:** 스타트업에서 팀원들 간의 잦은 대화는 필수다. 각

● 원문은 불어로 "Le langage est source de malentendus"라고 적혀 있다. 'Langage'는 직역하면 '언어'인데 대화의 중요성을 다루고 있는 만큼 '언어' 대신 '대화'라고 표현했다.

자 머릿속으로 그리는 제품의 모습과 추구하는 제품의 미래 형태는 차이가 날 수밖에 없다. 지속적인 대화를 통해 생각의 차이를 좁히지 않는다면 전혀 예상치 못한 방향으로 나아갈 수 있다. 팀원들간의 잦은 대화는 오해를 줄이고 한 방향으로 전진할 수 있도록 도와준다. 실력이 뛰어나고 성실한 팀원이 다섯 명 있다고 해보자. 그들이 아무리 열심히 일해도 각자 다른 방향을 바라보고 있다면 팀은 엉뚱한 방향으로 흘러갈 수 있다. 반대로 자주 대화를 나누고 목표를 공유한다면 팀은 역량을 집중시킬 수 있다. 특히 스타트업을 시작한지 얼마 되지 않은 팀일수록 자주 대화를 나누고 목표를 공유해야 한다.

- **존중과 겸손:** 스타트업에서 팀원들 간의 화목은 무엇보다 중요하다. 화목하지 않은 팀은 언젠가는 와해된다. 자신의 주장을 내세우는 과정에서 언성을 높이거나 공격적인 말투를 쓰는 것은 상대로 하여금 분노를 일으키게 한다. 또한 이런 상황이 반복되면 분노가 원망과 증오감으로 변하면서 서로의 가슴에 풀 수 없는 응어리로 맺힌다. 팀원들과 대화를 할 때 삼사일언(三思一言)까지는 아니더라도 서로를 존중하는 마음과 겸손함을 곁들이면 쓸데없는 감정의 상처를 최소화할 수 있다.

- **적절한 피드백:** 스타트업 환경에서는 피드백을 주고받을 기회가 많다. 기획안, 제품설계 문서, 디자인, 코드, 각종 프레젠테이션, 마케팅 계획, 홍보용 포스터 내용, 웹사이트용 동영상 배경음악 그리고 심지어 데모데이 때 무대에 입고 올라갈 복장까지도 피드백이 필

요하다. 이때 피드백을 받는 사람은 항상 긴장할 수밖에 없다. 피드백에 관한 대화는 언제나 조심스럽다. 듣는 사람의 입장에서는 불편할 수 있고 아무리 좋게 전달한다 해도 상대의 관점에 따라 기분이 상할 수도 있기 때문이다. 피드백을 주는 입장에서는 피드백을 받아들이는 사람의 입장을 최대한 생각해서 배려해야 한다. 이런 존중과 세심함이 전달되면 피드백은 서로에게 감정적 상처를 남기지 않고 수월하게 진행될 수 있다.

배움 #16

조직의 문화는 영혼과 같다.
조직의 힘은
이 문화로부터 비롯된다.

리더십의
공식

1914년 12월 5일 영국의 탐험가 어니스트 섀클턴*은 28명의 대원들을 이끌고 사우스조지아 섬에서 남극으로 떠난다. 섀클턴의 목표는 최초로 남극 대륙을 육로로 횡단하는 탐험가가 되는 것이었다. 그런데 탐험대가 탄 배가 남쪽으로 향할수록 물 위에 떠다니는 얼음의 수가 급격히 늘기 시작하더니 급기야 배가 얼음에 둘러싸여 진퇴양난에 빠지고 말았다.

배는 얼음과 함께 천천히 북쪽으로 떠내려갔고 섀클턴은 봄이 오기를 기다렸다. 그러나 안타깝게도 얼음이 녹는 과정에서 불어난 물의

---

* Sir Ernest Shackleton. 섀클턴의 모험은 많은 책과 영화로 제작됐다. 그중 2001년에 나온 〈섀클턴의 남극모험*Shackleton's Antarctic Adventure*〉이라는 다큐멘터리를 추천하고 싶다.

나는 다만 재미있는 일을 했을 뿐이다

압력을 이기지 못하고 배는 침몰하고 만다. 섀클턴은 어쩔 수 없이 배를 버리고 얼음 위에서 1년이 넘는 시간을 보낸다. 섀클턴과 탐험대는 얼음이 녹기 시작한 1916년 4월 9일에 세 개의 구명보트를 나눠 타고 바다를 떠난다. 그들은 5일간 밤낮으로 노를 저어 가까스로 엘리펀트 섬에 도달한다. 497일 만에 밟아보는 땅이었다.

하지만 고생 끝에 도달한 엘리펀트 섬은 사람이 살 수 없는 무인도였고 탐험대가 구조될 희망은 여전히 보이지 않았다. 설상가상으로 식량도 바닥이 나고 있었다. 그때 섀클턴은 상상도 못 할 일에 도전한다. 다섯 명의 탐험대원을 이끌고 가장 상태가 양호한 구명보트에 올라타 17일간의 강풍과 추위 그리고 산더미 같은 파도를 이겨내고 800마일*을 다시 노를 저어 사우스조지아 섬에 도착한 것이다. 기적 같은 일이었다. 하지만 여기가 끝이 아니었다. 도움을 청할 수 있는 기지까지 가려면 거대한 얼음벽을 지나야 했다.

섀클턴은 두 명의 탐험대원을 이끌고 36시간 동안 빙벽을 넘었고 끝내 목적지에 도달한다. 그는 남겨진 대원들을 구출하기 위해 도움을 청했고, 죽은 줄로만 알았던 28명의 탐험대원은 결국 모두 살아서 집으로 돌아가게 된다. 에드먼드 힐러리**는 섀클턴의 모험이 인류 역사상 가장 위대한 생존 이야기라고 말했다. 섀클턴의 불굴의 의지와 리더십으로 그를 따르던 모든 탐험대원은 목숨을 건질 수 있었다.

---

* 800마일은 약 1300킬로미터로, 서울에서 부산을 두 번 왔다 갔다 해야 하는 거리다.
** Sir Edmund Hillary. 에베레스트 산을 세계 최초로 정복한 뉴질랜드의 탐험가다.

생사가 걸린 상황에서 발휘된 섀클턴의 리더십과 스타트업을 성공으로 이끄는 데 요구되는 창업자의 리더십은 크게 다르지 않다. 미래가 보장되지 않는 절박한 상황에서 팀원을 이끌고 궁극의 목표에 도달해야 하는 창업자의 책임도 섀클턴의 도전만큼 절실하게 요구되어야 한다.

흔들리지 않는 신념

섀클턴은 죽음의 문턱에 이른 절박한 상황에서도 대원들 모두가 살아서 집으로 돌아가는 걸 목표를 삼았다. 문제는 이 상황을 타개할 뾰족한 수가 없다는 것이었다. 리더로서 큰 짐을 지게 된 섀클턴은 많이 두려웠을 것이다. 하지만 그는 확고한 신념을 갖고 목표를 향해 달려갔다.

산을 어떻게 오를 것인지 고민하는 일이 경영이라면, 어떤 산을 올라야 하는지 결정하는 일은 리더십이다. 어떤 산을 올라야 하는지 명확하게 아는 사람은 없다. 그저 경험을 토대로 최고의 선택을 내릴 뿐이다. 결국에는 산에 직접 올라봐야 자신의 선택이 옳은 것이었는지 알 수 있다. 리더의 역할은 매번 정답을 맞히는 게 아니다. 그것은 불가능한 일이다. 리더는 주어진 상황에서 가장 현명한 선택을 내리고, 그 선택의 결과가 명확해질 때까지 흔들림 없는 신념을 보여주면 된다. 설령 잘못된 선택을 했더라도 실패에 신속하게 도달할 수 있도록 돕는 일

또한 리더의 책임이다. 정해진 방향이 잘못됐다는 걸 아는 가장 빠른 방법은 그 방향으로 전속력으로 가보는 것이다. 최악의 선택은 두려움에 떨며 가만히 있는 것이다.

스타트업은 자주 중요한 결정을 내려야 한다. 정답을 알고 있는 리더는 없다. 길을 가다 보면 잘못 들 수도 있다. 이럴 때 리더는 실수를 재빨리 인식하고 제대로 된 길을 안내해야 한다. 확고한 신념과 재빠른 판단력은 스타트업 리더에게 반드시 필요한 자질이다.

자기모순
최소화

섀클턴이 절박한 상황에서 힘든 결정을 내릴 때마다 그가 정답을 갖고 있다고 생각한 대원은 없었을 것이다. 대원들은 자신들의 생사가 걸린 그의 결단이 미덥지 못하고 불안했을 것이다. 하지만 그들은 섀클턴을 신뢰했고 그를 따라 어디든 갈 준비가 돼 있었다. 섀클턴의 솔선수범하는 자세와 확고한 신념이 대원들의 지지를 얻어낸 것이다. 만약 섀클턴이 자신의 결정을 자주 번복하는 모습을 대원들에게 보였다면 섀클턴을 신뢰하는 대원은 많지 않았을 것이다.

"우린 구명보트를 타고 섬으로 간다."

섀클턴이 이렇게 결정한 뒤 다음 날 아침에 이런 말을 한다고 상상해보자.

"내가 밤새 생각해봤는데, 그건 좀 아닌 것 같아. 일단 얼음이 더

녹을 때까지 기다려보자."

물론 자신의 선택을 한 번쯤 번복할 수 있다. 그런데 그가 그날 저녁 다시 마음을 바꾸었다고 해보자.

"아니, 그래도 언젠가는 이 얼음에서 벗어나야 하잖아. 그렇다면 차라리 일찍 가는 게 낫겠어. 내일 떠나자."

팀의 생사가 걸린 상황에서 리더가 결정을 자주 번복한다면 팀원들의 불안만 가중될 뿐이다. 리더는 경솔해서는 안 된다. 어려울 때일수록 심사숙고한 뒤 결정을 내려야 한다. 팀원들 앞에서 한 번 내뱉은 말은 다시 주워 담지 않는 게 좋다. 리더는 신뢰를 얻어야 한다. 팀원들에게 '저 사람을 따라가면 어떻게든 목적지에 도달할 수 있을 것 같아'라는 믿음을 줘야 한다.

이타적이고
모범적인 리더십

스타트업의 리더는 항상 앞장서야 한다. 직급에서 비롯되는 권력이 존재한다면 스타트업은 멀리 갈 수 없다. 스타트업의 CEO는 역할이지 권력이 아니다. CEO는 회사가 나아갈 방향을 정하는 사람이다. 훌륭한 리더는 두려움은 숨기고 용기는 나눈다고 했다.* 자기 자신보다 팀원들을 먼저 생각하고 자기희생으로 팀을 이

---

* 《보물섬》, 《지킬박사와 하이드》 등을 쓴 로버트 루이스 스티븐슨(Robert Louis Stevenson)이 한 말이다.

끌 각오가 되어 있는 사람만이 스타트업의 리더가 될 자격이 있다. 섀 클턴이 처음부터 끝까지 앞장섰던 것처럼 리더가 직급을 떠나 이타적 이고 모범적인 태도를 보여야 팀원들도 주인의식을 갖고 전진한다.

구조적인 혜택이 최소화된 스타트업 환경에서 리더십은 절대적으로 필요한 요소다. 직급 뒤에 숨어 지시를 내리는 게 아니라 모범을 보이고 영감을 불어넣어주는 리더가 돼야 한다. 또한 이러한 리더십은 CEO뿐 아니라 팀원 모두에게도 요구되어야 한다. 스타트업에서는 리더는 물론 팀원 한 사람 한 사람의 책임도 매우 중요하기 때문이다.

배움 #17

리더십은
직급과
무관하다.

5장

실패와
성공의 차이

"정원은 '오, 아름다워라'라고 감탄하며
그늘에서 쉰다고 만들어지지 않는다."

―러디어드 키플링

회사명을 '라빔'으로 바꾸고 푸드게놈프로젝트를 기반으로 시작한 스위터 스푼과 임프레시피를 접고 난 뒤 우리는 깊은 고민에 빠졌다. 아무도 쉽사리 말을 꺼내지 못했지만 이제는 패배를 인정할 때가 됐다는 생각에 이르렀다. 또다시 아이디어를 쥐어짜내 제품을 만드는 일은 바보 같은 짓이었다. 지금 까지 아무 말씀 안 하던 부모님도 이제 미래를 생각해야 하지 않겠냐며 조심 스레 걱정을 했다. 흔들리는 마음을 어떻게 알았는지 때마침 구글을 포함해 여러 회사에서 입사 제안 러브콜을 보내왔다. 당시 나는 너무 지쳐 있었기에 그 러브콜들이 달콤한 유혹처럼 느껴졌다.

나도 이제는 그만 회사를 접어야겠다는 생각이 들었다. 꿈이 있었고 도전을 했으며 최선을 다했기에 실패가 부끄럽지 않았다. 많은 것을 배우고 개인적 으로 큰 성장을 할 수 있었던 지난 1년 6개월이 진심으로 감사했다. 시간을 낭비했다는 생각은 전혀 없었다. 오히려 그 시간 동안 내 길을 개척하면서 달리고 넘어지고 또 달렸던 경험은 그 어디서도 깨닫지 못했던 지혜들을 안 겨주었다.

하지만 우리는 어떻게 사업을 접어야 하는지 알지 못했다. 스타트업이라는 제약 안에서 많은 짐을 지고 걸어왔던 힘든 여정이었지만 정작 그 짐을 내려 놓자니 발이 떨어지지 않았다. 정말 여기서 끝내야 하는가?

진짜
문제

스타트업을 접는 일은 시작하는 일보다 몇 배는 더 어려웠다. 그때까지 나는 우리 처지에 대해 진지하게 생각해본 적이 많지 않았다. 아니, 애써 피해왔다고 말하는 게 맞다. 나는 오랫동안 고민했다. 미래에 어떤 결정을 더 후회하게 될지 예상하기가 쉽지 않았다. 솔직히 말하면 우리의 다음 프로젝트가 큰 성공을 거둘 수 있다는 생각에 미련이 남았다. 그때 나는 '성공'이라는 막연한 기대에 중독돼버린 내 모습을 보았다. 이제는 어떤 결정을 내리든 중독에서 빠져나와야 했다.

만약 또 한 번의 도전을 결심한다면 지금까지 해왔던 방식과는 달라야 한다는 사실을 나는 너무도 잘 알고 있었다. 이제는 가상의 문제가 아닌 진짜 문제를 해결해야 했다. 그리고 진짜 문제를 찾아낼 수 있다면 한 번 더 도전해보는 것도 의미 있다고 생각했다. 이런 생각에 이르자 신기하게도 또다시 가슴이 뛰었다.

　우리는 결국 또 한 번 시도해보기로 결심했다. 끈기였을까, 오기였을까? 마지막으로 또 한 번 시도해보기로 결심한 순간 우리가 실패와 성공의 사이를 오갔다는 사실을 그때는 미처 알지 못했다. 그러고 보면 실패와 성공의 차이는 그리 크지 않을 수 있다. 작은 결정 하나가 그 결과를 좌지우지한다.

　스타트업이 실패하는 가장 큰 이유는 시장 수요를 찾지 못하기 때문이다.* 즉 쓸모없는 제품을 만들기 때문에 사용자에게 외면을 받고 결국 실패하는 것이다. 이것이 바로 아이디어 회의를 통해 스타트업 아이템을 찾는 행위를 피해야 하는 이유다. 대부분의 경우 아이디어 회의 결과는 현존하지 않는 기발한 아이템일 가능성이 크다. 하지만 이런 아이템은 사용자에게 외면받기 쉽다.

　기발하고 새로운 제품을 만들지 말라는 소리는 물론 아니다. 스타트업 창업자들은 돈을 버는 목적 이외에도 자기가 만든 제품이나 서비스를 통해 사회가 조금이라도 발전할 수 있기를 바랄 것이다. 스타트업에 도전한다는 행위 자체가 기발하고 새로운 의미일 수밖에 없다. 여기서 스타트업 창업자들이 명심해야 할 점은 사람들이 새로운 걸 원한다

---

* 실리콘밸리 투자조사기관인 시비인사이츠(CB Insights)는 2014년 1월에 101명의 창업자들이 실패한 원인을 조사한 결과를 발표했다. 20가지 실패 요인 중 시장 수요를 찾지 못한 원인이 42퍼센트로 1위에 올랐다. 5위까지의 이유를 살펴보면 다음과 같다. 1위 시장 수요를 찾지 못함(42퍼센트), 2위 자본이 바닥남(29퍼센트), 3위 팀이 적절치 않음(23퍼센트), 4위 경쟁에서 뒤떨어짐(19퍼센트), 5위 가격/비용 문제(18퍼센트). https://www.cbinsights.com/blog/startup-failure-post-mortem/

고 말하면서도 행동의 변화 요구는 버거워한다는 사실이다. 인간은 변화에 민감한 동물이다. 지나치게 새로운 제품은 소비자가 쉽게 받아들이지 못한다. 혁신이 단계별로 이루어져야 하는 이유다.

라빔을 접고 또 한 번 도전하기로 결심한 우리는 진짜 문제의 해결을 최우선 순위로 올려놓았다. 이후 2개월 동안 침착하게 대여섯 개의 아이디어를 고려했고, 어느 것도 진짜 문제를 해결할 수 있는 아이디어가 아니라는 결론을 내렸다. 예전 같으면 좋은 아이디어가 생각나는 즉시 개발을 서둘렀겠지만 이번만큼은 시간을 두고 아이디어의 가능성을 시험했다. 덕분에 우리는 또 하나의 쓸모없는 제품을 만드는 일을 피할 수 있었다. 우리 스스로에게 허락한 마지막 기회였으므로 서두르지 않고 침착하게 아이디어 개발을 해나갔다.

그러던 어느 날, 우리는 처음으로 제대로 된 질문을 던졌다.

"요즘 이메일 앱은 유용하고 쓰기 편리한 게 많은데 캘린더 앱은 아직 너무 불편한 거 같아."

"나도 그렇게 생각해. 스마트폰에서 미팅 일정을 정리하는 게 너무 불편해서 나는 아직도 랩톱을 써."

"맞아. 스케줄 잡는 일은 어느 기기를 쓰나 불편하기는 마찬가지이지만 특히 폰에서 관리하기는 정말 쉽지 않아."

"어떻게 하면 스마트폰에서 편리하게 스케줄 관리를 할 수 있을까?"

이런 대화가 오갔을 때는 회의 중이 아니었다. 탁구를 치고 영화를 보며 휴식을 취하던 도중에 갑자기 나온 얘기였다. '이런 제품을 만들자'에서 시작된 아이디어가 아니라 '이런 불편함이 있는데 어떻게 해결하지?'라는 질문에서 비롯된 아이디어였다.

우리는 '바로 이거야' 하고 무릎을 쳤지만 바로 작업을 시작하지는 않았다. 우리가 찾은 아이디어가 진짜 문제인지, 우리만 느끼는 문제인 건 아닌지, 해결책은 있는지 그리고 그 해결책은 어떤 형태가 돼야 하는지에 대해 많은 얘기를 나눴다. 그리고 이것이 진짜 문제이고 현실적인 해결책이 존재한다고 분명한 결론을 내린 뒤 앱의 기능과 디자인에 관해 토론하기 시작했다. 스타트업을 시작한 지 1년 6개월 만에 제대로 된 아이디어 발상법을 익힌 것이다.

스타트업 아이디어가 진짜 문제를 해결할 것인지 판단하는 일은 늘 쉽지 않다. 누구에게나 자신의 아이디어를 정당화하려는 경향이 있기 때문이다. 이런 감정적인 반응은 너무도 인간적인 모습이지만 한번 빠지면 헤어나기 힘들다. 자신이 생각하는 아이디어가 진짜 문제를 해결할 것인지 판단하는 데 유용한 두 가지 방법을 소개한다.

진통제 vs. 비타민

"진통제냐? 비타민이냐?" 이는 투자자들이 자주 쓰는 말이다. 이는 스타트업이 진짜 문제를 해결할 수 있는지 분석하는 일을 돕는 비유다. 진통제는 통증이 있을 때 찾게 되는 약이다. 평상시에는 필요성을 못 느껴도 통증이 있을 때는 없어서는 안 되는 비상약이다. 만약 집에 진통제가 떨어졌다면 아무리 늦은 밤이라도 진통제를 구하러 나갈 것이다. 특히 심한 두통이 있는 사람에게 진통제는 필수품이다.

반대로 비타민은 우리 몸에 꼭 필요한 영양소이지만 집에 비타민이 떨어졌다고 늦은 밤에 밖에 나가서 사오는 사람은 많지 않다. 비타민은 다른 음식물을 통해 섭취할 수도 있고, 효능을 발휘하기까지 오랜 시간이 걸리기 때문에 필수품이라고 하기에는 무리가 있다.

스타트업 제품도 진통제와 비타민으로 나눌 수 있다. 진통제가 두통을 해결해주듯 진짜 문제를 해결해주는 제품이 있는가 하면, 있으면 유용하지만 없어도 큰 불편을 못 느끼는 비타민 같은 제품도 있다. 물론 아주 가끔 비타민이 진통제가 되기도 한다. 필수품이라고 생각하지 않았던 비타민이 큰 효능을 보이기 시작하면 매일 꼭 먹어야 하는 약이 되는 것이다. 하지만 이런 경우는 흔치 않고 예상하기도 어렵다.

아이디어가 떠올랐다면 그 아이디어가 진짜 문제를 해결해주는 진통제인지, 아니면 있어도 좋고 없어도 그만인 비타민인지 냉정하게 분석해봐야 한다. 만약 비타민을 갖고 스타트업에 도전한다면 그 비타민이 진통제 역할을 한다고 사용자를 설득시킬 수 있어야 한다. 이는 불가능한 일은 아니지만 어려운 여정이 될 것이다.

제품-시장
적합성

마크 안드레센[*]은 "제품-시장 적합성이란 활발한 시장 안에서 그 시장의 요구를 충족시키는 제품을 출시한다는 뜻이다"라고 말했다. 앤디 라클레프[**]는 제품-시장 적합성을 찾는 일이 스타트업이 풀어야 할 유일한 문제라고 말했다. 쉽게 말하면 제품-시장 적합성을 찾아가는 과정이 바로 제품을 효율적인 진통제로 만들어가는 과정인 것이다.

시장에 출시된 제품이 제품-시장 적합성을 찾지 못했다면 그것을 판단하는 일은 의외로 쉽다. 안드레센은 다음과 같이 설명한다.

"제품-시장 적합성을 찾지 못했다면 그 사실을 항상 느껴야 한다. 사용자는 제품의 가치를 이해하지 못하고 입소문은 나지 않으며, 사용자 수도 증가하지 않고, 제품에 대한 기사와 평은 그저 그렇고, 매출 주기는 길어지며, 아무런 거래도 성사되지 않는다."[***] 반대로 그는 제품-시장 적합성을 찾아냈다면 그것을 판단하는 일도 아주 쉽다고 말한다.

"제품-시장 적합성을 찾았다면 그 사실 또한 항상 느낄 수 있다.

---

[*] Marc Andreessen. 페이스북, 포스퀘어, 깃허브, 핀터레스트, 트위터 등의 회사에 투자한 안드레센호로비츠의 공동 창업자다. 실리콘밸리에서 가장 유명한 투자자 중 한 사람이다.

[**] Andy Rachleff. 이베이, 오픈테이블, 스냅챗, 트위터, 우버 등의 회사에 투자한 벤치마크캐피털의 공동 창업자이자 웰스프론트의 CEO다.

[***] 안드레센이 2007년 블로그에 올린 내용이다. 이 블로그는 지금은 없어진 상태이지만 전자책으로 다운로드가 가능하다. http://a16z.com/2015/01/09/pmarca-blog-ebook/

제품을 만드는 대로 사용자가 그 제품을 구매하거나, 서버를 늘리는 대로 사용자 수가 증가하고 은행에 돈이 흘러넘치기 시작한다. 고객 지원 담당과 영업사원을 계속 고용해야 하고, 기자들은 새로운 대박 상품 소식을 듣고 인터뷰를 하기 위해 끊임없이 연락을 한다. 하버드경영대학원에서 '올해의 창업자' 상을 받으면 투자자들은 당신 집 앞에서 진을 치고 기다린다."

안드레센이 말했듯이 제품-시장 적합성은 찾기가 쉽지 않지만 일단 찾게 되면 곧바로 알아차리게 된다. 스타트업에서 이보다 더 중요한 건 없다. 따라서 억지로 아이디어를 짜내려 하기보다는 실제로 존재하는 문제를 찾으려 노력해야 한다.

진짜 문제를 발견해 그에 대한 효율적인 해결책을 제품이나 서비스의 형태로 출시하면, 분명 사용자들이 반응할 것이고 언젠가는 제품-시장 적합성을 찾아낼 수 있을 것이다. 아무리 재미있고 새로운 아이디어라 해도 쓸모가 없다면 과감하게 버리는 용기도 필요하다. 진짜 문제를 찾아 해결하는 스타트업이 돼야 한다.

 배움 #18

진짜 문제를
해결하라.

스토리텔링

인터넷 시대에 가장 뛰어난 스토리텔링 실력자는 스티브 잡스일 것이다. 그는 사용자가 사랑에 빠질 만한 훌륭한 제품을 만드는 능력을 소유했을 뿐 아니라, 스토리텔링을 통해 그 제품을 사용자에게 설명하고 이해시키는 재주도 뛰어났다. 애플의 신제품 발표회에 나선 잡스를 살펴보면 그가 공통으로 사용하는 스토리텔링 요소를 파악할 수 있다.

모든 훌륭한 스토리텔링의 중심에는 영웅이 있고 그 영웅이 존재하기 위해서는 먼저 악당이 존재해야 한다. 잡스는 악당을 먼저 소개한 뒤 그 악당을 물리칠 영웅을 투입하는 요령이 탁월했다. 그는 제품이 무엇인지에 대해 자세히 설명했지만 '무엇'보다는 '왜' 사람들이 자신이 만든 제품을 써야 하는지를 설명하는 데 더 집중했다. 그는 머리보다 가슴으로 대중과 소통하는 남다른 능력이 있었다.

2001년 애플이 첫 아이팟을 출시했을 때도 잡스는 비슷한 방법을 사용했다. 객관적으로 볼 때 아이팟은 그 당시 그리 혁신적인 기기는 아니었다. 애플이 심혈을 기울여 만든 훌륭한 제품이었지만 MP3 플레이어는 1990년대부터 이미 많은 회사들이 판매해온 익숙한 기기였다. 그렇다면 아이팟은 어떻게 MP3 플레이어 시장을 뒤엎을 수 있었을까?

아이팟 신제품 발표회에서 잡스는 관중에게 음악의 소중함을 가장 먼저 상기시켰다. 음악은 우리 인생의 한 부분이고 항상 존재해왔으며 앞으로도 계속 존재할 거라고 주장했다. 그런 다음 그는 역시 악당을 등장시켰다. 그리고 우리 모두에게 이토록 소중한 음악을 들을 수 있게 해주는 MP3 플레이어 중에는 아직 분명한 승리자는 없다고 말했다. 소니와 크리에이티브를 예로 들면서, 사용자에게 인정받을 만한 혁신적인 제품을 아직 만들어내지 못한 그들을 순식간에 악당으로 둔갑시켜버렸다. 그렇지만 직접적으로 그 회사들을 험담하지는 않았다.

관중은 이미 그의 스토리에 완전히 매료돼 있었다. 모두에게 이렇게 소중한 음악인데 어떻게 분명한 리더가 없을 수 있다는 말인가? 영웅의 등장이 절실했다. 잡스는 이 기회를 놓치지 않았다. "애플이 그 리더가 될 수 있습니다." 그는 그렇게 주장하며 20여 분 만에 처음으로 주머니에서 아이팟을 꺼냈다. 관중은 영웅의 등장에 환호했다. 평범하게 생각할 수 있는 MP3 플레이어가 잡스의 손 안에서 혁신적인 제품으로 세상에 탄생하는 순간이었다. 그의 스토리텔링이 평범할 수도 있었던 제품을 영웅으로 만든 것이다.

이처럼 악당과 영웅을 등장시키는 스토리텔링은 관중의 감정을 자극할 수 있는 훌륭한 도구다. 평범한 제품이라도 스토리텔링을 잘할 수만 있다면 혁신적인 제품으로 거듭날 수 있다. 제품 스토리텔링의 가장 기본적인 임무는 제품이 '무엇'인지에 대해 사용자가 알아듣기 쉽게 설명하는 일이다. 악당과 영웅을 만들어낸다 해도 영웅에 대해 쉽게 설명할 수 없다면 헛일이다. 그 영웅, 즉 제품이 '무엇'인지에 관한 간단명료한 설명이 필요하다.

6초 피치

스타트업은 엘리베이터 피치(elevator pitch)를 준비해야 한다. 만약 투자자와 엘리베이터를 함께 타는 일이 벌어진다면 30초에서 1분에 이르는 짧은 시간 동안 제품에 대해 설득력 있게 설명할 수 있어야 한다. 하지만 막상 해보면 30초에서 1분은 꽤 긴 시간이다. 엘리베이터 피치에서 제품뿐 아니라 제품의 가치에 대한 설명까지 포함하려면 제품에 대한 설명은 30초보다 훨씬 더 짧은 시간 안에 마쳐야 한다.

우리 팀은 그 기준을 6초로 잡았다. 6초 안에 설명할 수 없다면 그 제품은 너무 복잡하다는 뜻이었다. 훌륭한 제품일수록 간단명료하게 설명하는 일이 수월하다. 구글은 가장 효율적인 검색엔진이다. 페이스북은 소통과 공유를 가능하게 하는 네트워크다. 아마존은 세계 최대 온라인서점이고, 이베이는 누구나 사용할 수 있는 옥션 사이트다. 우리 팀의 제품을 예로 들면, 카나리는 아이폰용 캘린더 앱이고, 레슨스미스는 교사들을 위한 교재 공유 사이트다. 하지만 이렇게 한 문장으로 설명하기 어려운 제품이 우리에게도 많았다. 예를 들어 라빔을 설명하는 건 결코 쉬운 일이 아니었다.

"푸드게놈프로젝트를 통해 영양성분을 쉽게 이해할 수 있는 기술 기반 아래 스위터스푼이라는 레시피 검색엔진을 통해 사용자가 자신이 먹는 음식의 영양성분을 알 수 있을 뿐 아니라 건강지수까지 볼 수 있는 음식·건강 플랫폼."

솔직히 내가 설명하면서도 헷갈리거나 지루했던 적이 몇 차례 있었다. 제품을 만든 내가 그 정도면 설명을 듣는 사람은 어떤 마음이었을까? 중요한 건 무조건 짧게 말한다고 좋은 게 아니라, 6초 동안 제품에 관해 설명했을 때 듣는 사람이 그 제품이 무엇인지 정확히 이해할 수 있어야 한다는 점이다. 나는 라빔을 다음과 같이 한 문장으로 줄여 설명할 수 있다.

"세계 최고의 영양성분 검색 테크놀로지."

6초 안에 충분히 설명할 수 있는 간단한 내용이지만, 저 문장만 듣고 내가 설명하는 제품이 어떤 기능을 가졌는지 가늠할 수 있는 사람이 과연 몇이나 될까?

우리는 6초 피치를 제품의 스토리텔링을 돕는 도구뿐 아니라 제품의 복잡성을 시험하는 장치로도 사용했다. 6초 안에 내가 만든 제품을 다른 사람에게 이해시킬 수 없다면 그 제품은 너무 복잡한 제품이다. 아무리 간단한 제품이라도 내가 그 제품에 관한 간략하게 설명할 수 없다면 사용자는 그 제품을 사용해보고 싶은 마음이 들지 않을 것이다.

전화
테스트

　제품 이름을 짓는 일은 내가 가장 싫어하는
일 중 하나였다. 간단하고 재미있어 보일 수 있지만 많은 걸 생각해야
하는 과정이다. 제품과 연관이 있는지, 어떤 느낌을 주는지, 문화적으
로 적절한지, 정치적으로 정당한지, 웹사이트 주소와 소셜네트워크 아
이디는 구할 수 있는지, 이미 그 이름을 쓰는 회사가 있는지, 너무 길지
는 않은지 등등 고려해야 할 게 한두 가지가 아니다.

　그중 가장 중요한 부분은, 사용자가 알아듣기 쉽고 기억하기 쉬운
이름을 사용해야 한다는 사실이다. 이를 검증하기 위한 방법으로 우리
는 전화 테스트를 사용했다. 전화기에 대고 말하면 대화의 대역폭이 좁
아 직접 만나서 대화하는 것보다 단어가 제대로 안 들리는 경우가 종
종 있다. 확인하는 방법은 간단하다. 제품 이름을 전화 통화로 다른 사
람에게 말했을 때 상대가 한 번에 알아듣고 철자까지 정확하게 쓸 수
있다면 좋은 이름이다. 우리가 만든 제품 이름들 중 이 테스트를 통과
한 이름에는 카나리가 있다. 레슨스미스, 임프레시피, 라빔과 같은 이
름은 우리가 만들어낸 단어들이기 때문에 부연 설명을 하고 철자를 알
려줘야만 사람들이 인터넷에서 찾을 수 있었다.

　전화 테스트에 실패한다고 제품이 무조건 실패하는 건 아니다. 구
글이라는 이름은 창업자들이 'Googol'●이라는 단어 철자를 잘못 알고
지은 이름이다. 지금은 너무나 유명해져 누구나 단번에 알 수 있지만,
초창기에 구글은 전화 테스트를 통과할 수 없는 이름이었다. 전화 테스

트가 제품 성공의 절대적인 지표라고 할 수는 없지만, 가급적 알아듣기 쉬운 이름을 선택하는 게 유리하다.

제품에 대해 쉽게 설명할 수 있다면, 그다음에는 그 제품을 왜 써야 하는지 설명해야 한다. 사용자에게 그 제품을 왜 사용해야 하는지를 납득시키지 못한다면 그 제품은 성공할 수 없다. 스토리텔링은 '무엇'으로 시작해서 '왜'로 마무리된다. '무엇'에 대한 설명이 머릿속으로 이해하는 제품 기능에 관한 것이라면, '왜'에 대한 설명은 마음이 받아들이는 감정적 동기다. 잡스의 아이팟은 단순한 MP3 플레이어가 아니었다. 1000곡의 노래를 담을 수 있었고, 애플 특유의 깔끔한 디자인을 자랑했으며, 파이어와이어**를 사용해 기존의 USB보다 훨씬 빠른 데이터 전송속도를 자랑했다. 이 모든 것들은 '무엇'에 대한 설명에 지나지 않았다. 사용자가 아이팟을 꼭 사용해야 하는 이유는 각자에게 가장 소중한 노래를 주머니에 담고 언제 어디서든 들을 수 있도록 해주는 혁신적인 기기였기 때문이다. 이것이 바로 사용자가 아이팟을 사용하고 싶게 만드는 동기였다. 잡스는 '무엇'과 '왜'를 모두 훌륭하게 설명한

• 1.0×10^{100}이라는 숫자를 의미하는 수학 용어다. 구글이 회사 이름을 정할 때 실수로 철자를 잘못 알아서 이름을 Google로 짓게 됐다는 이야기는 이미 유명하다. 구글 창업자들은 그 실수를 바로잡지 않고 그냥 Google이라는 이름을 계속 쓰기로 했다. 그들이 제대로 된 철자를 사용했다면 우리는 오늘날 구글이 아닌 구골(Googol)이라는 검색엔진을 사용하고 있을 것이다.

•• FireWire. 컴퓨터와 주변장치를 연결하는 규격 중 하나다. 대표적인 규격으로는 USB가 있다. 파이어와이어는 애플이 1990년대에 개발했다. 그 당시 USB보다 몇 배 더 빠른 전송속도를 자랑하는 규격이었다.

것이다.

우리는 이 교훈을 바탕으로 사람들에게 카나리를 설명할 때 '왜' 사용해야 하는지 납득시키는 데 집중했다. 처음 시도하는 일이라 쉽지 않았지만 계속 연습하다 보니 어느새 설명을 듣는 사람들의 눈이 반짝거리는 걸 알 수 있었다. 카나리가 무엇인지 설명하면 다음과 같다.

"카나리는 손쉽게 쓸 수 있는 스케줄링 기능이 포함되어 있는 아이폰용 캘린더 앱입니다."

이해하기 쉽고 간단명료한 설명이지만, 이렇게 설명했을 때 큰 관심을 갖고 카나리를 써보고 싶어 하는 사람은 많지 않았다. 우리는 '왜' 카나리를 써야 하는지 이해시키기 위해 다음과 같이 설명했다.

"중요한 비즈니스 미팅이나 친구들과의 만남을 계획할 때 몇 번의 대화가 오가고 나서야 겨우 시간을 잡게 된 경험이 있습니까? 스케줄 관리는 매우 번거로운 일입니다. 카나리는 몇 번의 터치만으로 중요한 미팅을 계획하고 친구들과 만날 수 있게 해주는 혁신적인 스케줄러입니다. 한 마디로 주머니에 넣고 다니는 개인 비서인 셈이죠."

캘린더 앱이란 말은 섹시하지 않다. 스케줄 관리는 누구나 다 귀찮아하는 일이기 때문이다. 우리는 아무리 노력해도 캘린더 앱이라는 개념을 섹시하게 만들 수 없다는 걸 깨달았고, 이후 카나리를 설명할 때 캘린더 앱이라는 말을 사용하지 않으려 노력했다. 카나리는 캘린더 앱이 아니었다. 소중한 사람들과 시간을 보낼 수 있도록 스케줄 관리를 도와주는 개인 비서였다.

우리는 이렇게 '무엇'과 '왜'를 설명하고 스케줄 관리라는 과정을 악당으로 만든 뒤 카나리라는 영웅을 등장시키는 방법으로 6초 피치를 완성했다. 결과는 놀라웠다. 캘린더 앱이라고 설명할 때는 거들떠보지 않았던 사람들이 스케줄 관리라는, 모두가 느끼는 공통점을 꼬집으며 카나리를 소개하자 한번 써보고 싶다고 했다.

정답은 거기에 있었다. 진짜 문제를 해결해줄 수 있는 제품을 제공하면 사람들은 관심을 보인다. 제품을 머리로만 이해시키는 게 아니라 공감대를 형성하도록 만들면 듣는 사람뿐 아니라 설명하는 사람의 태도에도 큰 변화가 생긴다. 제품의 스토리를 잘 구성하고 '무엇'과 '왜'를 둘 다 효율적으로 잘 설명하면 누구나 성공적인 스토리텔러가 될 수 있다.

배움 #19

스토리텔러가
되어라.

최소기능
제품

에릭 리스의《린 스타트업 *The Lean Startup*》은 실리콘밸리를 시작으로 전 세계 스타트업 업계에 큰 파문을 일으켰다. 린 스타트업은 처음부터 완벽한 사업계획서와 완성도 높은 제품을 만들기보다 최소한의 기능을 탑재한 제품을 통해 시장에 대한 가정을 시험할 것을 권한다. 최소기능제품(MVP)*을 통해 사용자의 피드백을 받은 뒤 그것을 기반으로 제품을 개선해나가라는 것이다.

리스는 자포스의 창업자 닉 스윈먼**의 창업 얘기를 최소기능제

---

* Minimum Viable Product. Most Valuable Player의 약자이기도 하다. 이런 이유에서 MVP가 '최소기능제품'보다는 훨씬 더 기억하기 편하고 사용하기에도 재밌는 단어이지만, 혼란을 줄이기 위해 여기서는 한글을 사용한다.

** Nick Swinmurn. 미국 최대 온라인 신발 쇼핑몰로, 2009년 아마존이 1조 원에 인수했다.

나는 다만 재미있는 일을 했을 뿐이다

품의 사례로 들었다. 1990년대 말에 스윈먼은 소비자가 드디어 인터넷을 통해 신발을 살 준비가 됐다고 생각했다. 하지만 그는 곧바로 온라인 쇼핑몰을 만들지 않았다. 사업계획서를 쓴 것도 아니었다. 상당한 시간이 요구되는 사업계획서와 쇼핑몰 개발에 힘을 낭비하는 대신 동네 신발가게에 들러 신발 사진을 찍었다. 그러고는 대충 만든 웹사이트에 신발 사진을 올리고 주문이 들어오는 대로 동네 신발가게에서 직접 신발을 구매해 고객에게 제품을 배송했다.

물론 돈을 벌자고 한 일은 아니다. 그는 이런 간단한 실험을 통해 소비자가 인터넷으로 신발을 살 준비가 됐다는 가정을 입증하고 싶었다. 그리고 불과 며칠 만에 그가 원하던 답을 얻을 수 있었다.

이렇듯 린 스타트업은 완벽주의를 과감히 버리고 최소기능제품을 이용해 시장에 대한 가정을 하나씩 입증하라고 말한다. 가정을 이끌어내 그 가정을 입증할 최소기능제품을 만들고, 그 제품으로 실험한 뒤 그 결과를 분석해 최종적으로 가정을 입증하라는 것이다. 그런 다음 이 과정을 계속 반복하면 리스크를 최소화하고 단계별로 완벽한 제품을 만드는 일을 체계화할 수 있다.

이렇게 단계별로 가정을 하나씩 입증하면서 얻는 배움을 린 스타트업에서는 '검증된 학습(validated learning)'이라 부른다. 스윈먼이 급하게 쇼핑몰을 만드는 대신 소비자가 인터넷에서 신발을 살 거라는 가정을 실험하고 입증한 게 바로 검증된 학습이다. 이를 통해 스윈먼은 온라인 신발 쇼핑몰이 성공할 거라는 확신을 얻을 수 있었다.

이와 같은 린 스타트업의 개념은 실리콘밸리 스타트업을 시작으로 널리 퍼지기 시작했고, 다양한 산업과 정부기관에서도 린 스타트업의 아이디어를 운영 방침에 적용했다. 하지만 아무리 간단해도 개념을 이해하는 일과 그것을 실천하는 일은 크게 다르다. 우리 팀은 린 스타트업의 가르침을 제품 개발 과정에 적용하려 했지만 제대로 된 효과를 얻기까지 많은 시행착오가 있었다.

제품이 아닌
배움

린 스타트업은 최소기능제품을 만들라고 권하지만 제품이 린 스타트업의 핵심은 아니다. 검증된 학습을 통해 최소한의 노력으로 가장 빠른 시일 안에 시장에 대한 가정을 입증하는 게 린 스타트업의 목표다. 다시 말해 최소기능제품은 제품이 아닐 수도 있다.

우리는 스위터스푼을 만들 때 "무엇이 최소기능제품인가?"라는 질문부터 던졌다. 그러고는 며칠 안에 제품을 디자인하고 곧바로 개발 작업에 들어갔다. 그처럼 빠른 속도로 최소기능제품을 만들면서 우리는 한 가지 중요한 사실을 놓쳤다는 걸 알지 못했다. 어떻게 제품을 만들 것인지에 너무 몰두한 나머지 이 제품을 만들 필요가 있는지에 대해서는 질문하지 않았던 것이다.

리스는 "이 제품을 만들 수 있을까?"라는 질문은 옳은 질문이 아니라고 했다. 대부분의 제품은 만들 수 있으므로 우리가 던져야 할 질문은

"이 제품을 굳이 만들 필요가 있는가?"라고 물어야 한다는 것이다.

스위터스푼을 기획하는 과정에서 '사람들은 음식을 먹을 때 그 음식의 건강지수를 알고 싶어 한다'가 우리가 입증해야 할 가정이었다면 우리의 최소기능제품은 처음부터 제품일 필요가 전혀 없었다. 지인을 인터뷰해 직접 물어본다든지, 아니면 임의로 건강지수를 표시하는 가짜 앱을 만들어 앱에 대한 피드백을 받아도 됐다. 하지만 우리는 '최소한의 기능'에 대해서만 고민을 했고 제품이 '꼭 필요한지'에 대해서는 전혀 생각하지 않았다. 결국 몇 주에 걸쳐 최소기능제품을 출시하고 난 뒤에야 그 가정이 틀렸음을 깨달았다.

이런 이유에서 제품 자체를 스타트업의 중심에 놓는 일은 피해야 한다. 대신 제품이 아닌 배움에 집중해야 한다. "이번 주에 제품을 얼마나 만들 수 있을까?"가 아니라 "이번 주에 입증할 가정은 무엇이고 어떤 배움을 얻을 수 있을까?"라는 질문을 던져야 한다. 제품에 대한 생각보다는 배움에 집중하는 게 더 현명한 전략이다.

제품
스토리

제품의 필요성에 대한 가정을 입증했다면 다음 단계는 어떤 수준의 제품을 만들고 출시해야 하는지를 고민해야 한다. 최소한의 기능이 무엇인지 결정하는 일은 쉽지 않다. 시장의 특성과 제품에 따라 최소한의 기능은 천차만별이다. 너무 많이 만들면 시간을 낭비하는 일이고 너무 적게 만든다면 사용자가 제품의 의도를 충분히 이해하지 못해 결국 부정확한 학습 결과를 얻게 될 수 있다.

게임 업계는 최소한의 기능이라는 개념이 적용될 수 없는 사례 중 하나다. 게이머들은 최소한의 기능만을 답새한 게임을 절대로 돈 내고 사지 않을 것이다. 게임은 모든 면에서 완성도가 높아야 하고 조금이라도 부족한 면이 있다면 사용자들이 불만을 표시할 것이다. 게임 업계에서는 최소기능제품이 완성품이다.

우리의 경우 임프레시피가 비슷한 사례로 꼽힐 수 있다. 음식 레시피를 어느 기기에서든 보기 쉽게 해주는 기능을 실험할 때, 우리는 스마트폰과 태블릿에서 보기 편리한 웹사이트를 만들었다. 하지만 사용자는 웹사이트보다 앱을 선호한다. 앱이 웹사이트보다 훨씬 더 빠르고 전반적으로 우월한 경험을 제공하기 때문이다.

앱에 익숙한 사용자는 우리가 최소기능제품으로 출시한 웹사이트를 전혀 마음에 들어 하지 않았다. 결국 우리는 사용자가 웹사이트를 선호하지 않는 것인지, 아니면 임프레시피 자체를 원하지 않는 것인지에 대해 정확히 검증하지 못한 채 제품을 접어야 했다.

그렇다면 도대체 어디서 선을 그어야 한단 말인가? 우리는 그 답을 스토리텔링에서 찾을 수 있었다. 제품의 스토리를 지탱해주는 주요 기능은 최소기능제품에 모두 포함돼야 한다. 만약 어떤 기능이 빠져 스토리에서 묘사된 제품의 기능을 사용자가 충분히 경험할 수 없다면 그것은 최소한의 기능인 것이다.

아이팟의 스토리는 '내게 소중한 모든 노래는 주머니 속에 있다'

였다. 만약 아이팟이 1000곡이 아닌 50곡의 노래만 저장할 수 있었다면 아이팟의 스토리는 무효가 된다. 1000곡의 노래 저장은 아이팟의 최소한의 기능 중 하나였다.

자포스의 스토리는 '온라인에서 신발을 구매한다'였다. 스윈먼이 만든 웹사이트는 제대로 만들어진 온라인 쇼핑몰이 아니었지만, 자포스 스토리를 지탱하기에는 충분한 최소기능제품이었다.

최소기능제품에 대한 의문이 든다면 제품의 스토리를 참고해보면 된다. 더도 말고 덜도 말고 스토리를 지탱할 수 있을 만큼의 기능이 필요하다. 그것이 진정한 최소기능제품이다.

완벽한 모델이란 있을 수 없다. 그래서 린 모델에 대한 다양한 반대 의견도 존재한다.[*] 결국 린 모델은 스타트업을 어떻게 가장 효율적으로 운영할 수 있는지에 대한 관점의 하나다. 이 가르침을 스타트업에 어떻게 그리고 얼마나 현명하게 적용할지는 건 각자의 몫이다.

나는 린 모델을 지지한다. 최소기능제품을 만들 때는 제품보다는 배움에 중점을 둬야 한다. 스토리를 지탱할 수 있는 제품을 통해 최대한 빠른 속도로 시장에 대한 가정을 입증하는 방법을 배우면 효율적으로 스타트업을 운영해나갈 수 있다.

• 피터 틸(Peter Thiel)은 자신의 책 《제로투원Zero to One》에서 린 모델에 대한 반대 의견을 제시했다. 그는 사용자의 피드백을 통해 조금씩 제품을 개선해나가는 방법으로는 큰 변화를 가져오는 스타트업을 만들 수 없다고 주장했다. 그의 의견도 일리가 있지만 나는 제품이 아닌 배움에 중점을 두라는 권고가 린 모델의 가장 중요한 가르침이라 생각한다. 이 가르침에 따른다면 대부분의 스타트업은 훨씬 더 효율적인 방법으로 운영이 가능할 것이다.

시장 수요를
알고 싶다면
최소기능제품을
만들어라.

끝없는
변화

우리는 마지막 도전을 시작했다. 지금까지 실패하면서 배운 것들을 되짚어가며 신중하게 일을 진행했다. 벼랑 끝에 몰린 기분이었다. 이게 정말 마지막 시도라는 생각이 머릿속에서 떠나지 않았다. 우리는 처음 시도하는 프로젝트라고 상상하면서, 긍정적이고 대범한 태도로 각자 맡은 임무에 충실했다.

프로젝트를 시작하자마자 우리는 두 가지 문제에 직면했다. 첫째, 우리 중 앱 개발 경험자가 없었다. 모두 실력과 경력을 겸비한 개발자들이었지만 아직은 앱 개발 경험이 전무했던 것이다. 둘째, 우리에게는 디자이너가 없었다.

카나리 앱은 기능 면에서 뛰어나야 했지만 사람들은 이미 앱을 보는 눈이 매우 높아져 있었다. 깔끔하지 않은 디자인으로는 사용자의 관심을 끄기 어려웠다. 우리는 이 두 가지 문제점에 대해 심각하게 고민했다.

앱 개발

컴퓨터공학은 비교적 어린 학문이다. 지금 우리가 살아가는 세상에서 프로그래밍만큼 트렌드가 빨리 변하는 분야도 없다. 우리 팀 엔지니어들이 대학생일 때만 해도 앱 개발이라는 말은 흔치 않았다. 지금은 대학 교과 과정에서 쉽게 찾아볼 수 있는 앱 개발 강의가 그때는 존재하지 않았고, 우리는 모두 웹 프로그래밍을 중점적으로 교육을 받은 마지막 세대다. 그런 만큼 우리는 스스로 노력하지 않으면 뒤처질 수밖에 없었다.

내가 수년간 교육을 받고 일하면서 익숙해진 플랫폼을 뒤로하고 하루아침에 앱 개발이라는 새로운 분야에 뛰어드는 건 쉬운 일이 아니었다. 물론 대학 졸업 후에도 계속 새로운 트렌드를 공부하면서 뒤처지지 않으려고 노력했다.

하지만 새로운 트렌드를 공부하며 조금씩 나 자신을 개선시키는 노력과 스타트업의 생사가 달린 프로젝트를 한 번도 시도해보지 않은 플랫폼에서 진행하는 건 천지 차이였다.

스마트폰 앱이라는 낯선 신세계로 뛰어드는 게 쉽지 않았다. 무엇보다 두려웠다. 다행히 우리는 변화에 익숙해 있었다. 많은 실패와 피벗을 통해 매일 변화해야 살아남을 수 있다는 사고방식이 자리 잡혀 있었다. 우리는 비교적 쉽게 믿음의 도약을 할 수 있었다. 불확실한 부분이 많았지만 다른 사람보다 먼저 뛰어내릴 수 있는 용기를 발휘해야 했다. 우리는 두려운 마음을 뒤로하고 뛰어내리기로 했다.

디자이너

우리에게는 처음부터 디자이너가 없었다. 카나리 앱만의 문제가 아니라 지금까지 시도한 모든 프로젝트에 제대로 된 디자이너가 참여하지 않았다. 그나마 팀원들 중 디자인 경험이 상대적으로 많았던 내가 그 역할을 맡았고, 부족한 실력으로 최선을 다했다.

나는 카나리 앱을 만들기 전에 지금까지 내가 디자인해온 제품들을 다시 한 번 살펴봤다. 처음에는 형편없던 디자인 실력이 시간이 지나면서 자리가 잡히고 규칙을 따르기 시작한 걸 확인할 수 있었다. 시각적으로 이전보다 더 깔끔해지기도 했지만 일관성 있는 디자인 스타일도 구축되어 있었다. 처음에는 어디 내놓기가 부끄러웠던 디자인 솜씨가 이제는 어느 정도 다른 사람들에게 보여줄 수 있는 수준이 됐다는 사실이 흡족했다.

나는 아직도 훌륭한 디자이너가 아니다. 내 디자인 실력은 제대로 교육받은 디자이너에 비하면 아직 어린아이 수준이다. 하지만 형편없는 실력에도 불구하고 꾸준히 노력했고 디자인이 중요한 카나리 앱을 만들 때는 어느 정도 자신감이 있었다.

카나리 앱 개발 과정은 매 단계마다 거의 완벽하게 진행됐다. 우리에게는 전문 디자이너와 앱 개발 경험이 있는 엔지니어가 없었지만 복잡한 캘린더 앱을 완성하기까지 3개월밖에 걸리지 않았다. 그간 많은 변화를 통해 축적된 노하우가 드디어 효력을 발휘하는 듯했다. 이렇게 매끄러운 제품 기획과 출시는 스타트업을 시작하고 나서 처음이었다. 신기한 경험이었다.

카나리 앱은 출시되자마자 반응이 좋았다. 미국 최대 IT 미디어인 〈테크크런치TechCrunch〉에 기사가 실렸고,● 그 덕분에 출시한 지 며칠이 지나지 않아 사용자 수 1만 명을 돌파했다. 사용자 수는 그 후로도 꾸준히 증가했고 더 많은 미디어에서 카나리 앱에 관심을 보였다. 경제 전문지 〈아이엔씨INC.〉는 카나리를 2013년도 베스트 5대 앱으로 선정하기도 했다.●●

제품 차원에서 보면 우리는 스타트업을 시작하고 처음으로 성공을 맛본 것이다. 엄청난 수의 사용자가 모인 것도, 회사를 지속시킬 수 있는 수익 모델을 찾은 것도 아니었지만 전 세계 170여 개국에서 우리가 만든 앱을 다운받았으며, 카나리 앱의 깔끔한 디자인과 혁신적인 기능을 칭찬하는 팬들이 생기기 시작했다. 그들은 열광적으로 우리 팀을 지지하며 다양한 피드백을 보냈고 안드로이드 버전의 출시를 독촉했

● http://techcrunch.com/2013/09/27/canary-wants-to-bring-the-power-of-the-desktop-calendar-to-mobile/

●● http://www.inc.com/john-brandon/5-best-iphone-apps-of-2013.html. 정확히 말하면 〈아이엔씨〉의 칼럼니스트 존 브랜든이 뽑은 순위다.

다. 여러 번의 실패를 겪었던 우리에게는 너무도 신기하고 고마운 일이었다.

이 프로젝트를 통해 우리는 세상을 바꾸지도 못했고, 엄청나게 큰 돈을 벌지도 못했다. 하지만 우리가 최선을 다해 만든 제품이 다른 사람들에게 유용하게 쓰인다는 사실만으로도 기뻤다.

카나리 앱은 우리가 실리콘밸리에 있는 여러 대기업들과 대화를 나눌 기회를 가져다주었고, 우리는 그중 가장 적합하다고 생각하는 회사와 인수합병 계약을 체결했다. 대부분의 스타트업이 소리 소문도 없이 사라지는 가운데 카나리 앱은 우리에게 엑시트*라는 성공을 맛볼 수 있게 해준 것이다.

스타트업은 변화의 연속이다. 끝까지 함께하기로 약속한 팀원을 떠나보내야 하고, 처음 접해보는 새로운 기술을 익혀야 하고, 회사의 전반적인 방향을 틀어야 하는 일이 생길 수 있다. 갑작스러운 변화에 적응하는 건 쉬운 일이 아니다. 하지만 변화를 배움의 기회로 삼고 두 팔 벌려 환영한다면 조금씩 성장해가는 자신의 모습을 발견할 수 있을 것이다.

톨스토이는 "누구나 세상을 바꾸는 것에 대해 생각하지만, 어느 누구도 자신을 바꾸는 것에 대해서는 생각하지 않는다"라고 말했다. 스타트업을 통해 세상을 바꾸기 위해서는 그 여정에서 요구하는 변화

• exit. 스타트업 세계에서 엑시트는 크게 두 가지로 나뉜다. 하나는 스타트업을 다른 회사에 팔아넘기는 인수합병이고, 다른 하나는 상장회사가 되는 것이다. 엑시트를 경험하는 스타트업은 많지 않다.

를 기꺼이 받아들이고 자기 자신부터 바꾸는 노력이 필요하다. 끝없는 변화만이 살길이다.

배움 #21

끝없이
변화하라.

나는 다만 재미있는 일을 했을 뿐이다

에필로그

완벽한 도전은
없다

"여정의 끝이 있다는 것은 좋은 일이다.
하지만 결국 가장 중요한 건 여정 그 자체다."
—어슐러 르 귄(Ursula Le Guin)

스타트업의 성공에 관해 대화를 나눈 적이 있다. 재정적인 안정과 자유, 사용자에게 어떤 형태로든 편리함을 제공하는 제품, 인수합병 혹은 상장을 통한 엑시트, 자부심을 가질 수 있고 다른 사람들에게 존중받을 수 있는 회사 브랜드 등 여러 가지 성공의 형태에 대해 논의했다. 누가 말했는지 정확하게 기억나지 않지만 우리가 그때 논의했던 여러 성공의 형태 중 가장 기억에 남는 게 하나 있다.

"어느 날 레스토랑에서 저녁을 먹고 있는데 옆 테이블에서 우리가 만든 제품을 쓰고 있는 걸 발견한다면 그게 성공이지 않을까?"

자신이 그린 그림을 사람들이 관심을 갖고 감상할 때, 자신이 쓴 곡을 사람들이 즐겁게 들을 때 화가와 작곡가는 가장 큰 만족감을 느낄 것이다. 마찬가지로 스타트업 창업자들은 자신이 만든 제품이나 서비스를 사람들이 유용하게 사용할 때 가장 큰 보람을 느낀다. 내가 열정을 갖고 밤낮으로 만든 제품을 사용하는 사람을 우연히 마주친다는 것, 그것은 너무도 가슴 설레는 일이다!

인수합병 절차를 마치고 나는 거의 3년 만에 다시 실리콘밸리로 돌아왔다. 언제나 그랬듯이 캘리포니아 특유의 구름 한 점 없는 화창한 날씨가 나를 반겨주었다. 나는 이곳에서의 두 번째 삶을 준비하면서 정신없이 바쁜 나날을 보내고 있었다. 하루는 미국 운전면허증을 갱신하기 위해 DMV*에 들렀다. 비효율적이기로 악명 높은 기관인 DMV는 방문할 때마다 몇 시간씩 줄을 서서 차례를 기다리는 게 다반사였다. 그날도 나는 증명사진을 찍기 위해 긴 줄에 서서 차례를 기다리고 있었다.

그때 갑자기 익숙한 소리가 들려왔다. 처음에는 내 귀를 의심했다. '내가 잘못 들은 건가? 설마 아니겠지'라고 생각하면서도 설레는 마음으로 주위를 둘러봤다. 그때 같은 줄에 서 있던 한 남자를 발견했다. 180센티미터 정도의 키에 흰색 와이셔츠와 카키색 바지를 입은 그 남자의 손에는 아이폰이 들려져 있었는데, 아이폰 화면에 카나리 앱이 작동 중이었다. 내가 만든 카나리 앱이었다. 내가 들었던 소리는 우리가 직접 제작했던 앱의 미팅 알람소리였다.

계속되는 실패 속에서 탄생한 카나리 앱의 사용자를 그렇게 우연히 마주치게 됐다는 게 너무도 신기했다. 이런 경험이 바로 성공일 거라며 대화를 했던 기억이 문득 떠올랐고 누군가가 그간 고생했다며 나

* Department of Motor Vehicles. 면허를 발급받거나 차량 등록을 하는 미국 교통국이다.

나는 다만 재미있는 일을 했을 뿐이다

를 다독여주는 것 같은 느낌이 들었다. 길고도 짧았던 나의 스타트업 여정을 아주 훌륭하게 마무리짓게 해준 소중한 경험이었다.

그날의 우연은 우리 팀이 엑시트를 했다는 사실만큼 의미 있는 경험이었다. 자신이 만든 제품이 유용하게 사용되는 상황을 직접 목격하는 경험은 창업자가 받을 수 있는 가장 큰 보상 중 하나일 것이다.

이처럼 성공의 정의는 창업자마다 조금씩 다르겠지만 결국 모든 스타트업이 근본적으로 해결해야 할 문제가 있다. 그것은 사용자에게 가치 있는 서비스와 제품을 제공함으로써 수익을 내는 일이다. 가치와 수익을 창출해야 스타트업이 계속 운영될 수 있고 또 다른 도전이 가능해진다. 그렇다면 스타트업 성공은 어떻게 성취할 수 있을까? 어마어마한 가치와 수익을 창출함으로써 크게 성공한 창업자들은 단지 운이 좋았던 걸까? 아니면 그들에게는 스타트업을 성공으로 이끄는 공식이라도 있었던 걸까?

스타트업의 성공에는 운이 따라야 한다고 주장하는 폴 그레이엄● 은 실력과 노력도 중요하지만 운이 따르지 않으면 실패할 거라고 말한다. 반면 에릭 리스는 스타트업의 성공은 린 스타트업의 과정을 통해 만들어질 수 있고 그 과정을 배우는 게 가능하므로 성공은 가르칠 수 있는 거라고 말한다. 사람들은 운에 더 큰 비중을 두는 경향이 있다

● Paul Graham. 미국 최고의 액셀러레이터로 인정받는 와이컴비네이터의 창업자다. 그는 개인 블로그를 통해 통찰력이 돋보이는 글을 많이 쓰고 있다. 스타트업의 성공에는 운이 따라야 한다는 그의 주장은 그가 2009년 10월에 쓴 'What Startups Are Really Like'이라는 제목의 글에도 나온다. http://www.paulgraham.com/really.html/

고 말하는 피터 틸은 스티브 잡스, 일론 머스크(Elon Musk), 잭 도시(Jack Dorsey)를 예로 들면서 그들의 성공이 단지 운 때문이었다고 단정짓는 행위는 어리석다고 말했다.*

스타트업 성공뿐 아니라 세상의 모든 성공을 이해하는 방법은 두 가지로 나뉜다. "근면은 행운의 어머니다"라고 주장한 벤저민 프랭클 린처럼 열심히 노력하고 준비된 자에게 찾아오는 게 행운이라고 생각 하는 사람들도 있는가 하면, 맬컴 글래드웰(Malcolm Gladwell)의 주장처 럼 우리가 태어난 나라, 시대, 환경이 개인의 성공에 가장 큰 영향을 끼 친다고 믿는 사람도 있다. 둘 다 일리가 있고 증거가 뒷받침되는 주장 이다. 한쪽 의견이 틀렸다고는 단정적으로 말할 수 없다. 그렇다면 도 대체 정답은 무엇일까? 세상만사가 그렇듯이 두 가지의 주장 중간 어 디쯤 존재할지도 모르겠다.

스탠퍼드대학 교수인 루이스 터먼**은 1000명이 넘는 영재들을 평생 추적 조사하며 그들이 인생에서 어떤 성취를 이루어내는지를 연

---

* 잡스는 애플, 넥스트, 픽사 등의 기업을 세웠고, 일론 머스크는 페이팔, 테슬라, 스페이스X, 솔라시티의 창업자이며, 잭 도시는 트위터와 스퀘어를 만들었다. 이들은 한 번 해내기도 어려운 일을 몇 번이나 연 속으로 해냈다. 틸은 스타트업 성공이 단지 운에 달린 것이라면 이런 뛰어난 사람들이 여러 번 큰 성공 을 이루어내는 일은 어렵다는 주장을 했다.

** Lewis Terman. 1920년대 가장 영향력 있는 심리학자였던 터먼은 1921년에 지능과 성공의 연관성에 대한 실험을 시작했다. 그가 선택한 영재들은 그의 이름을 따서 터마티스(Termites)라 칭했다. 터마티 스들의 지능은 상위 0.1퍼센트에 속했고, 터먼은 이들이 커서 노벨상을 받게 될 것이라는 가정 하에 실 험을 시작했다. 훗날 터마티스 중에는 대법관, 판사, 주 의원 등 크게 사회적 성공을 한 이들도 있었지 만 평범한 공무원 직에 종사하거나 타일공, 청소부 등 영재성이 요구되지 않는 직업을 갖게 된 이들도 많았다. 게다가 터마티스가 되기 위한 인터뷰에서 떨어졌던 아이 중 두 명은 후에 노벨상을 받기도 했 다. 결국 터먼은 뛰어난 지능과 사회적 성공은 직접적인 연관이 없다고 결론을 내렸다.

나는 다만 재미있는 일을 했을 뿐이다

구했다. 그는 높은 아이큐를 지닌 영재는 남들보다 훨씬 더 성공적인 삶을 살게 될 거라고 믿어 의심치 않았고, 영재들이 어른이 되는 과정을 지켜보며 어떤 직업을 갖고 어떤 성취를 이루어내는지 관찰했다. 당연히 자신의 가정이 옳을 거라고 예상했던 터먼은 시간이 흐를수록 이상한 점을 발견하게 된다. 영재 중에는 다양한 업계에서 크게 성공한 사람도 많았지만 아주 평범하고 때로는 어렵게 살아가는 사람들도 많았던 것이다. 평균적으로 비교했을 때 터먼의 영재들은 무작위로 선정된 인구 샘플보다 특별히 더 뛰어난 면이 없었다.

터먼은 결국 지능과 성공은 직접적인 연관성이 없어 보인다는 결론을 내렸다. 한 가지 주목할 부분은, 터먼이 크게 성공한 영재들과 그러지 못한 영재들을 비교했을 때 찾아낼 수 있었던 유일한 변수는 가정환경이었다는 점이다. 비교적 부유한 중상위층 가정에서 자란 영재들은 평균적으로 더 크게 성공했다.

터먼의 연구는 성공이란 어느 하나의 변수로 설명될 수 없다는 걸 증명해준다. 성공은 실력과 노력도 중요하지만 자라온 환경, 즉 행운도 무시할 수 없다. 결국 스타트업의 성공을 포함한 모든 성공 공식에는 실력, 노력 그리고 행운이라는 변수가 모두 다 적용되는 셈이다.

$$\text{스타트업 성공} = f(\text{실력, 노력, 행운})$$

이 공식이 사실이라면, 스타트업 성공을 위해 창업자가 해야 할 일은 매우 간단하다. 타고난 실력, 가정환경과 같은 행운은 우리가 선택할 수 있거나 쉽게 바꿀 수 있는 것들이 아니다. 다만 꾸준한 노력을 통해 실력을 쌓고 기회가 찾아올 때 붙잡을 수 있도록 항상 준비된 자세로 기다리는 건 가능하다. 다시 말하면 실력, 노력, 행운 중에 내가 직접 영향을 행사할 수 있는 변수는 노력뿐이라는 얘기다. 물론 남다른 노력을 하면 나머지 변수도 간접적으로나마 개선할 수 있다.

언젠가 우리가 성공의 공식을 완벽하게 이해할 수 있는 날이 올지도 모르겠다. 하지만 그전까지는 우리 힘으로 어쩔 수 없는 변수는 무시하고 가능한 일에만 집중해야 할 것 같다. 스타트업이라는 여정을 선택했다면 자기 자신을 성공으로 이끄는 힘은 노력뿐이라는 걸 명심해야 한다. 실력도 행운도 결국 노력하는 자에게 찾아오게 마련이다.

다사다난했던 여정이 정작 끝나고 나니 시원섭섭하다. 짧고도 길었던 시간을 뒤로하고 새로운 회사에서 또 다른 시작을 하게 됐다. 나의 여정을 통해 한 가지는 자신 있게 말할 수 있다. 도전하길 정말 잘했다! 잃은 것보다는 얻은 것들이 훨씬 더 많다. 실패도 많았고 또 어떤 면에서는 성공도 거뒀다. 어디에서도 얻을 수 없는 값진 경험을 통해 많은 것을 배웠다. 스타트업의 매력에도 제대로 빠져버렸다. 온갖 고생을 하고 겨우 기분 좋게 끝을 맺어놓고도 정신 나간 짓을 또 하려고 오늘도 나는 열심히 구상 중이다. 움츠려 살기에는 인생이 너무 짧다. 앞으로도 계속 실패를 두려워하지 않고 도전하는 삶을 살아갈 나 자신을 꿈꿔본다.

서승환

구글, 그 후 3년*

　우리가 서승환을 만나게 된 건 지난 2014년 7월 그가 블로그에 올린 스타트업 창업기 때문이었다. 창업 경험에서 묻어나오는 솔직하고 진솔한 사연과 정곡을 찌르는 그의 글은 많은 독자들의 관심을 끌었고 더 많은 이야기를 듣고 싶게 만들었다. 우리는 서승환과의 인터뷰를 통해 창업에 얽힌 다양하면서도 흥미로운 이야기를 들어봤다. 이 내용이 창업을 준비하는 사람들의 고민과 실수를 덜어주고 실질적인 도움이 됐으면 한다.

구글 입사기

기자   뉴질랜드에서 미국의 구글로 취업하게 된 계기가 무엇인가요? 그리고 그 과정에서 어떤 노력이 필요했는지, 구글 취업에 대한 팁이 있다면 무엇인지 궁금합니다.

서승환   뉴질랜드에서 대학을 졸업한 뒤 2009년 뉴질랜드 IBM에 들어가 6개월간 근무했습니다. 당시 상황이 2008년 세계 금융위기에서 비롯된 시장 붕괴로 직장 구하기가 아주 어려웠던 시기였는데 특히 뉴질랜드 시장은 규모가 작아 상황이 더 어려웠죠. 이러한 때 IBM에 취직했는데 막상 일을 시작하니 제가 기대했던 것보다 할 일이 많이 없었고, 맡았던 프로젝트도 재미없었어요. 또 저보다 2~3년 전에 들어와 일하고 있는 동료들의 업무 또한 재미있어 보이지 않았고 연봉도 제가 받고 있던 것과 큰 차이가 없더라고요. 즉 이곳에서 2~3년 동안 쭉 일했을 경우 제 커리어와 삶에 큰 발전이 있을 것 같지 않았죠. 그래서 회사를 옮기기로 결심했어요. 사실 미국에 있는 회사에 취업할 생각은 없었는데, 당시 뉴질랜드의 경제 상황이 워낙 안 좋았기 때문에 미국 취업에 관심을 갖게 되었습니다. 제가 가장 가고 싶었던 미국 회사는 제 전공 분야와 관련 있는 구글이었어요. 다른 회사는 제 마음을 끌지 못했기 때문에 구글에 합격하면 미국에 가고, 떨어지면 뉴질랜드에 그냥 남아 있을 생각으로 구글 딱 한 군데에만 지원했습니다. 제가 지원했던 직책은 APM(Associate Product Manager)이었는데 당시 구글 부사장이었던 머리사 메이어(현재 야후 CEO)가 담당했고 전 세계에서 매년 약 30

명만 뽑는 프로그램이었어요. 정말 어렵고 피 말리는 전형이었죠. 3개월 동안 무려 열 번의 인터뷰를 했거든요. 회사 쪽에서 3개월간 열 번의 인터뷰를 하게 될 것이라는 얘기를 미리 안 해주었기 때문에 그렇게 많은 인터뷰를 하게 될지 전혀 몰랐어요. 전화 인터뷰 세 번, 시드니 오피스에서 대면 인터뷰 여섯 번을 하고 난 뒤 메이어와 최종 전화 인터뷰를 했어요. 그리고 나서도 에세이를 하나 더 쓰라고 했고 에세이를 제출한 뒤에 최종 합격 통보를 받았습니다.

기자 정말 쉽지 않았겠네요. 힘들고 긴 과정 중에 어떤 노력을 하셨는지 그리고 팁이 있었다면 소개해주시겠어요?

서승환 음, 사실 이건 구글뿐 아니라 모든 경우에 다 적용되는 것 같아요. 둘 중 하나인 듯해요. 정말로 똑똑하든가 아니면 준비를 철저히 하든가. 제 경우는 정말 많은 노력을 해서 구글에 합격한 케이스라고 생각해요. 당시 인터뷰를 준비했던 자료를 다 모아보니 A4 용지로 40페이지가 넘었어요. 저는 이 분량을 다 외우고 인터뷰를 했습니다. 40페이지에 씌어 있던 내용 한 줄 한 줄이 토픽 하나였기 때문에 토픽에 대한 내용까지 합치면 아마 100페이지 분량은 넘게 공부하고 외웠던 것 같습니다. 철저하게 준비하는 것, 이것이 가장 중요한 것 같아요.

기자 IT 회사의 프로덕트 매니저가 되기 위해서는 어떤 자질과 준비가 필요하다고 생각하십니까?

서승환 IT 회사의 PM(Product Manager)은 엔지니어링에 관한 인터뷰 과정을 거쳐야 하기 때문에 이에 관련된 지식이 중요합니다. 회사에 따라 다르겠지만 구글의 경우 PM은 컴퓨터공학에 대한 지식이 있어야 해요. 전공이 그쪽이어야 하니까 관련된 준비도 철저히 해야 되고요. 또한 제품에 대한 지식도 중요합니다. 면접에서 특히 제품과 관련된 센스를 테스트하는 질문도 많이 하죠. 예를 들면 TV 리모컨을 어떻게 디자인할 것인가에 관한 질문을 받으면 30분 동안 자신의 생각을 말해야 합니다. 이때 면접관은 그 내용을 들으면서 면접자가 제품에 대해 얼마나 다양하고 깊은 생각을 갖고 있는지를 평가하는 거죠.

기자　　구글은 특히 창의적인 질문을 많이 한다고 알려져 있는데, 승환님이 받았던 재밌는 질문이 있다면 소개해주세요.

서승환　　방금 말씀드린 제품 디자인 문제가 창의성을 가장 많이 요구한 질문이었던 것 같아요. 물론 구글 특유의 퍼즐 질문도 굉장히 많았어요. 추정 타입도 있었는데 예를 들면, 서울의 모든 빌딩의 유리창을 닦는 데 드는 비용은 얼마인가 하는 식의 질문인 거죠. 이 질문의 의도는 면접자가 이 질문에 대한 가정을 어떻게 하고 최종적으로 도달하는 수치가 얼마나 논리적이고 현실성 있는가를 평가하는 겁니다. 어떤 유추를 통해 답에 접근하는지를 통해 문제해결 능력과 사고 능력을 보는 거죠.

기자　　구글에 입사할 때 어떤 마음가짐과 목표의식을 가지고 입사하셨나요?

서승환　　솔직히 목표의식 같은 건 없었어요. IBM에 들어갔을 때도 만족해하고 있었거든요. 그런데 내 상황을 깨달은 뒤 IBM을 그만둬야겠다는 생각을 했고 그 뒤 취업하고 싶은 회사가 구글이었어요. 구글이라는 회사는 대학생이라면 누구나 한 번씩은 꿈꿔보는 회사였으니까요. 만약 뉴질랜드에 구글 지사가 있었다면 대학을 졸업한 뒤 바로 구글에 지원했을 거예요. 저는 이 부분에서 20대 친구들에게 해주고 싶은 말이 있어요. 제가 본 어떤 설문조사에는 아이비리그에 간 한국 학생들 중 40퍼센트가 중퇴를 한다고 나와 있었어요. 그 이유가 한국 학생들이 하버드대학에 들어가는 것 자체가 목표이기 때문이라는 거예요. 하버드대학 입학이 목표이면 하버드대학을 들어간 다음에는 꿈이 이루어진 거잖아요. 문제는 그다음에 어찌해야 할 줄 모른다는 거예요. 그다음부터는 목표가 없어지니 공부에 대한 흥미도 잃게 된다는 거죠. 저도 똑같은 실수를 한 것 같아요. 10년, 20년 후를 바라보면서 '내 분야에서 최고의 PM이 되겠다' 아니면 '엔지니어가 되겠다' 하는 식으로 목표를 정해야 했는데 누구나 꿈의 직장이라고 생각하는 '구글에 들어가고 싶다' 했던 거죠. 그런 마음으로 지원했기 때문에 뚜렷한 목표의식 같은 건 없었어요. 지금 와서 되돌아보니 멀리 보는 게 중요하다는 생각이 들어요. 한국 학생들도 서울대 입학을 목표로 공부하는 사람이 많을 텐데 막상 서울대에 들어가고 나면 허무해지는 경우가 많다고 들었어요. 입학에 실패하면 좌절할 테고요. 그래서 목표는 그 이상을 볼 수 있는 것이어야 한다고 생각해요.

기자　　　구글에서 APM으로 일하시며 어떤 일들을 하셨고 또 배우셨나요? 전 세계적으로 30명만 뽑고 메이어와 최종 인터뷰를 했다니 굉장히 흥미로운 프로그램 같아요.

서승환　　　솔직히 제 실력으로 들어간 것 같지 않고 운으로 들어간 것 같아요. APM 프로그램이 대단한 프로그램이거든요. 원래 PM 직책은 대학 졸업생에게 맡길 수 없어요. 기본적으로 관련 산업 근무 경험이 있어야 하고, 5~6년 경력자 중에서도 똑똑한 사람들로 PM을 뽑거든요. 이제 막 대학을 졸업한 사람에게 PM 직책을 맡긴다는 건 쉽게 할 수 있는 생각이 아니에요. 그런데 구글에 어떻게 이런 프로그램이 있는지 궁금하시죠? 그 이유가 있어요. 구글이 초창기에 가속 성장을 할 때 PM이 많이 필요했는데 마음에 드는 PM을 구하기가 힘들었어요. 그래서 생각해낸 것이 대학 졸업생들 중 쓸 만한 친구들을 데려와 2년 동안 훈련시켜 구글이 원하는 PM을 만들어보자는 아이디어였어요. 이런 취지에서 APM 프로그램이 시작된 거지요. 이 프로그램이 시작된 지 벌써 10년이 넘었어요. 매년 25~30명 정도만 뽑아요. 구글에서도 이 프로그램은 굉장히 들어가기 힘든 프로그램이라고 알려져 있어요. 멤버들끼리도 친하게 지내죠. 1년에 한두 번씩 동창회 비슷한 것도 해요. APM 프로그램에 참여하면 보통 두개 정도의 프로젝트를 맡게 되는데 저는 애드센스와 블로거 프로젝트를 맡았었죠. 처음 1년은 애드센스에 있었고 애드워즈(AdWords) 내·외부에서 사용하는 툴 제작을 맡았어요. 애드센스에서는 디자이너나 엔지니어보다는 소비자 판매 업무를 하는 프로덕트 스페셜리스트(product specialist)들과 소통을 많이 했어요. 저는 이 경험으로 광고와 사용자에 대해 많이 배울 수 있었어요. 모든 비즈니스는 결국 사람을 상대하고 사람을 위한 것이므로 사람을 이해할 필요가 있다는 것을 이때 알았죠. 블로거 프로젝트를 맡았을 때는 첫 아이폰/안드로이드 프로젝트를 맡았어요.

이 일을 진행할 때는 디자이너와 많은 대화를 나누면서 제품을 어떻게 디자인하고 만들어야 하는지를 배웠어요. 구글은 회사가 커서 조직원들의 목표나 취지가 모두 다릅니다. 사실 제품에 대해 배운 것도 많지만, 정치적으로 내가 원하는 것을 어떻게 얻어야 하고, 내가 원하는 것을 다른 사람들에게 어떤 방식으로 프레젠테이션해야 하는지도 배웠습니다.

기자   그동안 엔지니어나 디자이너를 취재하며 디자이너로서 그리고 엔지니어로서 제품에 대한 자신들의 관점이 있기 때문에 PM들과 싸워야 한다는 이야기를 많이 들었습니다. 그런 부분에서 PM으로서 내가 원하는 걸 정치적으로 어떻게 얻어야 하는지 말씀하시는 건가요?

서승환   그렇죠. 디자이너들은 자신들이 추구하는 디자인이 있을 테고 엔지니어들도 자신만의 생각이 있을 텐데 PM으로서 프로덕트에 가장 좋은 옵션이 무엇인지 결정하고 밀고 나가는 것이 필요하죠. 실리콘밸리의 PM은 프로덕트를 관리하지 팀을 관리하지 않아요. 그래서 PM이 엔지니어나 디자이너에게 지시할 수 없고 설득을 해야 합니다. 팀장이라면 지시할 수도 있지만 PM은 한 사람씩 설득을 해야 해요. 그래서 설득 능력이 무엇보다 필요한 것입니다.

기자   구글을 꿈의 직장이라고 말하는 사람들이 많은데 직접 일해 보고 느낀 장단점을 말씀해주세요.

서승환   일단 좋은 점은 그동안 신문기사로 소개되었고 영화로도 만들어졌으니 어느 정도 아실 테지만 영화로 소개된 것보다 회사 분위기가 훨씬 더 좋아요. 다양한 카페도 더 많고 음식도 좋고 환경도 정말 좋아요. 무엇보다 업무 환경이 자유롭고 모든 것이 상상한 것보다 훨씬 좋아요. 저는 똑똑한 사람들과 일할 수 있다는 것이 제일 좋았어요. 제가 구글에서 일할 때는 굉장히 똑똑한 사람들이 많았는데 그 사람들과 함께 일하며 제 자신을 끊임없이 독려해야 했기 때문에 정말 좋았어요. 똑똑한 사람들과 일하는 것은 큰 축복이라고 생각합니다. 구글은 회사라기보다는 대학 같은 분위기였습니다. 회사를 그만뒀는데도 제게 아직 혜택이 있어요. 이 지역에서 꽃을 사면 할인을 받는다거나 하는 소소한 혜택인데 일종의 평생 혜택이죠. 작은 거지만 선물을 받고 있는 것처럼 기분이 참 좋아요. 안 좋은 점에 대해서는 역할과 관련된 부분을 말씀드려야겠네요. 제가 구글에 있을 때는 직원 수가 2만 5000명이었는데 지금은 두 배가 된 걸로 알고 있습니다. 사실 구글 하면 떠오르는 프로젝트들이 몇 가지 있잖아요. 그런데 아주 소수의 사람들만 그런 큰 프로젝트들에 참여하고 나머지 사람들에게는 기회가 그리 많지 않은 것 같아요. 큰 역할을 기대하고 들어갔던 사람들에게는 아쉬운 일이죠.

기자　　구글에는 하는 일에 비해 경력이 뛰어난 직원들이 많아서 똑똑한 사람들이 쉬운 일을 하고 있다는 얘기를 들은 것 같아요.

서승환　　네, 그런 케이스가 굉장히 많아요. 제가 있던 팀에서도 박사학위 마치고 들어온 분이 있었는데 실력에 비해 너무 쉬운 업무를 하고 있었습니다. 하는 일에 비해 경력이 뛰어난 경우가 많아요. 그런데 이것은 단점일 수도 있고 개개인에 따라 생각이 달라 장점이 될 수도 있어요. 돈은 똑같이 받으니까요.

기자　맞아요. 대기업이 맞는 사람이 있고 작은 회사가 맞는 사람도 있으니까요. 구글이 돈이 많은 회사라는 것도 장점이자 단점일 것 같은데요?

서승환　네, 그렇죠. 장점은 돈에 시달린 적이 한 번도 없다는 거예요. 제가 진행했던 프로젝트로 돈을 벌어야 한다거나 예산 걱정을 해본 적은 한 번도 없어요. 단점은 그런 것에 시달리지 않으니까 이곳이 회사인지 대학인지 착각하는 경우가 있다는 거예요. 물론 일할 때 내가 도달해야 할 목표는 다 있었지만 예산과 수익에 대한 고민을 해본 적이 별로 없었던 것 같아요. 제가 창업기에도 썼지만 창업을 하려면 돈에 대해 반드시 생각해야 해요. 돈이 없는 상태에서 작은 예산으로 프로젝트를 수행해야 하는데 이와 관련된 노하우들은 구글에서는 배우기 힘들었죠.

기자　현재 일하고 계신 회사 고대디(GoDaddy)에서 무슨 일을 하고 계시며 업무 환경은 어떤지 말씀해주세요.

서승환　고대디는 세계 최대의 도메인 등록 회사입니다. 도메인 업계의 구글이라 할 수 있어요. 약 15년 전에 창업해 현재 직원은 4000명 정도 됩니다. 처음에는 도메인 관리 업무만 했던 회사였는데 지금은 많은 변화를 시도하고 있습니다. 고대디의 성공은 창업자의 기발한 아이디어에서 시작되었습니다. 슈퍼볼 하프타임에 비싼 광고료를 주고 고대디와 전혀 관계없는 선정적인 광고를 내보냈는데 이것이 히트를 친거죠. 그전에는 아는 사람이 많지 않고 시장점유율이 낮은 중소기업이었는데 슈퍼볼 광고가 나간 다음에 전 세계 도메인 업계의 독보적인 리더로 등극했습니다. 이후 잘 운영되던 고대디는 2~3년 전에 운영진을 다 바꿨습니다. 회사를 새로운 방향으로 꾸려나가기 위해서였죠. 고대디의 현재 CEO와 CTO는 마이크로소프트와 야후 출신입니다. 구글에서도 사람을 많이 데려왔습니다. 또한 여성 모델, 선정적인 광고 이미지 등을 없애고 완전한 테크놀로지 회사로 변화하기 위한 집중을 하고 있습니다. 엔지니어들도 많이 채용하고 있고요. 회사 비전은 SMB(Small Medium Business)를 위한 솔루션 제공인데 이러한 비전을 위해 많은 변화를 시도하고 있습니다. 고대디는 이처럼 변화가 많아서 재미있어요. 최근에는 IPO도 성공적으로 마쳤습니다.

기자   고대디의 사무실은 어디에 있나요?

서승환   고대디 본사는 애리조나에 있어요. 그리고 베이에리어에는 서니베일에 한 곳, 샌프란시스코에 한 곳 있어요. 서니베일 지사는 마이크로소프트랑 같은 빌딩을 쓰고 있는데 정말 좋아요. 샌프란시스코의 오피스는 고대디가 로쿠(Locu)라는 스타트업을 인수하면서 들어오게 되었습니다.

기자   미국 회사들은 오피스를 갖기 위해 인수합병도 한다고 들었는데 혹시 샌프란시스코의 사무실도 그렇게 얻은 건가요?

서승환   사무실 때문에 인수한 것은 아니에요. 로쿠가 가진 프로덕트가 고대디의 비전이랑 잘 맞았기 때문에 인수했고 사무실이 마침 샌프란시스코에 있어서 일석이조의 효과를 보게 된 거죠.

기자   고대디도 미국 실리콘밸리에 있는 IT 회사이니 좋은 점이 있다면 말씀해주세요.

서승환   솔직히 저에게는 구글이 거의 첫 번째 회사였기 때문에 그 다음부터는 별 감흥이 없는 것 같아요. 고대디 샌프란시스코 오피스는 굉장히 작습니다. 구글과 비교하면 스케일이 훨씬 작지만 좋은 점이 굉장히 많습니다. 일단 작업 환경이 자유롭고 출퇴근은 아무 때나 해도 되고 식사도 제공해줍니다. 그리고 기본적인 스낵 혹은 음료수도 마련되어 있고 교통비도 지원해줍니다. 가장 좋은 건 휴가가 무제한이라는 겁니다. 일한 때는 열심히 하고 쉴 때도 제대로 쉬라는 거죠. 기본적으로 갖출 건 다 갖춘 회사입니다.

스타트업 창업기

기자   스타트업을 시작할 때 세상을 바꾸고 싶다는 생각으로 시작했다고 하셨는데 당시에는 어떻게 세상을 바꾸고 싶었는지, 또 지금은 어떤 생각을 하고 있는지 말씀해주세요.

서승환   그때나 지금이나 제 관심은 테크놀로지를 통한 일상생활 혹은 비즈니스의 편리함이에요. 이런 것들을 어떻게든 좀 더 편리하고 쉽게 할 수 있도록 솔루션을 제공하는 테크놀로지가 있었으면 합니다.

기자   스타트업을 시작할 때 세상을 바꾸고 싶은 생각만 있었지 구체적으로는 생각을 안 해봤기 때문에 힘들었다고 글에도 쓰셨던 것 같아요. 그게 핵심이죠?

서승환   네, 그렇죠. 시작할 땐 그랬어요. 지금도 사업을 구상하고 있는 게 아니라서 추상적인 생각뿐이에요. 물론 아이디어가 생기면 또 사업을 구상하게 될 수도 있죠.

기자   스타트업을 시작하기로 결심한 뒤 동업자를 구하실 때 어떤 기준으로 동업자 혹은 직원을 구하셨나요? 특별히 중요하게 여기고 있는 파트너의 능력이 있었다면 구체적으로 무엇이었는지 궁금합니다.

서승환   일단은 경력이 정말 중요해요. 특히 내가 모르는 사람일 때는 경력을 봐야 합니다. 그래야 그 사람이 어떤 실력을 갖췄는지 알 수 있습니다. 그다음엔 학벌입니다. 요즘 학벌 안 본다고 많이들 그러는데 솔직히 대기업에 들어가는 사람들을 보면 대부분 일류대학 졸업생들입니다. 학벌과 무관하게 대기업에 들어가는 게 불가능하지는 않지만 아직까지는 예외적인 일이라고 봅니다. 제 생각에는 잘 아는 사람이 아니라면 학벌과 학력만큼 좋은 평가 기준은 없다고 생각해요. 어렸을 때 어떤 태도로 공부를 했는지 여실히 보여주기 때문입니다. 저도 같이 일할 사람을 고를 때 학벌을 좀 중요하게 보는 것 같아요. 그리고 상대가 나와 얼마나 다른 면을 갖고 있는지도 많이 봅니다. 이는 직원이 아닌 공동 창업자를 선택할 때 더 해당되는 말입니다. 예를 들어 내가 디자인 실력이 좋다면 디자인 실력이 좋은 사람을 또 뽑지는 않죠. 디자이너 상대라면 엔지니어가 좋고, 내가 내성적인 성향이라면 외향적인 사람이 더 좋습니다. 성격도 스킬셋도 나와는 반대 지점에 있는 사람이어야 도움이 됩니다. 둘이 합쳐서 180~190이 나와야 이상적인데 서로 너무 비슷해서 합쳐도 110이 나올 정도면 안 되잖아요. 이런

점에서 성향이든 스킬셋이든 나와는 최대한 다른 면을 갖고 있는 사람이 중요해요. '창업 결혼'이라는 말에 대해서도 한마디하고 싶어요. 창업을 해보니 정말 중요한 말인 것 같아요. 창업을 결혼으로 표현한 건데 마치 결혼처럼 신중하게, 그리고 착한 사람과 하는 게 정말 중요한 것 같아요. 여기서 '착하다'의 의미는 앞으로 몇 년 동안 좋은 일과 나쁜 일을 겪으면서 때론 화도 나고 싸우기도 할 텐데 이럴 때 대화로 잘 풀 수 있는 사람인지, 서로의 말을 잘 들을 수 있는 사람인지 봐야 한다는 거예요. 내가 같이 일할 사람은 좋고 편한 사람이어야 해요. 그게 제일 중요해요.

기자　들어보니 전반적으로 동업자인 파트너를 구할 때 들려주고 싶은 조언 같습니다. 혹시 스타트업을 시작한 뒤에 직원을 채용해본 적이 있나요? 직원일 경우에는 능력을 제일 많이 볼 것 같은데 어떤가요?

서승환　능력도 많이 봤는데 파트너를 구할 때와 거의 다른 점은 없었던 것 같아요. 동일한 기준을 적용했던 것 같아요. 초기 멤버이니까요. 우리 회사는 작아서 규모가 제일 컸을 때의 직원이 총 여섯 명이었습니다. 이들을 채용할 때 똑같은 기준으로 봤습니다.

기자　이와 연결해 앞서 언급했던 구글 채용 기준에 대해 질문을 하겠습니다. 구글의 파격적인 채용 기준에 대해 기사화가 많이 되어 있는데, 여전히 학벌이 중요한 조건이라고 말씀하시는 게 조금은 충격적으로 들립니다. 그래도 구글에서 말하는 것처럼 능력과 경력만을 보고 채용한 경우도 있지 않나요?

서승환　제 개인적인 의견을 말씀드리자면, 학벌이 안 좋은 사람들은 다른 식으로 어떻게든 자기 능력을 증명한 셈이죠.

기자　　　그러면 함께 일하면서 학벌은 그다지 좋지 않지만 정말 일을 잘하고 능력이 대단했던 동료가 있었나요?

서승환　　　대답은 있다고 해야 할 것 같은데 솔직히 말하면 떠오르는 사람이 없어요. 대부분 일류대학에서 공부했던 사람들로 기억해요. 최소한 우리 팀에는 대학을 안 나온 사람도 없었고 다들 좋은 학력을 가지고 있었어요. 간혹 너무 천재적이어서 학교를 안 다녔더라도 시장에서 먼저 관심을 갖는 사람들이 있습니다. 이를테면 해킹을 했다든지, 엄청난 제품을 개발했다든지 말이에요. 그런데 사실 이런 사람들은 예외로 봐야 합니다. 이런 사람들을 제외하면 아무리 잘나도 회사에 들어가려면 일단은 이력서를 내야 합니다. 이력서에 졸업한 대학을 기재해야 하는데 이 과정에서 1차 탈락자들이 결정되죠. 그러니까 예외적인 논리를 적용하려면, 학교를 안 나와도 정말 뛰어난 능력이 있다는걸 증명해야 합니다. 그게 아니라면 아직까지는 스펙이 중요한 것 같아요. 그래서 고등학생, 대학생들은 좋은 성적을 위해 열심히 공부하는 게 최선이라고 생각해요. 설사 평범한 성적으로 졸업했다 해도 상심할 필요는 없다고 생각합니다. 차근차근 경력과 실력을 쌓아가면서 증명을 하면 됩니다. 시작이 조금 늦다고 해서 평생 뒤처지라는 법은 없거든요.

기자　　　젊은 나이에 창업을 한 사람들이 실무 능력이나 회사가 요구하는 자질들을 모두 갖췄다고 볼 수는 힘들 것 같아요. "지금 창업해야겠다"라고 마음먹게 된 계기가 있나요?

나는 다만 재미있는 일을 했을 뿐이다

서승환　　　저는 세 가지 계기가 있었어요. 바로 타이밍, 파트너와의 만남 그리고 미래에 후회하지 않을 자신이 있는가에 대한 질문이었죠. 타이밍은 APM 프로그램을 마친 후에 왔어요. 2년간의 프로그램이 끝나고 나니 뭔가 마무리를 지은 느낌을 받았어요. 그때 PM으로서 계속 구글에 남아 있을 것인지 아니면 뭔가 변화를 가져야 할지 고민이 되었어요. APM 프로그램을 졸업한 사람들 중에는 구글을 그만두고 창업하는 사람들이 많아요. 저도 거기에 영향을 많이 받은 것 같아요. 친구들이 다들 창업을 하니까 '나도 뭔가 해야 한다면 지금이구나' 싶었어요. 두 번째 계기인 파트너, 즉 공동 창업자와의 만남은 구글에서 시작되었어요. 제가 첫 번째 프로젝트에서 두 번째 프로젝트로 옮겨갈 때 제 후임자로 들어온 친구랑 굉장히 친해졌는데 그 친구가 공동 창업자가 됐죠. 우리 둘은 함께 자주 점심을 먹고 산책을 하며 대화를 많이 나눴습니다. 그때 하던 얘기들은 대부분 불편하다는 내용이었어요. 이건 이래서 싫고 저건 저래서 싫고 싫은 것투성이였죠. 그러다가 "이제 우리 나갈까? 창업할까?" 반 농담 식으로 말하던 것이 현실이 된 것이죠. 아마 혼자 그런 생각을 했다면 구글을 그만두기 힘들었을 거예요. 그 친구와의 의기투합이 창업하는 데 큰 힘이 되었습니다. 그 친구는 믿음이 갔어요. 나보다 똑똑하다고 생각했기 때문에 그냥 이 친구라면 같이 가도 되겠다는 신뢰가 있었어요. 친구는 CEO를 맡았고 저는 프로덕트 담당, 엔지니어로서 CEO 업무 외의 일은 제가 다 했다고 보면 됩니다. 디자인도 제가 했어요. 마지막 세 번째 계기는 미래에 후회하지 않을 자신이 있는가에 대한 질문이었는데 저는 후회가 남지 않을 길을 선택하고 싶었어요. 제 블로그에 썼던 글처럼 큰 결정을 할 때 '5년이나 10년 후에 어떤 선택이 덜 후회스러울까?' 하고 생각해봅니다. 당시 저는 나이가 만으로 스물일곱밖에 안 됐었는데, 돌이켜보니 도전하기를 잘했다는 생각이 듭니다. 혹시 내가 몇 년 뒤에 결혼을 해서 처자식이 있다면 스타트업을 시작하지 못할 것 같았어요. 그래서 지금 해야겠다고 생각했죠.

기자　　　지금 해주신 답변과 관련해서 '지금쯤 창업을 해도 되겠지?', '아니야, 더 능력을 쌓아야 해'라고 고민하며 벤처기업 창업을 고려하고 있는 청년들에게 해주고 싶은 조언이 있다면 무엇인가요?

서승환　　　사람마다 성장하는 속도가 다르기 때문에 적당한 창업 시기는 개개인마다 다른 것 같아요. 대학생이라도 똑똑하고 시장을 읽을 줄 안다면 도전해봐도 될 것 같습니다. 사실 창업은 '언제'에 대해 고민하기보다는 '왜'라는 질문이 더 중요하다고 생각합니다. 창업 준비를 할 당시 제가 했던 실수도 '왜'라는 질문을 하지 않은 것이었어요. 블로그에도 썼지만 이 질문을 하지 않아서 큰 고생을 했죠. '난 그냥 부자가 되고 싶어서', '대박치고 싶어서', '남들도 다 하니까', '친구들이 다 하니까'라는 이유에서 창업을 하겠다면 다시 생각해봐야 합니다. 하지만 내가 정말 열정을 갖고 있는 분야가 있든지, 취미로 만든 제품인데 가능성이 있어 보인다면 일단 시도해보는 게 좋다고 생각해요. 어차피 최적의 시기라는 것 없어요. 창업은 실행하면서 배우는 게 많습니다. 일단 시도하고 난 다음에 하나씩 배우는 거죠.

기자　　　블로그에 올린 창업기에서 '우리가 직접 회사를 운영하는

데 있어서 알아야 하는 중요한 몇 가지는 경험할 기회가 없었다. 우리는 회사를 나와 직접 부딪혀본 후에야 이것들을 깨닫게 됐다'라고 하셨는데, 스타트업을 운영하는 데 있어서 중요한 몇 가지가 무엇인지 궁금합니다.

서승환   이 질문에 대한 답은 창업을 할 때 '언제'라는 고민보다는 '왜'라는 질문이 더 중요하다고 말한 것과 연관이 많습니다. 먼저 내가 하고자 하는 일이 어떤 '문제'를 해결해야 하는 일이어야 한다고 생각해요. 그리고 그 문제가 이 세상에 정말 존재하는 문제인지, 내가 만들어낸 문제인지를 확인해야 합니다. 예를 들어 내가 강아지를 너무 좋아해서 강아지를 위한 소셜네트워크를 만들어보고 싶다고 가정해봐요. 이때 강아지를 위한 소셜네트워크가 현존하는 실질적인 문제를 해결하는 건지, 아니면 내가 흥미를 갖고 있는 것에서 쥐어짜낸 아이디어를 정당화하기 위해 가상의 문제를 만들고 그것을 해결하려는 것인지 냉정하게 파악할 필요가 있다는 거예요. 그리고 더 중요한 것은 '내가 이 제품을 만들면 사람들이 어떻게 찾아서 쓸 것인가'입니다. 마케팅 요소는 사업 초기 비용이 많지 않을 경우 처음부터 제품 디자인에 포함되어야 한다고 생각합니다.

기자   마케팅 비용이 부족할 경우 제품 개발 초기부터 디자인이 매력적이어야 한다는 말이죠?

서승환   네, 보통은 제품을 만들면 사람들이 찾을 것이라는 생각을 많이 하는데 제품을 만들었다고 사람들이 알아서 찾지는 않습니다. 제품 개발 초기 때부터 마케팅 생각을 해야 합니다. 먼저 제품이 바이럴

한 제품인지 파악해야 합니다. 아니라면 제품으로 사람들을 끌어 모을 수 있는 방법이 있는지 생각해봐야 합니다. 제품을 완성해놓고 '아 이제 제품을 다 만들었는데 사용자를 어떻게 구하지?'라고 생각하면 늦어요. 사업을 시작한 날부터 제품을 알릴 방법에 대해 생각해야 해요.

스타트업을 운영하는 데 있어서 중요한 또 한 가지는 당연히 '돈을 어떻게 벌 것인가'입니다. 돈을 벌어야 기업입니다. 많은 스타트업 창업자들, 특히 실리콘밸리의 회사들은 일단 좋은 제품을 먼저 만들고 나중에 돈 걱정을 하자는 경우가 많습니다. 저는 이러한 태도는 굉장히 무책임하다고 생각해요. 물론 이런 방식으로 시작해서 크게 성공한 회사들도 있기는 하죠. 그래서 이런 식의 사업 방식이 불가능하거나 틀린 모델이라고 쉽게 말할 수는 없어요. 하지만 이렇게 성공한 회사들은 예외라고 생각해야 합니다. 사업을 시작하는 것 자체가 엄청난 리스크를 안고 가는 여정인데 비용에 대한 고민 없이 제품부터 만드는 것은 엄청난 도박인 셈이죠. 이런 경우 제품을 만들어놓고 사용자들이 많이 찾으면 그때부터 광고를 받아 수익을 내거나, 프리미엄 모델을 만들거나, 회사를 팔거나 합니다. 물론 돈 벌 방법에 대해서 처음부터 생각하는 건 쉽지 않아요. 그래서 많은 사람들이 스타트업을 시작하는 거겠죠. 일단 만들어놓으면 페이스북처럼 혹은 트위터처럼 엄청나게 커질 수도 있다는 생각에서 말입니다. 하지만 이런 방식으로 대박이 난 회사가 있으니 나도 해보겠다는 생각은, 복권 사서 당첨된 사람이 있으니 나도 복권을 사면 당첨이 될 거라고 생각하는 것과 크게 다르지 않다고 생각해요.

나는 다만 재미있는 일을 했을 뿐이다

기자 여기서 무책임하다는 말은 고객에게 무책임하다는 의미는 아닌 것 같네요?

서승환 네, 스스로에게 무책임한 거죠. 내가 좋아하는 것을 만들고 사용자의 반응은 그다음에 생각하자? 물론 성공한 케이스도 있지만 극소수잖아요. 제 말이 잘못 전달될 수도 있을 것 같아서 다시 말씀드리는데 이런 사업 방식이 절대적으로 틀렸고 이렇게 시작하면 안 된다는 것은 아니에요. 스스로에게 좀 더 솔직해져야 합니다. 돈을 벌 수 있는 방법이 안 보인다면 그만큼 더 큰 리스크가 따를 것이므로 돈이 따라오지 않더라도 자신이 해결하려는 문제를 얼마나 오랫동안 사명감을 갖고 생각할 수 있는지 냉정하게 판단해볼 필요가 있다는 말을 하고 싶은 겁니다. 스타트업을 운영하는 데 있어서 제가 중요하다고 생각하는 점을 한 가지 더 말씀드리겠습니다. 이제 막 창업했다면 창업자들은 한곳에 있어야 한다는 것이에요. 제가 구글에서 나와 창업했을 당시 영주권이 없었기 때문에 뉴질랜드로 돌아가야 했습니다. 그런데 공동 창업자인 파트너는 보스턴에 있었어요. 그래서 저는 보스턴과 뉴질랜드를 왔다 갔다 해야 했어요. 처음 시작하는 단체가, 그것도 둘이 시작했는데 그 둘이 떨어져 있었던 거죠. 이것이 굉장히 힘들었어요. 다음부터는 절대로 이러면 안 되겠구나 하고 깨달았어요. 같이 일을 하려면 한곳에서 지내는 게 맞는 것 같아요. 회사의 방향이 어느 정도 정해지고 제품도 나오고 수익이 생기기 시작하면 서로 떨어져서 업무를 봐도 괜찮지만 사업 초기에는 반드시 한곳에서 지낼 것을 조언합니다.

기자   공동 창업자와 멀리 떨어져서 사업하는 동안 겪었던 어려움들은 어떻게 극복하셨나요?

서승환   당연히 화상채팅을 많이 했죠. 매일매일 했습니다. 시차 때문에 내 파트너는 늦게까지 일하고 저는 대신 일찍 일을 시작했습니다. 최대한 일하는 시간이 겹칠 수 있도록 말이에요. 그래도 굉장히 힘들었어요. 사업 2년 동안 미국을 세 번이나 왔습니다. 고대디에 들어가고 난 뒤에는 아예 미국에 들어와 살고 있습니다.

기자   어떤 사업 아이템이 사람들이 필요로 하고 또 성공으로 이어질지 알 수 있는 좋은 방법이 있을까요?

서승환   내가 필요로 하는 것을 만드는 것이 제일 좋다고 생각해요. 주의할 것은 주변 사람들의 반응이에요. 자신의 아이디어에 대해 물어보면 대부분 "정말 좋다, 한번 해봐"라고 긍정적으로 말할 거예요. 그러나 그 사람들을 믿으면 안 돼요. 주변 사람들은 좋은 아이디어라고 말하지만 결국 돈을 내고 사용하는 사람들은 많지 않습니다. 왜냐하면 보통 사람들은 자기가 뭘 원하는지 잘 모르기 때문입니다. 어떤 사람이 배달 서비스를 시작하기 전에 지인들로부터 "네가 시작하는데 당연히 오더를 해야지"라는 격려의 말을 듣고 잔뜩 기대하고 있었는데 정작 서비스를 시작하니까 오더를 안 하더래요. 사람들의 생각과 행동이 다르기 때문입니다. 그래서 사람들 말을 무조건 믿으면 안 되고 사람들이 어떻게 행동하는지를 관찰해야 해요. 그런데 행동하는 것을 관찰하려면 제품이 있어야겠죠? 그것이 가장 어려워요. 제품이 있어야 관찰도 하고 관찰을 해야 제품을 발전시킬 수 있잖아요. 그래서 린 스타트업이라는 콘셉트가 인기를 끄는 것 같아요. 최소한 작게 시작해서 관찰과 테스트를 통해 제품을 조금씩 발전시켜나가는 거죠. 제가 생각하는 사업 초기의 가장 좋은 사업 방식은 내가 필요로 하는 것에 대한 확신을 가지고 열정적으로 만드는 거예요. 실제로 그런 제품들이 많이 성공하는 것 같아요.

기자   서승환 님께 '성공한 스타트업'이란 어떤 것인가요?

서승환   성공한 기업을 보는 제 기준은 딱 두 가지입니다. 첫째, 어떤 면에서든 사람들의 삶을 더 편하게 만들었는가? 둘째, 수익 창출을 하는가? 아무리 삶을 편리하게 하는 좋은 회사라도 비영리 단체가 아닌 이상은 돈을 버는 게 회사의 주된 목표이기 때문에 결국 회사의 성공 기준은 수익인 셈이죠.

기자   열심히 서비스를 만들었는데 다른 회사에 합병시키기로 결정한 계기가 있나요? 회사를 더 크게 키우고 싶지는 않았는지 궁금합니다.

서승환   페이스북처럼 회사를 팔지 않고 크게 키우는 경우는 창업자들이 믿는 구석이 있기 때문입니다. 충분한 사용자 수도 있고 어느 정도 돈을 벌 수 있는 수익 모델도 있기 때문에 그들은 모험을 선택한 거죠. 우리는 솔직히 말씀드리면, 어느 정도의 사용자는 있었지만 계속 모험을 할 만큼의 사용자는 없었어요. 또한 이 서비스를 가지고 계속 돈을 벌 수 있을지 답이 나오지 않는 상황이었어요. 그러던 중 몇몇 회사들이 관심을 갖고 연락을 해와서 대화를 했고, 그중 고대디라는 회사의 상황과 앞으로의 비전이 마음에 들어 합병을 결정했어요. 3년 가까이 많은 아이디어들을 계획하고 시도한 끝에 얻게 된 좋은 결과인 것 같습니다.

기자   스타트업의 엑시트에는 여러 종류가 있는데 서승환 님의 인수합병은 정확히 어떤 종류의 엑시트였나요?

서승환   스타트업은 단계별로 성공이 매겨지는 것 같아요. 당연히 초대박은 페이스북이나 구글 같은 케이스겠죠. 그들은 엄청난 돈을 버는 동시에 사업 초기의 취지를 계속 이어가고 있어요. 그러나 이런 케이스는 몇 손가락 안에 꼽히는 경우이겠죠. 그다음 단계는 그 정도로 이름을 떨치지는 못했지만 기업공개(IPO)를 했거나 꾸준한 매출이 있어서 계속 사업을 이어가는 회사들이에요. 여기에 해당되지 않는 회사들 중 90퍼센트 이상은 소리 소문 없이 사라져요. 그런데 이 와중에 좋은 옵션이 다른 회사에 팔리는 거예요. 이때 제품과 회사를 인수하는 경우가 있고 창업자만 데려가는 경우가 있는데, 저희의 경우는 사람을 데려오려고 합병한 케이스, 즉 인재를 인수한 경우였어요. 저희 제품은 고대디와 합병되자마자 없앴어요. 페이스북에 인수된 인스타그램처럼 피인수 회사의 서비스가 인수하는 회사에도 적용되고 또 비전이 있다면 계속 유지하겠지만, 그렇지 않을 때는 사람만 데려오는 경우도 많아요. 특히 지금 실리콘밸리에서는 능력자를 구하는 일이 굉장히 어렵기 때문에 인재인수(acquihire)라는 채용 플러스 인수합병이 많이 진행되고 있어요. 창업자의 경험과 스킬만을 보는 것이죠. 사실 여기가 실리콘밸리이고 미국이니까 어느 정도 그런 마켓도 형성되어 있는 것 같은데 한국은 아직 그렇지 않아 보여요. 미국은 이런 면에서 스타트업하

나는 다만 재미있는 일을 했을 뿐이다

기 좋은 나라입니다. 왜냐하면 저희 회사 같은 작은 회사들이 계속 사업을 진행한다고 해서 성공할 가능성은 극히 희박하거든요. 대박을 치는 회사는 그리 많지 않습니다. 대박 외에도 다양한 인수합병이 활성화되어 있는, 말 그대로 스타트업 생태계가 잘 갖추어져 있기 때문에 많은 사람들이 도전을 하고 또 그만큼 좋은 아이디어가 나오는 것이겠지요.

기자   스타트업에 있어 좋은 투자자를 만나는 것도 매우 중요하다고 생각합니다. 서승환 님 회사가 카나리 캘린더 앱으로 좋은 성과를 이뤘을 때 몇몇 회사에서 연락이 왔다고 했는데요. 그분들은 평소 인맥으로 연결되어 있는 분들인지, 각종 이벤트 혹은 행사를 통해 만나신 건지, 아니면 직접 찾으신 건지 궁금합니다.

서승환   세 가지 모두에 해당됩니다. 직접 찾아 나선 경우에는 상대가 최소한 한 번은 만나줬습니다. 일단 창업자들이 구글에서 일한 경험이 있으면 두드릴 수 있는 문이 굉장히 많은 것 같아요. 미국의 투자자들도 배경을 중요하게 생각하는 것이죠. 인맥은 액셀러레이터를 통해 커졌던 것 같아요. 미국의 대표적인 액셀러레이터 프로그램 두 곳이 와이컴비네이터와 테크스타스인데요. 저희는 그중 하나인 태크스타스에서 시드펀딩을 받을 수 있었어요. 유명한 액셀러레이터인 만큼 명성 있는 벤처캐피털리스트들과 많이 연결되어 있었고 그 혜택으로 좋은 네트워킹을 쌓을 수 있었죠. 미국에는 창업 보육을 하는 곳들도 정말 많은데, 그중에서도 좋은 인큐베이터를 만나야 투자도 잘 받을 수 있는 것 같아요. 물론 제품의 성공 여부가 가장 중요하죠. 사람들이 좋아하는 성공적인 제품이나 수익 모델이 확실한 프로토타입이 있다면 투자자들이 달려들 거예요. 배경과 인맥은 보너스입니다.

후배들을 위한 조언

기자   창업을 성공적으로 마쳤다고 할 수 있는데요. 그래도 아쉬운 점이 있다면 무엇인가요?

서승환   당연히 수익을 창출하는 회사를 만들지 못한 것이죠. 돈을 더 많이 못 번 것이 아쉬워요. 창업 초기의 취지는 '내가 좋아하는 일을 하면서 회사를 성공적으로 운영하며 금전적인 자유로움도 얻자'였어요. 여기까지 도달하지 못했으니까 아쉬움이 많죠.

기자   회사를 직접 운영하시면서 우여곡절이 많았다는 것을 글을 통해 알고 있는데요, 그런 상황들을 이겨낼 수 있도록 해준 특별한 좌우명이 있나요?

서승환   아, 이런 말하면 부끄러운데요. 제가 고등학교에 다닐 때부터 항상 해온 생각이 있어요. "내가 여기서도 못하면 설 곳이 없다." 고등학생 때는 학생이니까 공부를 잘해야 하잖아요? 제가 살던 뉴질랜드는 정말 살기 좋은 선진국이지만 제 눈에는 그저 인구가 적은 섬나라였어요. 그런 나라의 한 고등학교에 다니고 있다는 생각에서 그랬는지 모르지만 "내가 다니고 있는 이 반에서 1등을 못하면 내가 갈 수 있는 곳은 없다"라는 다짐으로 공부를 했기 때문에 잘한 것 같아요. 시작은 물론 수학 클래스에서부터 했어요. 처음 이민 갔을 때는 영어도 못했기 때문에 수학클래스에서 1등을 하지 못하면 정말 설 곳이 없다고 생각한 거죠. 그렇게 수학으로 시작해서 다른 과목들로 차차 넘어갔어요. 그다음 목표는 학교 전체에서 1등을 하는 거였죠. 또다시 '반에서 1등한 것으로 만족하지 말자, 학교 전체에서 1등을 못하면 나는 설 곳이 없다'라는 마음가짐으로 공부를 했죠. 다행히 좋은 성적으로 졸업을 하고 대학에 갔을 때도 똑같은 다짐으로 공부를 했습니다. 그러한 습관이 지금까지 쭉 이어져 온 것이고요.

기자   서승환 님의 약력을 보면 매시고등학교 수석 졸업, 오클랜드대학 수석 졸업이더군요. 정말 이루기가 힘든 거잖아요. 전교생 중에 딱 한 명, 1등을 하신 거니까요.

서승환   사실 운도 좋았던 것 같아요. 제가 진짜 공부를 좋아하는 학생이었다면 고등학교와 대학 내내 1등을 해야 했는데, 저는 필요한 순간에만 공부를 했어요. 즉 공부를 좋아했다기보다는 점수를 어떻게 잘 받는지 아는 학생이었던 것 같아요. 한국은 어떻게 하는지 모르겠는데 제가 다닌 고등학교는 졸업 직전 맨 마지막에 보는 시험으로 고등학교 과정의 수석을 가렸어요. 그 시험 하나만 잘 보면 됐고 이전 성적들은 상관이 없었어요. 뉴질랜드는 고등학교가 5년제인데 4년 동안 쭉 학년 전체 1등을 한 여자아이가 있었어요. 그런데 마지막 시험에서 저에게 져서 수석 졸업을 못했죠. 대학도 평가기준이 비슷했어요. 마지막 2년 GPA로만 졸업성적 평가를 하거든요. 1, 2학년 성적이 나쁘진 않았지만 전체 1등할 점수는 아니었는데 3, 4학년 때 열심히 노력해서 수석 졸업을 할 수 있었죠. 제가 원하는 것은 수석 졸업이었지 매 시험마다 1등을 하는 건 아니었기 때문에 제 목표에 영향을 미치는 순간에만 더욱 집중했던 것 같아요. 그래도 평소에 3등 안에는 들었어요. 안 그랬다면 아무리 제가 원하는 순간에 집중한다 해도 갑자기 1등을 하는 건 무리잖아요. 꾸준히 페이스를 유지하는 것이 중요해요.

기자   전공을 선택할 때 소프트웨어 엔지니어링과 경영학을 선택하신 이유는 무엇인가요?

서승환   그 당시에 관심 있었던 전공 분야가 딱 두 개밖에 없었어요. 음악과 컴퓨터 쪽이었는데 작곡을 하면 배고플 것 같아서 컴퓨터를 선택했어요. 어릴 때부터 컴퓨터에 관심이 많았거든요. 첫 컴퓨터가 사촌형이 쓰던 XT 컴퓨터였는데 5.25인치 디스켓으로 부팅을 하던 컴퓨터였죠. 그걸로 게임도 하고 프로그래밍도 배우면서 관심을 키워갔어요. 그런데 제가 평생 엔지니어로 일할 것 같지는 않았어요. 경영 쪽에도 관심이 생겨서 복수 전공을 했고 졸업 후에도 IBM에서 컨설턴트로 커리어를 시작했어요. 항상 엔지니어와 비즈니스 매니지먼트에 반반씩 관심을 갖고 PM 업무 등 두 가지를 다 할 수 있는 일을 해온 것 같아요. 지금도 회사에서 정식 타이틀은 엔지니어이지만 그 외에 여러 가지 일을 맡고 있어요.

기자   자신만의 시간 관리법이 있으신가요?

서승환   예전부터 가지고 있던 노하우가 있어요. 보통 목표가 크고 대단할수록 작심삼일이 되잖아요. 대부분의 사람들도 그럴 거예요. 저도 목표 세우는 것을 좋아했는데 항상 작심삼일이었어요. 그래서 하루

는 내 자신에게 솔직해져봤어요. 목표를 크게 세워봤자 어차피 오래 못

가니까 최종 목표만 정해놓은 다음 그 목표 달성을 위해 지금 이 순간

내가 해야 할 것이 무엇인지를 생각하기 시작했어요. 그렇게 생각하면

도움이 되는 것 같아요. 예를 들면 스스로에게 '학교를 좋은 성적으로

졸업하고 싶은데 그러려면 지금 이 순간 무엇을 해야 하나?'라고 물으

면 도움이 되었어요. 바로 지금 해야 하는 것은 당연히 공부잖아요. 이

처럼 대단한 목표를 세우는 것보다는 내가 지금 무엇을 해야 하는지를

더 적극적으로 생각하는 게 자기 발전에 도움이 되는 것 같아요.

기자　　　좋은 생각이지만 실행에 옮기는 것이 어렵지 않았나요?

서승환　　　이 방법의 장점은 바로 실행에 옮길 수 있다는 거예요. 어

차피 내가 컨트롤할 수 있는 건 지금 이 순간밖에 없잖아요. 거창하게

이번 주에 공부를 100시간 하겠다고 목표를 세우면 미루기가 너무 쉬

워져요. 지금 당장 하지 않아도 100시간만 채우면 되니까요. 그런데

'내가 1등을 하고 싶은데 지금 당장 뭐를 해야 해?'라고 묻고 공부를

하면 되는 거예요. 실제로 TV를 보거나 쉬거나 자다가도 '내가 지금

이 순간 무엇을 해야 목표에 도달하지?'라는 질문을 던지고 바로 공부

를 한 적이 많았어요. 저한텐 굉장히 효과적인 방법이었어요.

기자　　　서승환 님만의 스트레스 해소법이 있다면 소개해주실

래요?

서승환　　　저는 약간 내성적이어서 사람들이랑 너무 오래 시간을 보

내면 기가 소진되고 피곤해지는 스타일이에요. 사람들이 싫은 건 아닌

데 그냥 좀 지쳐요. 힘을 얻기 위해 에너지 충전을 하고 스트레스를 해

소해야 한다면 저는 혼자 있는 것이 제일 좋아요. 혼자서 작곡도 하고 피아노도 치고 영화도 보면서 시간을 보내죠. 사실 시간 관리법, 스트레스 해소법에 관련된 질문들을 받으면 특별한 노하우를 얘기해줘야만 할 것 같은데 저는 정말 특별한 게 없어요. 예전부터 강연이나 글 청탁을 많이 받았는데 그럴 때마다 사람들은 특별한 비법을 기대하는 것 같더라고요. 특히 공부 비법 같은 거요. 오늘 말씀드린 제 이야기들은 정말 솔직한 이야기예요.

기자　　다양한 활동을 하면서 경력을 쌓아오셨고 또 쌓고 계신데요. 앞으로의 계획이 궁금합니다.

서승환　　지금은 그냥 회사 다니는 것이 제일 좋아요. 2년 반에서 3년 정도 불확실하고 불규칙한 스타트업 생활을 하다가 다시 규칙적인 생활로 돌아왔으니까요. 회사원들에게는 당연한 일이겠지만 가끔씩 일을 쉬엄쉬엄하거나 아파서 안 나가도 월급을 받을 수 있다는 것이 너무 좋아요. 개인 사업을 할 때는 그럴 수가 없거든요. 그래서 저는 지금 그것을 즐기고 있어요. 언젠가는 또 사업할 생각을 하고 있지만 아직 구체적인 계획은 없어요. 이 회사에서 얼마나 있어야겠다는 생각도 아직 해본 적이 없고요. 지금은 그냥 이 순간을 즐기고 있는 것 같아요. 구체적인 것은 좀 더 있다가 생각해보려고요.

기자　　서승환 님에게 성공과 꿈이란 무엇인가요?

서승환　　제가 생각하는 성공이란 나 자신에게 부끄럽지 않은 것입니다. 성공은 도달해야 할 것이 아니라 과정이라고 생각합니다. 지금 이 순간 나 자신에게 부끄럽지 않을 정도로 노력하고 있고 최선을 다

나는 다만 재미있는 일을 했을 뿐이다

하고 있다면 그건 성공입니다. 꿈에서는 깨어나야 합니다. 사람들은 막연한 꿈을 꾸며 살아갑니다. 나는 부자가 될 거야, 나는 뭐가 될 거야 하는 식으로 말하는데 그건 정말 말 그대로 꿈인 것 같아요. 꿈에서 깨어나 목표를 세우고 살아가는 것이 중요하다고 생각해요. 구체적인 것이 목표잖아요. '나는 부자가 될 거야'가 아니라 '나는 서른 살이 될 때까지 몇천만 원의 연봉을 받을 거야'처럼 목표는 구체적이어야 해요. 꿈과 목표는 큰 차이가 있어요. 현실과 전혀 타협하지 않을 수는 없지만 자신에게 덜 후회되고 부끄럽지 않을 선택을 하며 목표를 향해 살아가는 것이 저는 성공이라고 생각합니다.

기자　　변화와 도전을 망설이는 20대 친구들에게 조언 부탁드립니다.

서승환　　꼭 20대에만 적용되는 건 아니지만, 20대는 가장 많은 성장을 해야 하는 시기이고 또 미래에 대해서도 가장 많은 생각을 해야 하는 시기이기 때문에 매 순간 불편하거나 힘들지 않은 시간을 살고 있다면 자신이 잘 살고 있는지 의문을 가져볼 필요가 있는 것 같아요. 발전하는 인생은 힘이 들고 불편합니다. 힘이 들고 불편하다는 것은 익숙지 않은 무언가를 하고 있는 것이며 이는 변화하고 있다는 의미입니다. 변화는 발전입니다. 그래서 20대는 항상 불편해야 하고 어려워야 되고 힘이 들어야 한다고 생각합니다.

기자　　맞는 말씀입니다. 지금 편하다면 그것은 현실에 안주하고 있다는 것이겠지요. 지금 힘들어도 극복하고 나면 그만큼 성장할 수 있는 것이겠죠?

서승환　　네, 불편함을 느낀다는 것은 성장 중이라는 의미 같아요. 저는 스타트업을 하면서 정말 불편하고 힘들었어요. 그렇게 힘든 순간들을 다 이겨왔기 때문에 그만큼 발전을 했다고 생각해요. 의미 없는 고생은 없다고 생각합니다.

나는 다만 재미있는 일을 했을 뿐이다

나는 다만 재미있는 일을 했을 뿐이다

구글, 스타트업 그리고 인수합병까지

1판 1쇄 인쇄 2015년 8월 5일
1판 1쇄 발행 2015년 8월 12일

지은이 서승환

발행인 양원석
본부장 김순미
책임편집 송상미
해외저작권 황지현, 지소연
제작 문태일, 김수진
영업마케팅 김경만, 임충진, 송만석, 김민수, 장현기, 이영인, 정미진, 송기현, 이선미

펴낸곳 ㈜알에이치코리아
주소 서울시 금천구 가산디지털2로 53, 20층 (가산동, 한라시그마밸리)
편집문의 02-6443-8878 **구입문의** 02-6443-8838
홈페이지 http://rhk.co.kr
등록 2004년 1월 15일 제2-3726호
ISBN 978-89-255-5697-0 (03320)

RHK 는 랜덤하우스코리아의 새 이름입니다.